出土文獻釋注研析叢刊

亦古亦今之學
——古文字與近代學術論稿

朱歧祥 著

目次

引言：談談學習甲骨文的經驗

治學需要有二心：傲然的心－冷，處處無我，始能宏觀萬物，做客觀分析；慈悲的心－熱，處處仍見我，文字始能感人。

學術論文的產生方法：大量閱讀－靈光－生疑－先掌握問題的周邊知識－用互較、考據的方法解決單一核心問題。推論合乎：大前提、小前提、結論三段論證。證據可由文字、音韻、訓詁、語法、語彙、句型、文化、社會現象等工具學問來建構。論證有主證、旁證；許多旁證的會合，亦可以視同主證。論據步驟盡可能不用刪去法，也不宜用二分法和逆推的方式，皆屬危險的推理。採證的順序，宜由外而內，如由文化現象而整版材料語意大類分析，再由句而詞而字做逐層內延的了解，而並非一開始就由字的部件分析入手。

甲骨學，是一門科學、求真、重推理、重實證、既冷且熱的學問。

要學好甲骨文，宜注意以下幾點事項和觀念：

1. 閱讀甲骨要由通讀完整的甲骨版入手，再輔之以文編認字；

不宜先讀文編。許多人讀了文編，即以為學會甲文，實屬大誤。學會甲骨字不等於就能順讀甲骨文。卜辭有一定的占卜和刻寫方式，需要透過觀察完整的甲骨版面，才能了解正確的占卜順序和辭例之間的關係。由文例的逐條閱讀來認字，可保障對字的掌握之可靠性。況且，只有單從字形的主觀吸收，也防礙了對字的客觀但複雜的理解。舉凡治學，要以宏觀通達為目標，治甲骨如只注意認字，也易流於見木不見林。

2. 研究甲骨要以剝洋蔥式的流程，先大包圍的由句而識詞，由詞而識字，然後才進行六書分析；不宜先只由六書認字或直接拆解待考字入手。後者易陷於對字形的主觀認知，往往誤導了考釋的方向。

3. 利用成套、對貞、比較詞例的互參對比方法通讀甲文，盡量不由單句或殘辭中作判斷。因卜辭中多省略、移位等變異句型，會影響卜辭常態的語法和字用的理解。我常說，要用「投回大海」的方式窮盡詞例系統的去了解任何一個甲骨文字。

4. 任何文字考釋，答案需要回歸到原拓、原辭的順讀上來作

驗算。古文字學的撰寫，是接近科學的一門學問。科學就需要驗證。文字的記錄，是要表達語言。唯有通讀上下文，才是正確考釋的基本驗證。

5. 用語言來破字，自然是值得思考的方向。但亦需要配合文字字形的傳承系聯關係，作為文字解讀的保障。先形而後音，是考釋文字的一個相對客觀可行的順序。音的處理，必須從嚴面對上古聲紐和韻部的關係。

6. 初學入門掌握甲骨体例後　，宜開始注意文編中的異體字和附錄字，及傳統考釋中的不同異說。覆核原拓，遍核詞例，重新思考「同中求異，異中求同」的可能時空原因，並能經常抽離、懸空思維，清明的看待材料和材料之間的關係。避免迷信專家，陷入主觀的、權威的謬誤。

7. 尋覓近代較好的研究工作者的文字，盡可能通盤閱讀其著作。站在學術巨人的肩上，較全面的吸取最新的研究成果。但仍需要時時掌握批判的精神，由原拓、原材料逐一審核前人研究成果中關鍵橋梁的可靠性。任何成名的文字學家都有可能發生誤判的現象。

8. 具備闕疑精神。念茲在茲，常存一單純的求真精神。苟無

充份證據，經再三思量後寧可從缺。

目前出土的有字甲骨已超過十萬片，遍及河南、陝西、山東諸省，甲骨文字約出現五千多字，而迄今已正確認識的應只有不多於一千字。由此可見，甲骨文的研究空間仍然很大。甲骨文能反映上古晚商至西周初期的書面用語，也能幫助了解古代社會文明。初學的朋友要全面掌握這門學問，可綜合參考以下幾個培訓的流程：

1. 研讀一手資料。

研讀甲骨以完整版面為優先，注意對貞和成套卜辭的系聯關係。建議研讀的順序是：張秉權《殷墟文字丙編》(配合閱讀張的釋文)→中央研究院史語所編《殷墟文字甲編》(對照屈萬里《甲編》釋文(聯經))→中國社科院考古所編《甲骨文合集》→中國社科院考古所編《小屯南地甲骨》→中國社科院考古所編《殷墟花園莊東地甲骨》→徐錫台和陳全方的《周原甲骨》。並養成隨時描片、描辭和互參的習慣。

輔助的研讀資料：中國社科院考古所《殷周金文集成》、胡厚宣編《甲骨文合集材料來源表》。

　　附：早期的甲骨拓片資料：劉鶚《鐵雲藏龜》、林泰輔《龜甲獸骨文字》、羅振玉《前編》、《後編》、《菁華》、郭沫若《卜辭通纂》、《殷契粹編》。

2.甲骨文基礎知識的掌握。

　　張秉權《甲骨文與甲骨學》→陳夢家《殷虛卜辭綜述》→王宇信《甲骨學一百年》、《新中國甲骨學六十年》→宋鎮豪《百年甲骨學論著目》。謄錄干支表、殷先公先王表、貞人分期分類圖表備查。

　　輔助讀物：容庚《商周彝器通考》。

　　附：早期出版古文字知識：王國維《觀堂集林》、董作賓《甲骨文斷代研究例》、唐蘭《古文字學導論》。

3.甲骨文字形對比。

　　孫海波《甲骨文編》、金祥恆《續甲骨文編》→中國社科院考古所《甲骨文編》→劉釗《新甲骨文編》→李宗焜《甲骨文字編》。逐字重點的重核原拓，對比諸文編收錄的不同字頭、異體字、隸定字的差別和置於附錄中的差異字例。

　　輔助文編：容庚《金文編》、董蓮池《新金文編》、何琳儀《戰國古文字典》、許慎《說文解字》。

4. 甲骨文釋文對比。

　　《甲骨文合集》釋文：姚孝遂、胡厚宣、曹錦炎等釋文的互較。逐版逐辭對應原拓，參考詞例，以較諸家的異同和卜辭間順序的差別；下同。

　　《小屯南地甲骨》釋文：考古所、姚孝遂和趙誠的釋文互較。

　　《花園莊東地甲骨》釋文：考古所、朱歧祥、姚萱等的釋文互較。

　　《周原甲骨》釋文：徐錫台、陳全方、王宇信、朱歧祥、曹瑋的釋文互較。

　　輔助釋文讀物：馬承源《商周青銅器銘文選》、王輝《商周金文》、陳偉《楚地出土戰國簡冊(14種)》。

5. 甲骨文字用對比。

　　李孝定《甲骨文字集釋》→姚孝遂《甲骨文字詁林》→華

東師大《古文字詁林》。將以上諸書中所收錄的字用進行對比互較。

6. 甲骨文詞例對比。

島邦男《殷墟卜辭綜類》→姚孝遂《殷墟甲骨刻辭類纂》→朱歧祥《甲骨文詞譜》。將以上諸書所收錄的詞彙進行對比互較，並作分期、分域的立體整合系聯。

輔助詞例資料：張亞初《殷周金文集成引得》、華東師大《金文引得》。

7. 甲骨文語法互較。

管燮初《甲骨刻辭語法研究》、陳夢家《殷虛卜辭綜述》〈文法〉、朱歧祥《殷虛卜辭句法論稿》、張玉金《甲骨文虛詞詞典》《甲骨文語法學》、喻遂生〈甲金語法札記〉〈甲骨文動詞和介詞的為動用法〉等在甲骨句型、語法、詞類研究的異同比較。

輔助文法資料：周法高、朱德熙、何樂士等對古代、現代漢語語法的研究成果。

8. 甲骨文字學互較。

陳夢家《殷虛卜辭綜述》→唐蘭、楊樹達的《中國文字學》→李圃、趙誠、鄒曉麗、朱歧祥諸人的《甲骨文字學》內容異同，如甲文六書、三書說、甲文音韻系統、甲骨語尾等的互較。

以上的 3 至 8，進行的是不同點綫面的對比工作。沒有對比，就不能尋覓異同，就沒有研究。

9. 對應文獻研讀。

最基本的古文獻書單：尚書〈商書〉〈周書〉、詩經〈商頌〉〈周頌〉、史記〈夏本紀〉〈殷本紀〉〈周本紀〉→周易、春秋、左傳、國語、周禮、楚辭、戰國策、論語、孟子、竹書紀年。

古文字本是一門工具的學問，最終仍是要落實在古文獻的工作上。因此，研讀古文字的方法和目標，不只在古文字，而應該時刻結合在解讀古漢語、古文獻和了解古代社會、文化源流之上。

10. 甲骨文今後的論題。

　　甲骨文的研究方向，除了面對新出的材料，和持續的針對考字、釋詞、虛字語法句例、對應考古考史等課題外，仍將會對下列諸項目進行關注：

(1) <u>王卜辭和非王卜辭互校</u>。研究甲骨應脫離平面的研究，而盡可能進入多元的(立體研究法)、分期分類的對比研究。殷甲骨可區分作王卜辭、非王卜辭。非王一類除《甲骨文合集》第七冊所收錄外，也可與新出殷墟花園莊東地甲骨進行對比互較。王卜辭能作分期的縱線對比，非王卜辭中亦可嘗試進行分期研究。而花東以外有花東，我們應在現存甲骨中尋覓可與花東相互系聯的非王甲骨。同時，周原甲骨、周公廟甲骨基本屬周人甲骨，亦可與殷甲骨對比研究。此外，殷周金文也可提供研究甲骨語料互較的參考。特別是殷金文和圖騰族徽文字，可與甲文字詞對比研讀和相互論證。

(2) <u>辨偽</u>。面對來路不明、沒有考古挖掘記錄的材料務必小心處理。今日做假的手法高明，有若干偽片更可能是甲骨學界的同行所為。單由拓片文例不見得能判別真相，最好能目驗實物，並作綜合性的判斷。所謂科學的檢測亦只能提供參考，譬如近年發表的浙大簡、北大簡，也都是經過

北京大學科學驗測的。這些簡牘恐應有偽刻的可能。近年出版的焦智勤《殷墟甲骨輯佚》、郭青萍《洹寶齋所藏甲骨》等書亦存有許多真偽的問題，最好不要使用。目前所見若干綴合甲骨的成果，特別是遙綴，也宜小心判斷才可使用。

(3) 甲骨卜辭的性質。卜辭命辭是問句抑或是陳述句，仍需謹慎面對。如：①殷人使用卜辭功能的考慮，②卜、貞等習用字的意思，③卜辭命辭中語尾詞「不」的應用，④「V不V」、「V抑不V」的語法理解，如：「雨不雨」、「獲不獲」、「比不比」、「雨抑不雨」等句例，特別是〈合 40153〉的「獲不獲？允獲。」一類句型的用意如何合理理解。

(4) 甲骨分期、分類優劣的比較。自董作賓提出甲骨五期斷代，甲骨文研究正式進入縱綫之間的對比分析；及至陳夢家又提出貞人的分組研究。目前一般研究甲骨都以分組作為區隔的標準，但近代學人如黃天樹結合貞人組別、區間類、書体、大小字等不同角度細分甲骨多達廿七類。這種分組的方法，對初學者肯定構成識別上的困擾。今後針對甲骨斷代如何提出合理而清楚的區隔方法，將會有進一步討論的必要。

(5) <u>周原甲骨是周人所刻，抑也存在殷人之物</u>。目前看仍有討論空間：①如何面對其中有卜問殷人先王的句例，如〈H11:84〉的「貞：王其奉侑大甲，曶周方伯蠱，叀禎，不佐于受有祐？」、〈H11:82〉的「☑在文武☑王其𣫏褅☑大戊☑，冊曶周方伯☑，叀禎，亡佐☑王受有祐？」這裡的「王」只能理解為商王。②「王」、「貞」等字的斷代差異。將來周公廟甲骨與周原甲骨的對比研究，應是一個重要的課題。

(6) <u>小屯南地甲骨</u>，原拓印模糊不清，釋文公信力不夠，在應用其中特別的文例時要小心。屯南甲骨實有重印和<u>重作釋文</u>的必要。其中有關歷組卜辭是屬於第一、四期的爭執，仍有討論空間。

(7) <u>花東甲骨</u>是目前最早而集中的一坑甲骨。其中「阿丁」是誰，學界認為丁是武丁、祊、帝、抑或兼而有之？花東甲骨的丁是活人抑死人？「俎丁」與「丁各」同辭，如何合理解釋？「阿子」又是誰？花東子與「阿丁」、「婦好」的三角關係的真相是什麼？

花東甲骨是殷武丁早中期作品，抑或是晚期以後的材料？

花東字形，有與過去認知的早、晚期字形相混，且同時同版並出，原因為何？

花東甲骨的邵的出現，與王卜辭「召方」是否相同？

花東象形的公豬、母豬，與分書从士、从匕的公豬、母豬見於同版、同辭，公豬、母豬的真相又是什麼？

花東有大量刮削甲骨，背後的動機為何？當事人為了隱藏怎樣的訊息而要刮削了大量甲文？

花東甲骨占卜和刻寫的形式，與一般王卜辭有很大的差異。二者間可有不同語言或方言記錄的可能？

以上種種懸案，迄今仍沒法完全說明白。

(8) <u>村中南甲骨</u>。多屬殘辭殘片，整體價值比不上屯南和花東，其中原釋文復存在若干問題，需要重新考釋和理解。甲骨學的困難主要在通讀甲文，如何正確合理的通讀無誤，是研究甲文的重要考驗。

(9) <u>由甲骨上溯夏代文字研究</u>。夏商周三部族的時間重疊，文化相互影響，殷商甲骨文中自有保存夏文字的可能，如

何對比甲文與考古地望、出土實物、古文獻等，尋覓出屬於夏民族的文字，進一步了解漢字發生時的狀態，應是另一新的研究方向。

(10)<u>應用甲文來了解字源，並作為近世漢字教學研究的實用教材</u>。甲骨文距文字剛開始發生的時期不遠。因此，可由甲骨文歸納整理漢字最早出現的一批基本字，從而了解字源的性質。這些字源圖畫意味濃厚，學習方便，對於正確了解當今的繁簡字和學習楷書也有一定的推廣和提升的功能。

(11)<u>甲骨學是一門國際學科</u>，由甲文了解中國文化、歷史、漢字的源頭，既是提供凝聚中華民族和肯定中華民族自信的一門學問，也是中西方知識文化對等交流的重點。今後需要更多<u>利用外語撰寫的甲骨介紹和論文</u>，讓正確客觀的甲骨知識以至上古文明能介紹至西方。

11.我對甲骨文字的一些看法：

(1)乍，本義象半衣之形，取象一件正在完成當中的衣服，引申為完成、鑄造意的作字。近出的花園莊東地甲骨、村中南甲骨中的乍形，與衣字下半寫法全同，正可印證字象衣

的下半形。

(2) 帝，從燎從一。一，示區別功能，與燒柴祭祀泛神的燎祭祭儀加以區分，用作為神中之神：「上帝」的專名。

(3) 禦(钔)，象人垂手跪拜於璧、琮前禱祀貌。從午，象二璧一琮形，象徵接地通天迎神靈由上天降臨的出入口。字引申作為泛指祭祀的用法。

(4) 爭，象手持力形耒器挖掘坎穴的側形。字本與靜字同源，靜增從生聲。

(5) 米，為折字初文。示拆木形，指事；用為甲骨四方風中西方的專名。字與東方名析字的從木從斤相對言，參見〈合集 14294〉。

(6) 豝，從豕從人形，象已產子之母豕；相對於懷孕腹中從子的豕：豞字而言。因此，對應的豜字則可理解為成年、壯年的公豕。而豥、豝則分別指年幼的公豕、母豕。

(7) 涉，從水從二止，本指一人跨越水之形。甲骨文例有「涉三羌」一特殊用法，字所從二止似可理解為不同的二人相逐，引申有追捕意。

(8)冊，象竹簡編列成書形，卜辭有「示冊」的儀式，指祭祀時獻祭內容的獻神清單，或書於竹簡。字並沒有如于省吾所說的砍殺意。

(9)方，屬殷人針對外邦方國的泛稱，並非指方國的專名。

(10)弜，从二弓，作為否定詞，字與勿字同源。

(11)峀，即蔑，字有加強否定語氣的語詞功能，但並非用作否定副詞。

(12)卜辭詢問句「又正」一詞，讀為有禎，指卜問有吉祥否。

(13)丁，花東甲骨人名的「丁」都用為殷時王武丁的生稱。

(14)囝，象卜骨，字仍應讀為禍。裘錫圭轉讀為憂，但甲骨文恐仍無憂字的用法。

(15)壴，傳統由蛇咬腳趾引申作災禍的用法，可從；裘錫圭改从虫聲，讀為害的初文，恐不是事實。

第一章　談是禍不是憂

一

　　殷墟甲骨文習見的囗字，郭沫若舊釋為絲，謂「象卜骨呈兆之形」，後據〈粹1428〉一版的「旬亡囗」與「旬亡火」連用，在《粹編考釋》中改讀為禍。唐蘭承王國維引《易》「旬無咎」的啟發，認為字原本為卣，卜辭假作咎字。陳夢家同意字象卜骨之形，讀若咎，孳乳為過、為禍。胡厚宣則直接釋為禍字[1]。其中，郭沫若發現的囗和火字見於同版同辭互用的例子，　無疑是囗應讀為禍的關鍵證據。火，《廣韻》「呼果切」；禍，《廣韻》「胡果切」，二字入中古皆屬果韻。有關禍字源自卜骨形　，在秦漢文獻中亦見參證的例子。如《國語》〈晉語一〉記錄獻公卜伐驪戎勝而不吉一段　，其中形容卜兆有「齒牙為猾」句　，在《史記》〈晉世家〉則書作「齒牙為禍」，是知禍與卜骨意可通　，而「猾」又與甲文的囗字晚期增从犬旁字形相當。因此，前人釋囗為禍無疑有一定的道理。然而，近世學者裘錫圭另發新意，轉釋讀囗為憂[2]，從此定於一尊，海內外老中青學者咸信服，奉為圭臬，甚至有在徵引

[1] 諸說參見姚孝遂《甲骨文字詁林》第三冊，頁2158，2240號的囗字條。中華書局，1996年5月。

[2] 裘撰〈說囗〉，原載裘著《古文字論集》，中華書局，1992年；文見《裘錫圭學術文集》第一冊，頁337。復旦大學出版社，2012年6月。

卜辭句例時直接將囚字書作憂，視作一般常識的隸定字。甲
文中有憂字因而遂成定論。

二

有關囚字釋讀為憂的轉移是否完全合理，自應先由裘錫圭
〈說囚〉一文談起。該篇文章字數其實不到一頁紙，文章先
破題，認為近人從郭沫若說釋囚為咼讀為禍不足信。不足信的
原因，文中只有「從『囚』字與見於占辭的『固』字的關係來
看，郭說顯然不足信」的一句話。而裘說認為『囚』『固』同
字的理由，又只簡單的說是因為賓組卜辭一般的「王固曰」，
在「出組卜辭有時有『王囚曰』之文」。由於裘主張囚、固同字，
且直接將固字音讀等同於囚而釋為繇，再轉讀為憂。因此，才
會有囚讀憂的結語。

然而，檢閱出組卜辭(即傳統董作賓甲骨斷代分期的第二
期卜辭)，裘文所謂出組「王囚曰」的例子，在《甲骨文合集》
[3]中只見二例：

〈合 24117〉反　王 ⊡ 曰：入 ☐。

---

[3] 參中國社會科學院歷史所編《甲骨文合集》第八冊。中華書局，1981
年 1 月。

〈合 24118〉王 [字] 曰：重[囗]。

細審這類宜讀為「王占曰」的常態占辭句型，王下曰上的一字象牛肩胛骨形，只是固字之訛混，由句例看仍應讀固，但並不等同於從卜的囧字。裘徑將此字隸作囧是有問題的，這種情況與郭沫若誤讀〈粹 1427〉版「王占[囗]」的占字為咼字是一樣的。裘文其餘列舉歷組卜辭的[字]宜是囧字之形訛，而[字]、[字]諸形卻都不是囧字。

先談囧、固二字的字形。甲文囧字字形在第一期王卜辭都作[字]，象卜骨具兆形，中間固定從卜，第二期仍作[字]，非王卜辭始另作[字]、[字]、[字]、[字]的寫法，至歷組卜辭才有作[字]、[字]、[字]，形與骨字字形相混，第五期從囧另增從犬作[字]。而固字字形在第一期卜辭作[字]，中間常態從占，第二期偶與骨形混作[字]，至第五期才改作[字]，從骨形下邊固定增從丿，其功能是與骨字、囧字加以區隔的區別號。至於常態的用例，囧字習見於命辭，有「降囧」「乍囧」「隹囧」「亡囧」「出囧」等用法，而固字一般作為占辭的「王固曰」，少數有「叶固曰」「子固曰」的用例。囧和固的字形和用法基本上都不相同。[4]我們研判文字異同的標準，

---

[4] 參姚孝遂、肖丁編《殷墟甲骨刻辭類纂》中冊，頁 827囧字，頁 833骨字，頁 836固字條。中華書局，1989 年 1 月。三字的用法並不相同，特別是在第一期所收文例，絕沒有形近混淆的例子，三者的來源明顯沒有重疊的現象。

一是對比最早而同時期的字形，或是根據普遍的字形看(而不是僅用罕見的特例，或晚出的變形，又或不同時期字形的對比)，再者是互較相同的字用句例。字形和字用需要相互兼顧，才能判定文字的真相。對比同屬第一期的「亡囚」常態寫作囚，第一期的「王固曰」都寫作固；二字形和字用明顯相互區隔。復由以下諸例，囚、固二字見於同版同辭異位，明顯是兩個不同的文字：

〈合 4264〉反　　　王固曰：吉，亡囚。

〈合 4735〉反　　　王固曰：吉，亡囚。

〈合 17396〉　　　王固曰：勿隹囚。

囚與骨亦見於同版同辭的異位，也不可能理解為同一個字。如：

〈合 13505〉　　　牐累敲亡囚，骨告？

〈合 20576〉　　　☒貞：雀亡囚，骨告事？

由此可見，常態的囚、固和骨是源於三個獨立的甲骨文字。

　　細審第二期卜辭(出組卜辭)的囚字，有大量卜問「亡囚」、「旬

亡囚」、「今夕亡囚」的用法，字都固定作☐。其中的「亡囚」句

例，有與「亡災」、「亡尤」見於同版，彼此用法應是同中有異，

大致都有災害的意思。如：

　　〈合 24478〉　辛亥卜，行貞：今夕亡囚？在☐。

　　　　　　　　王子卜，行貞：王其田，亡巛？在二月。

　　〈合 25706〉　壬寅卜，行貞：王賓，戠亡囚？

　　　　　　　　貞：亡尤？在七月。

　　　　　　　　辛丑卜，行貞：王出，亡囚？

　　　　　　　　貞：亡尤？☐

特別是「亡囚」和「亡尤」二詢問句，經常有處於同版屬選擇

對貞的關係，囚和尤二字的用意應該有更密切的關係[5]。如：

　　〈合 25375〉　戊寅卜，即貞：王賓，藝禫亡囚？五月。

　　　　　　　　貞：亡尤？

---

[5] 囚和尤大致都有禍害的意思，但細部上應有差別。囚字象卜骨形，古
人占問吉凶的方式主要有兩種，一用龜甲牛骨經鑽鑿占卜，一用左
手掛扐蓍草成爻。如「亡囚」是據卜骨呈卜兆詢問事情的亡禍否，「亡
尤」的尤是从手掛一，似可理解為取象手纆掛蓍草之形，以示經由
卦爻占問事之吉凶否。因此，囚與尤二字一用卜骨，一用掛草，均
屬取象占問吉凶的方法。

〈合 25394〉 丙子卜，行貞：王賓，夕禣亡𡆥?

貞：亡尤？

丁丑卜，行貞：王賓，藝禣亡𡆥?

貞：亡尤？

〈合 25510〉 庚子卜，行貞：王賓，夕禣亡𡆥?

貞：亡尤？在六月。

〈合 25511〉 甲辰卜，行貞：王賓，夕禣亡𡆥?

貞：亡尤？

⋮

出組卜辭同時亦有卜問正面的「王吉」〈合 26082〉、「寧」〈合 26161〉。𡆥字的用法似乎與吉、寧意相反。

三

裘錫圭理解𡆥字讀憂，是就音近同詞的關係來串連，這與由形的縱線鋪排：「𡆥而冎(形是指卜骨而非骨)而咼而禍」並不相同。前者是據語言來跳接不同的字，後者是依形體的衍生來排比同字。至於音與形的選擇究竟孰優孰劣，很難作

一刀切的評論，但是文字既然是屬於表達語言的載體，如何合理的通讀句意，恐怕是判別正確釋文的最高標準。由上下文的句意觀察，甲文中的𡆵要讀為憂，其實是很勉強的。

憂是憂慮，指人內心的一種心理狀態。《說文·心部》:「𢝊，愁也。從心頁。𢝊心形於顏面，故從頁。」[6]而禍指禍害，是針對具體外在事例所引發對人不利的遭遇。《說文·示部》:「禍，害也。神不福也。從示咼聲。」殷人習慣在一旬的末日卜問下旬的吉凶，命辭習見用「旬亡𡆵」一句作為詢問語，理解為卜問下旬十天內時王無禍害否，恐怕比理解為下旬十天內時王無煩憂否來得具體。因為甲文言降禍、言有禍，本是指突發的、外加的、個案的事例，殷人迷信，因為不知道這些災禍會在什麼時候降臨，才會有固定的逐一時段卜問災禍否的必要。但如只是為了時王個人內心的憂愁考量，情緒或者焦慮的發生是可長可短的，如何會固定的每十天一問內心的擔憂與否呢？

以下，復就一些具體的句例來觀察𡆵字的合理釋讀：

---

[6] 此文稿草畢大半年,有機會在 2016 年 11 月於上海復旦大學出土文獻中心直接報告此文。與會的先生有認為殷代的憂或已涵蓋具体的事例加以使用。然此擬測無據,這與憂的字形結構和最早見於戰國中山王器的字用亦相違。

1.〈合 24502〉 庚午卜，王曰貞：翌辛未其田，往來亡巛，

不冓田？茲用。

按：「冓田」成詞。冓，即遘，遇也。此辭卜問的田否是可以遇上的、面對的，當指殷王往返田狩間具體的某突發事例而言，不可能理解為精神上的憂患。因為憂患是一種抽象的心理狀態，當然談不上遭遇不遭遇的問題。因此，田讀為禍自然比讀為憂合理。

2.〈合 25273〉 戊戌卜，尹貞：王出，亡田？

〈合 23768〉 戊寅卜貞：王出，亡田？

按：命辭的前句陳述句言時王出巡，後句詢問句自然是針對特定的殷王出巡此一具體行為卜問順利或安全否，這裡的「亡田」自然沒有必要一直詢問時王內心憂不憂的問題。在句意的理解，釋作禍確實比釋作憂合理。

3.〈合 20565〉 庚寅王伐，亡田？

按：此辭前句敍述殷王對外征伐，牽涉著國族的存亡榮辱，卜問的自然是與征伐勝敗攸關的整個事件行程禍福問題，而不會只是有憂無憂的個人心理狀況。

4.〈合 6086〉　貞：舌方出，隹我山乍囝？

按：乍，讀為作，有正在逐漸完成的意思。完成的對象是「囝」。此辭言西北外邦來犯，卜問的不可能是我們會否有憂，因為戰爭中憂患肯定是存在的，如只詢問憂否是沒有意義的。因此卜問「乍囝」的，必然是有關我方會衍生具體的禍害否的問題。

5.〈合 7854〉　☐嗀貞：洹其乍茲邑囝？

　〈合 7859〉其乍茲邑囝？四☐。

　〈合 776〉　王寅卜，嗀貞：不雨，隹茲商乍囝？

按：諸辭面對洹水對城邑的威脅，和降雨對商地的威脅，明顯不能解釋為卜問某地的憂愁否，城邦並無憂不憂的問題，而應是指帶來某地的災禍否。

6.〈合 22765〉　丙子卜，王貞：曰雨？

　　　　　丙子卜，王貞：其又囝？在二月。

按：對比同版二辭，第二辭是由外傳的有降雨而進一步詢問「有囝」否。此處明顯是針對「降雨」此一外在具體事件所

導致災害的卜問，而非指個人內心的情緒而言。

7.〈合 21019〉 辛未卜，王貞：今辛未大風，不隹囗？

按：命辭前句謂今日出現大風吹襲，接著卜問的常理自然不會只是某人心裡的憂否，而應該是對於地方所產生的災害與否的問題。

8.〈合 33742〉 癸亥又𡆥禾？

　〈懷 1654〉 又𡆥眾？

按：二辭屬第四期卜辭，其中象骨形的𡆥由文例理解應是囗字之訛。此言卜問有降禍於農作，有降禍於眾人，於上下文都能通讀無訛。但如字讀為憂患的憂，對眾對禾言都是不好理解的[7]。

9〈合 25759〉 乙丑卜，貞：王賓，冊亡囗？

　〈合 25583〉 庚寅卜，行貞：王賓，禫亡囗？

---

[7] 殷商社會長期經歷「不常厥邑」，及至定都於安陽後，持續的仍是物質文明的建立和經營，對於個人心靈的描述或精神上的追求應是還未展開的。因此，殷人占卜，大都是就物質生活內容直接祈求鬼神賜福降祐，罕見針對某種物質對象詢問占卜者內心的思緒變化。甲文從心部件的用字並不多見，亦足以反映殷商時期強調物質而忽略心性這一文化現象。而大量詢問「旬亡囗」的例子如果是理解為定期的人類心理狀況，恐怕不會是當日的實錄。

〈合 25707〉 癸卯卜，行貞：王賓，戠亡⿴囗卜?

按：諸辭言殷王賓迎鬼神，接著卜問擬進行的𣪊、禱、戠等祭儀「亡⿴囗卜」否。作為祭儀並沒有憂否的問題，⿴囗卜字理解作禍明顯比作憂為合理。

總括以上諸組句例，見⿴囗卜字的音讀無論與憂有多近，也遠不如據形讀作禍更能貼近文意。

四

我們再由文字流變的角度來看這個問題。

甲骨文的⿴囗卜字，自第一期武丁卜辭作⿴囗卜，以迄第五期帝乙、帝辛卜辭增犬作⿰⿴囗卜犬，字的用例一脈相承，都可作禍害意。字因與詢問鬼神有關，至金文後固定从示旁作禍，在字形流變的縱線看是完全沒有問題的。反而憂从頁从心的結構，殷甲文並未之見，兩周金文亦沒有踪影，一直要等到戰國時期的中山王彝銘，[8]才看到从頁从心的字例，並明確用作憂患、憂慮意：

〈中山王譽鼎〉 以惪勞邦家

[8] 1975 年 11 月河北省平山縣中山國墓葬出土譽鼎、譽壺、䖒壺諸器，提供研治戰國時期晉系一類金文字形的規範寫法。

〈 盠壺 〉 以憂乎民

而竹簡亦要到戰國的郭店楚簡才得見此字。[9]因此,如果要推論匚字與憂字的語言早在殷商時期已屬同詞分化,但二字形和用例在西周至春秋之間卻都是長期消失的,一直要過渡到戰國才忽然併發出一個始創的从頁从心的字例,代表著原有的憂患意。這在文字字形演變的縱線看來是突兀且不容易解釋的。

五

在裘錫圭〈說匚〉一短文下面,見附一編按:「關於本文所討論的問題,可參看本書所收《從殷墟卜辭的『王占曰』說到上古漢語的宵談對轉》。」而近人每當引用裘說匚訓讀為憂時,亦經常會注引此文,作為裘說的出處。然而,細讀此文的內容,卻看不出「王占曰」的討論和古音宵談對轉有什麼明顯相關的地方。

裘文〈從殷墟卜辭的『王占曰』說到上古漢語的宵談對

---

9 1993 年湖北荊門郭店墓出土戰國中期偏晚楚竹簡 730 枚,其中的憂字从頁从心,从頁从厂从心,从頁从人跪坐形从心,从頁人站立形从心等形構。字形於此時期仍未固定,而心憂這一概念往上再推恐怕都不會早於兩周以前。字形和字用參張光裕編《郭店楚簡研究・第一卷文字編》,頁 205,藝文印書館,1999 年 1 月。

轉〉(簡稱〈對轉〉)[10]一開始仍強調〈說囗〉一文中的「多數
甲骨學者既釋『固』為『占』，又從郭沫若釋『囗』為『咼』，
讀為『禍』，是有問題的。因為『占』和『禍』的字音毫無共
同之處。」然後又說：「主張從唐蘭《天壤閣甲骨文存考釋》
說，把『固』釋讀為『絲』；同時主張把『有囗』『亡囗』的『囗』
釋讀為『憂』。因為『絲』、『憂』二字音近。」由此，足見裘
文的基本思路仍是將固、囗二字「表示同一個詞」來看，才會
有所謂由囗(兆)而固(絲)而憂的通讀，然後將習見的「亡囗」讀
為「亡憂」。事實上，〈對轉〉文中裘已連續二次承認「『固』
字釋為『絲』，的確不如釋為『占』合理」，但他仍堅持由字
音上解決這個困難。他透過近人章太炎對上古音宵部與談、
盍(即葉部)對轉的特殊現象，企圖串連「兆」(定母宵部字)、
「占」(章母談部字)二字讀音有關連的可能。換言之，裘至
此已放下固釋讀為絲，而回到傳統的讀占，才會有所謂利用
宵談對轉的想法。然而，裘文這裡的關鍵可商處有二：一是
甲骨文的囗和固一開始就絕非同字，彼此的常態字形和用例都
不相同，應是代表著兩個不同語言的文字；二是囗與憂本非
常態的同音字，二字訓讀關係太過曲折。我們將裘文中引用
的資料加以串連，見裘認為囗與憂二字間的聲音關係是：

---

[10] 原載《中國語文》2002年1期；文見《裘錫圭學術文集》第一冊，
頁485。

☐(兆)　↔　　愳　　＝　　愿 從首聲　　＝　　愿(愿)　，宿從丙聲

定母宵部　　　　影母幽部　　　書母幽部　　　　　　心母幽部　　　　透母侵部

首先，☐作為兆的讀音是有待驗證的。而由上表字例的關係，只見☐與憂的韻部屬宵(ɑu)幽(əu)旁轉關係，二部是韻尾相同，而元音由前低元音過渡到中央元音。憂字的異體作愿、作愿，愿從宿聲，韻母也屬幽部(əu)；宿從丙聲，韻部屬侵部(əm)，遂認為幽部和侵部有對轉的關係。裘文最後再補一句：「唐蘭認為『丙』實即『簟』之初文，可信。簟是定母侵部字。」如果順著裘文的論述，諸字例的音讀系聯應是：

☐ —	愳 —	愿 —	丙
宵	幽	幽	侵
ɑu	əu	əu	əm

這些字例，由☐憂旁轉，基本上已滿足對訓讀☐為憂的音理上初步要求，如何需要牽涉到論文主題的「宵談對轉」的關係呢？退一步說，丙即簟而簟從覃聲，亦應屬侵部。勉強據譚談異體通用，才會將從覃旁轉為談部(ɑm)。但讀音由宵而幽而侵而談，音理推衍上不覺得太過於轉折嗎？

對比裘在〈說☐〉〈對轉〉二文的思路，前者因誤認☐囟為同字，才會由讀兆(宵部)、讀絲(談部)，而與憂字旁轉。但囟

字明明从占，自以直接讀作占字為優，如此則如何會讀與兆同呢？因此，裘在後者才逼得找來「宵談對轉」，勉強將困(兆)和固（占)的音讀牽連起來。然而，這和原先文章破題要考訂的「困讀為憂」又有什麼關係呢？況且，這種利用周秦文獻古音分部之間冷僻音讀的關係，猶如煉石補青天般將兩個殷商甲骨文字的語音扣連，足見裘行文的細心和苦心，但不管如何，總究只是特例的轉讀。相對的，在文例的對應上仍缺乏充份的證明。實事求事如裘錫圭，在文末仍不得不補上一句：「我們讀『困』為『憂』，還缺乏很確鑿的證據，『有困』『亡困』等辭中的『困』究竟應該讀為什麼字，還需要繼續深入研究。」文章繞了一大圈，依然是一個大問號，此自然是裘一貫的謹慎治學態度。但引用裘說的朋友們無疑始終缺乏這一份可貴的謹慎啊。

六

細細閱畢〈對轉〉一文，恐不得不承認上古音是否存在有關「宵談對轉」的特例關係，對於處理甲骨卜辭中「困讀為憂」在音理證據上幫助不大。平情而論，困和憂二字在音義上都有距離。反而早期對困、固二字的認識：二字外圍都象牛肩胛骨形，一从卜象卜骨，一从占聲；一讀為禍，一用作

占字的繁體。這才是比較接近甲文用例的真相。因此，本文歸納的結語：囜和囿原是代表不同語言的兩個字，而囜字是禍不是憂。殷商用語有禍但仍沒有出現憂的概念。

有關本文討論囜字是禍字的初文，仍有一個可以追問的空間。囜字在第五期帝乙、帝辛卜辭都增從犬，原因為何？字從卜骨從犬，其中從犬旁絕非聲符，只能理解為義符。而犬與卜骨相對，固定的張咀朝向卜骨。對比壹字從蛇咬趾，引申有災害意。囜字卜骨與犬並排相向，二者之間又能呈現甚麼樣的關連和表意功能？細審犬作為動物，其功能一可用作祭牲，二用作殉葬物，三可用為守衛，四可視同野犬或獵犬攻擊。如考慮字的全形是作為禍害的負面用法，前三義都無法理解，唯有第四義才有這種負面意義的可能。殷商時期的犬已鮮用為祭牲，然而犬嚙咬骨頭，自古皆然。卜骨能遭犬所嚙食，無疑是殷人遺棄的用骨。由自然的心態看，卜骨如屬吉骨，骨頭本身自有保留、存念的價值和意義，但如屬凶兆之骨，擁有者棄之猶恐不及。因此，這些遭到殷人廢棄喂狗的卜骨，自屬呈凶兆之骨頭無疑。字由卜骨形而後為加強不祥的抽象微兆，乃增犬旁以示棄骨為犬所嚙咬之意。目前看，晚期囜字增犬符的突梧寫法，勉強可由此一角度來加以

說明，以備一說。

第二章　論虵、害二源

一

甲骨文中有一𧊙、𧋘字，早在羅振玉時期已隸作虵。至丁山曾改隸作蚩，但並未為學界所重視。近世裘錫圭撰〈說蚩〉[1]一文，認為字不當從它，應從丁說隸作蚩，並有「蚩為害字本字」的新說。

二

細審虵字字形常態作𧊙、𧋘，晚期有增彳作𢔅；偶有拉長尾作█〈前 1・47・3〉、█〈寧滬 1.480〉，或增大其首作█〈乙 8896〉、作█〈乙 8816〉。[2]羅振玉在《增訂殷虛書契考釋》中 34 釋為「從它（蛇）從止（即足）」[3]，並引許慎《說文解字》十三篇下：「它，虫也。從虫而長。象冤曲垂尾形。上古艸居患它，故相問無它乎？　蛇，它或從虫。」為證。羅認為虵字是作蛇咬人足形，引申有傷害意。對比《說文解字》十三篇上虫字的說法：「虫，一名蝮。博三吋，首大如擘指，象其臥形。」段玉裁注：「郭云：此自一種蛇，人自名為蝮虺。

---

[1] 文原載《古文字學論集》初編，香港中文大學，1983 年；引文參《裘錫圭學術文集》第一冊，頁 206-211，復旦大學出版社，2012 年 6 月。
[2] 參中國社會科學院考古所編《甲骨文編》卷 13.4，頁 511 它字條。中華書局，2005 年 8 月版。
[3] 參于省吾主編，姚孝遂按語編撰《甲骨文字詁林》第二冊，頁 1776 虵字條；頁 1782 它字條。中華書局，1996 年 5 月。

今蝮蛇細頸、大頭、焦尾。」[4]可見漢以前的認知，它是象長尾的蛇，而虫是象大頭細頸的蛇。就廣義而言，它、虫二字同屬蛇類，可通。羅振玉認為「它與虫殆為一字」，而將甲文的𧈢隸作它，原無不妥。復由上引〈乙 8896〉、〈乙 8816〉二版字形看，它字從它有具大頭的特徵，而〈前 1．47.3〉、〈寧滬 1.480〉二版的它字所從的它，又見長尾的書寫。是知甲文的它字形兼具《說文》它、虫二蛇形的描述。因而將字改隸作虫，自亦是可從的。

甲文的它字可理解為从它或从虫。但裘在〈說虫〉一文提出異議，謂「金文『虫』字作𧈪等形，『它』字作𧈭等形，二字毫不相混。」（P.207）按此語恐誠有可商榷的地方。參考容庚《金文編》卷 13 虫字條共收三字，[5]第一個字形即作𧈪〈虫𠦪鼎〉，象大頭蛇形，筆勢由中間向左右分書，呈弧狀內收，正強調巨型蛇首，與它字寫法相合。此應即虫、它字同的橋樑。虫、它二字書寫一簡一繁；一作為蛇的泛指，一強調特別的蛇類。且它字除與虫字同借用為人名外，在周金文中已固定另借為銅器的專名：匜，寫法自然應與一般的虫字相區隔。因此，裘引金文謂「二字毫不相混」，一不能證明二

4　見段玉裁《說文解字注》十三篇上，頁 669。藝文印書館，2007 年
8 月。
5　參容庚《金文編》卷 13，頁 873。中華書局，1985 年 7 月。

字字源並不相同，二不能證明二字在隸定偏旁中不可相混。因此，裘文認為「羅（振玉）氏說『它與虫殆為一字，後人誤析為二』是不可信的」（P.207）的一句話，恐怕仍不足以推翻羅說。反而，裘文對虫字本形的理解，謂是「象人足趾為蟲虺之類所咬囓」（P.210），同頁末二段又言「上古時代，蛇虺之類為害極烈」，無疑裘文亦承認此字即便改隸從虫，也都同屬遭蛇咬的意思。如此，裘的改隸與羅振玉直接徵引《說文》：「它，虫也」，字的俗寫為蛇，二者對字的本意看法實無差距。更何況羅復引《說文》的「無它」為證，此與甲文中的詞例「亡虫」可省作「亡它」的用法，有直接的關聯。因此，站在字形和字用一線相生的角度考量，字隸作虫是完全適合的；當然，站在字形來看，字隸作虫也未嘗不可。

以上是字形隸定的討論，作虫或作虫顯然並沒有太大的衝突。裘文刻意要將字改隸定為虫，主要企圖是將字由形的理解轉為由語音的關係來立論。裘認為字由隸定而可發虫聲、禹聲，與害的讀音相系聯，文中敘述：「虫與虺同音，是曉母微部字。曉匣二母，微祭二部，關係都很密切，可知『虫』、『虫』（害）二字古音相近。」（P.210）由此，方取得虫字「讀作害為合理」的預設答案。可是，所謂「虫與虺同音」，是根據《說文》篆文以後反切的音讀而言。如果追溯字原，虫本

是虫蝮，屬蛇的獨體象形，字其實與蛇是同字分化；而虺是蜥蜴，《說文》：「虺，以注鳴者。詩曰：胡為虺蜥。從虫兀聲。」段注：「虺為蜥易屬。」[6]就漢人的觀念嚴格言，虫和虺已是兩種不同的動物，自屬兩種不同的語言概念，而虫字既與蛇同源，上古音讀自應與蛇它相當，屬歌部字，此與虺字屬微部字的韻母相距甚遠。更何況這無論從它或從虫的部件，在壱字的整字組合理解中都應該是一意符，而不應視作聲符來處理。

裘文（P.210）特別引用〈屯南 644〉一條對貞內容來強調「以虫為壱」，「也有可能並非誤刻，而是以音近借用為壱的」，作為壱字可發虫聲的證明。可惜，這種說法是不能成立的。

〈屯南 644〉丙寅貞：岳■雨？
弗■雨？

觀察《屯南》這組正反對貞，肯定句先刻，否定句後刻。肯定句命辭的動詞從止從虫，明確見常態不省的完整字形，而否定句一方面省略前辭，一方面命辭省主語，動詞亦省止。由正反對貞二辭的關係看，否定句句型全是省略，否定句的壱字作它，明顯亦是單純的書手在刻寫時粗疏的少刻了一個部

---

[6] 參段注《說文解字》十三篇上虫部，頁 670。

件。相對於原字，是省簡了一個意符偏旁，不需視作故意選取一個近音字代用的「音近借用」那麼複雜的現象來理解，更不能因此而證明虵字是發它作為聲音的。況且，甲文中省略部件的用法是常見的，如「登若干人伐某方」的登字作𩵋，有省作𩵋〈合集 6409〉，字自然仍應讀登，不能改讀為廾；用作泛祭的禦字作𩵋，偶有省作𩵋〈合集 22092〉、作𩵋〈合集 21956〉，字在句中的音讀自然還是常態不省的禦字，不能改讀作午、作卩。

因此，虵字無論是從止從它，抑或從止從虫；所從它虫都固定朝向橫止的底部，二部件的關係屬會意，由蛇嚙咬人的足趾本義引申為傷害的意思。事實上，古文字中從虫的字例，虫用作聲符是絕無僅有的。例如：

(一)《甲骨文編》卷 13.3，頁 509 虫字條從虫的字，除了蚕字外，有：蜀、蚰、蠱、蟲四字，從虫的部件明顯都不會用作聲符。

(二)《金文編》卷 13，頁 873 虫字條，有：蠆、雖、蠆、蜀、蚘、蚯、蛬、蜗、蠆、蜻、蚰、蚊、蠶十三字，從虫的部件沒有一個是用作聲符的。

(三)《說文解字》十三篇上虫部，頁 669，收正文 153 字，重

文 15 字，其中象形 1 見（蠆），會意一見（蚰），其餘多達 151
個字例都是形聲字，而从虫部件只用為意符偏旁，無一例有
用作聲符的。

對比以上甲骨、金文，以迄篆文的字例，足以反證甲文
中的壱字儘管可隸从虫，但「虫」旁不可能用作聲符。

裘文主要的特色，是先調整前人的隸定，再據特定音讀
將蚩字過渡為傷害之「害」的本字。至於裘文鋪排蚩、害間的
關係，論證有二：一是由字體的關係言。裘文先取《說文‧
舛部》的蠢字，據宋抄本篆文从禹，認為字可隸作蠹，而蠹、
轄二字古通。接著依據容庚的意見，从虫可演變為从禹；儘
管二字的韻部一屬魚、一屬祭，在常態用韻上是有距離的。
一是由字用的關係言。裘文依據雲夢睡虎地 11 號秦墓所出竹
簡，見用為建除術語的「蚩」字與「害」字可相對應，便認
為「秦簡的蚩字應讀為害」，再跳接言「蚩是害的本字」：

> 蚩（蚩）字有『害』音，其字形象人的足趾為蟲虺之類
> 所咬嚙，也與傷害之義相合，應該就是傷害之『害』的
> 本字。（P.210）

細審裘文中的推理，由字形關係看，裘文依據戰國江陵天星

觀楚簡的从車从萬一字即轄字異體、雲夢秦簡的萬字通作害、馬王堆西漢墓帛書的萬字可讀作害來論述。但這只能說萬與害二字在戰國至西漢時期有通用的現象，而並不代表早在西周甚至殷商千多年前二字即已有關聯。這種用逆推的方式來尋覓文字間的關係，在方法論上無疑是危險的。更何況在古文字當中傷害類用字不見得只有單一個字例，如甲文的希（祟）、囚（禍）皆入微部，微祭旁轉，與害字何嘗不是有意同音近的條件。因此，就字形關係言，似仍不足斷言甲文的蚩即害的本字。由字用關係看，裘文利用雲夢秦簡的兩套術語對比觀察，亦只能證明在秦時萬、害二字的聲音可通段或用義相當，終究未能落實到萬即是害的本字。雲夢簡 730 所記的「一套早期建除術語」書作「害日」一詞，在雲夢簡 755、942 的「辰、申，萬」一套中則改用萬字。（P.208）對比二套建除日名相對的關鍵用語：

其中的敭與交屬音近，徹與達是義近，我們能因此同樣論定「敭是交的本字」、「徹是達的本字」嗎？不然，如何能依裘

文引述此二套術語用字，即論定「𧍙應該讀為害」（P.208），並從而判斷「𧍙是害的本字」呢？同樣的，如甲骨文的災、𢦏二字同用為災禍字，不、勿二字同屬否定詞，我、余二字同為第一人稱代詞，𡆥、尤二字同具禍害意，但都不能因此而視同「某是某的本字」來看待。

透過以上裘文的討論，甲文的𧍙是否即害的本字，恐仍有待商榷的空間。無疑的，由音近義近來探討「某是某的本字」，恐怕是文字研究的一個誘人的致命陷阱。判斷文字「某是某的本字」，表示二者是屬於同一個語言的關係，其基本條件需要有三：1.音同，2.義同，3.二字間有一條明顯應用的縱線。如「生是姓的本字」、「立是位的本字」、「豊是禮的本字」是。𧍙與害之間無疑是缺乏一條明顯的字用銜接的縱線。裘文徵引的睡虎地秦簡《日書》甲種中的𧍙、乙種中的𢝊，只固定借用為「𧍙日」一專有建除日名的異體，此日記錄的都是吉利的事例，而字並無作傷害意的用法。相對的，在睡虎地秦簡中已普遍出現有「害」字用為傷害、妨害意。[7]如：

甲種 130 正：它日雖有不吉之名，毋所大害。

　　64 背：凡有大票（飄）風害人，擇（釋）［屨］以

　　　　投之，則止矣。

---

[7]　參吳小強《秦簡日書集釋》，岳麓書社，2000 年 7 月。

31背：注白湯，以黃土窒，不害矣。

乙種137：它日唯（雖）有不吉之名，〔毋所〕大害。

因此，秦簡中偶見的萬字專用為日名，顯然與作為傷害的害字並不相當，不能視同二字直接的銜接橋樑。

三

根據目前所見的地下材料，殷商甲骨文未見害字，而災害的語言概念已有𠦪、希、尤、㞢、不吉等用語支應。至兩周金文，害字和從害的字形始出現，但仍未有災害、傷害意的用法。周金文的害字，[8]用例有作：

1.害辟、𢾖辟。如：

〈王孫鐘〉：余啻𤳊𢾖辟。

〈史墻盤〉：害辟文考。

2. 𢾖德。如：

〈師𣄰鼎〉：天子亦弗譻公上父𢾖德。

3.害福。如：

〈豚叔多父盤〉：受害福。

4.𢾖章。如：

〈大簋〉：𢾖章。

---

[8] 參容庚《金文編》卷七，頁531害字條；卷十，頁709𢾖字條。

5.害眉壽。如：

〈伯家父簋〉：用錫害眉壽黃耇。

〈异伯盨〉：害眉壽無疆。

6.害吉。如：

〈毛公鼎〉：邦將害吉。

7.人名。如：

〈師害簋〉、〈害叔簋〉師害和害叔。

〈龏鐘〉、〈龏叔鼎〉龏和龏叔。

8.族地名。如：

〈遇甗〉：遇使于龏侯。

〈彔簋〉：伯雍父來自龏。

學界一般對害字的理解，皆認同字象有蓋的食器形，[9]與盍、盒為一語之轉，引申有覆合、覆蓋意，其後才叚借為傷害意。而在周金文中，字一直只叚借作介、作匄、作曷，復借為人名、族地名。至此，字應已有害音且長期以叚借方式呈現，但始終未見借為禍害的用意。兩周金文有害形無害意，如果根據裘文的觀念，早在殷商時期已經用龏作為害這一語言的本字，但其後過渡至西周時期只見有龏字卻不見有傷害的用

---

[9] 參龍宇純〈說簋固及其相關問題〉，中研院史語所集刊第 64 本，第 4 分，1993 年 12 月。

法，有害字但亦不見傷害的用法。傷害的語意用法在入周後這一漫長階段中居然神秘失蹤，一直要到秦簡才有機會重新看到㞹、害相通的特例，而至楚帛書和楚簡中才見害字有作傷害的用法。例如戰國中期偏晚的荊門郭店楚簡中的老子甲本簡，始見「其才（在）民前也，民弗害也」〈1.1.4〉，「不可得而利，亦不可得而害」〈1.1.28〉等文例，然字形與周金文仍有明顯的區隔。如此看來，害字明確借用為傷害意，最早恐怕也要到春秋戰國以後的事。相對於古文獻言，《詩》《書》多假害為曷，明顯用作傷害、危害意的，始見於《易‧繫辭下傳》：「損以遠害」，《戰國策‧秦策》：「無伐楚之害」，《莊子‧應帝王》：「以避矰繳之害」等春秋以後的典籍。害字在文獻和地下材料出現的時間基本上是相同的晚。因此，㞹、害二字之間如要建立同字的縱線關係，其中明顯是中斷了一千多年的時間。這現象如何合理的解釋，不得不讓人存疑二字是否真的是源於同一個語言。[10]

四

綜合以上討論，可見甲文的 𠃊、𠃌 仍宜隸定从它。字改从虫尚可，但只能用作意符，而絕不會視同聲符。㞹既不發虫聲，與害就不見得具備聲音的關係。㞹引申有傷害意，與害

---

[10] 由字用的中斷，可反證「某是某的本字」一命題的不可靠。同樣的，應用在裘錫圭提出的 𠂤 與憂之間的關係來看，亦能夠成立。

借為傷害的用法儘管相當，但只能證明二者的晚出用義可通，彼此復有一段千多年的時空落差，無法說清楚二者必具相承的演變關係。因此，耂與害應是在不同條件和背景所發生的字，代表著兩個不同的語言。前者見於殷商，後者普及自戰國。無論如何，迄今仍不足以證明「耂字是害字的本字」。

第三章　殷墟花園莊東地甲骨文、字、詞選釋

一・說內、速

〈294〉（7）乙卯卜：子內盉？不用。一二

〈420〉（5）壬子卜：子內盉〔丁〕？用。〔丁〕各，乎（呼）
〔酓〕（飲）。一二

〈475〉（8）辛亥卜：丁曰：余其不往，母（毋）盉？一

（9）辛亥卜：子曰：余〔內〕盉；丁令子曰：往眔
帚（婦）好于麥，子盉？

內，字作 𠔿。《殷墟花園莊東地甲骨》（簡稱《花東》）
原釋文都隸作丙，「子丙」連讀，作為活人名。陳劍先生〈說
花園莊東地甲骨卜辭的「丁」—附：釋「速」〉和姚萱女士《殷
墟花園莊東地甲骨卜辭的初步研究》（簡稱《初步研究》）釋
文則認為這裡的「丙」字是天干日的丙日，陳文對照「〈446〉
片卜「丙速丁」、〈371〉片卜「甲其速丁」，「丙」和「甲」顯
然只能解釋為「丙日」和「甲日」為証」，推論〈420〉（5）
的「子丙盉丁」和〈475〉（9）的「余丙盉」的「丙」字都應
該解讀為「丙日」。然而，〈446〉版（24）辭的「丙速丁」的

「丙」字寫法特別作丙，與同版（10）至（13）諸辭中天干的「丙」字作丙明顯不同；同樣的〈37〉版（16）（17）辭的「虫丙弓用射？」「虫丙弓用？」的丙字亦不會理解為丙日一般。（〈37〉版復見「疾弓」、「遲彝弓」等相對用例，「弓」前一詞都屬弓的修飾語。）再參看〈合集 24345〉的「貞：亡尤？在𠂤丙卜。」一辭的用法，足見丙字可用為地名，與「丙日」用例無涉。而陳文所舉〈371〉版的「甲其速丁」的「甲」，固然可釋作「甲日」，但這裡的「甲」字置於命辭句首，與待考的「子丙速」句的「丙」字位於句中並不對等，應分別來理解。細審花東卜辭「丙」字作為天干日名時，只見用於句首。如：

〈113〉（21）丙入肉？一

〈139〉（2）乙夕卜：丙不雨？

〈413〉（1）甲寅卜：丙又（祐）祖甲？

如偶用於句中，亦都有以介詞帶出。如：

〈400〉（2）乙亥夕卜：其雨？子占曰：今夕雪，其于丙雨，其多日。用。一

而花東甲骨的其他干支日亦並不見單獨用於句中。因此，〈294〉、〈420〉的「子丙」，固然不宜釋作人名，但理解為「丙日」似亦有可商處。陳、姚諸先生在此否定了以天干為名屬生日說的可能推測，但仍陷入了另一個語法上屬於孤証的困境。

我們認為，內字在上文的句例中可以考慮理解為動詞，釋為內字。甲文中的內、丙二字形體相同。王卜辭中內字一般都用為族名、人名，亦似有動詞的句例，如：

〈合集 2873〉貞：內钔?

內，《說文・入部》：「內，入也。从冂入。自外而入也。」段玉裁注：「多假納為之。」內字由「入」、「自外而入」，遂有「進入」、「在其中」的停留、入住意，亦有「迎入」、「使之入」的納進、迎接等意思。花東甲骨另有「入」字，但一般只用作地名和「入貢」意，偶也有「進入」的用法。然而，「入」「內」二字細部的用法應有所區別。

花東甲骨多見「內𡍮」二字並列，語意自相承接。「𡍮」，字作、，从東从止，上有从屮或从木形。陳劍先生釋此字作速，認為有「邀請」一類的意思。對照〈371〉版的「己亥

卜：甲其速丁，往？己亥卜：丁不其各？」一組對貞文意，
「速丁」而問丁有來至否，陳說似乎有一定的道理。字從東
從束，和從止從辵，自可通用。此處將字說是速字沒有問題；
只是此字上都「以中或木為意符」，沒有例外，這應當如何
解釋，陳文中並沒有進一步說明。陳文引用鄭玄注：「速，
召也」，並舉〈伯公父簋〉的「用召卿事辟王」等為據，認
為此速字應訓為召意。但一般言「召」是上位針對下位召見
的用法，此字如訓釋為「召」，花東子如何能多次「召」見
殷王武丁？在語境上恐仍有可商榷的地方。有關「橐」字的
字形，字從東或從束，都取象囊橐之形，兩端打結束縛。這
部分沒有問題。關鍵的是，上端所謂從中狀的意符是代表什
麼？我的觀察，字上中處的中形與兩邊的打結狀是同一樣東
西，表達的是在囊橐中間位置用藤繩作束縛的樣子。字上方
由本屬束縛的繩結之狀，因筆畫形體近於中形，但中字不曾
獨立成字，遂進一步譌變為形意相近的木字，再獨立書寫，
而成為另一「從木從東從止」的結構。這種字形流變，可參
考「折」字字形本由斷木形而改從二中再譌書作從手旁，部
件的變化可等量齊觀。因此，橐字本從一上中下三處分別皆
綑綁的獨體囊袋形，這依然可隸定作束，也兼為聲符。整個
字的組合可理解為「從止從束，束亦聲」的「速」字初文。

至於「速」字的用意，對比《說文·束部》：「束，縛也。從
口木。」朱駿聲《說文通訓定聲》束字：「《釋名·釋言語》：
「束，促也，相促近也。」《漢書·食貨志》注：「束，聚也。」
束字由綑縛相靠近而引申有聚合意。透過以上的討論，知櫜字
是速字，可有聚、會合的用法。「內速」，即進入相互聚會的
意思。以下，我們借釋讀〈294〉一版花東子的幾天活動流程，
從而了解「內」「速」二字在全版句例中的意思：

〈294〉（1）壬子卜：子其告狀，既璽丁？子曾告曰：

丁族𠨘𦀇宅，子其乍丁宮于狀。一

（2）壬子卜：子戠，弜告狀，既璽于〔丁〕，若？

一

（3）壬子卜：子宆于狀，弜告于丁？一

（4）壬子卜：子內，其乍丁宮于狀？一

（7）乙卯卜：子內速？不用。一二

（8）乙卯卜：歲祖乙：牢，子其自弜速？用。

一二

本版第（1）（2）辭屬正反對貞。（1）至（4）辭屬同一天
的占卜，（7）、（8）辭屬另一組正反對貞。諸辭的釋讀如下：

（1）辭在壬子日卜問：花東子將告祭于狀地，完成祭拜武丁
的所有宗祠，（順利嗎）？子曾誥命說：丁族移居於嶽宅，
花東子將要在狀地興建武丁的行宮。

（2）辭在壬子日卜問：花東子暫停行動，不去告祭於狀地，
完成祭拜武丁的所有宗祠，如此能順利嗎？

（3）辭在壬子日卜問：花東子要寢息於狀地，不稟告於武丁，
可以嗎？

（4）辭在壬子日卜問：花東子進入（狀地），將在狀地興建武
丁的行宮，可以嗎？

（7）辭在乙卯日卜問：花東子在狀地之中與武丁聚面嗎？不
用。

（8）辭在乙卯日卜問：（花東子）歲祭祖乙以一牢，花東子
將獨自（在狀地）而不與武丁聚面嗎？用。

〈294〉版占卜諸辭的內容，呈現花東子的一連串相關行動：
（1）（2）由壬子日的「子其告狀」／「子弜告狀」→（3）「子
寢于狀」→（4）「子內」→（7）（8）「子內速〔丁〕」／「子弜
速〔丁〕。句意大概是：因為武丁宗族的遷移，壬子日花東子

計畫在犾地進行告祭，並在此興建武丁的行宮。接著是花東子要在犾地休息。再來是花東子進入犾地，準備規劃興建丁宮。最後是三天後花東子擬在犾地內與武丁聚面，問卜宜否。其中的（4）辭的「子內」，即「子入」，是卜問花東子進入犾地的宜否，（7）辭的「子內速〔丁〕」，即「子入聚〔丁〕」，是指花東子在犾地之中與武丁相聚宜否，句與（8）辭的「子其自弜速」對貞，後句謂花東子獨自而暫不與武丁相聚。「其自」與「速」句意前後相對，正好互証「速」字有二人相聚的意思。相近的句例，如〈454〉（3）辭的「乙卯卜：子其自飲，弜速？用。」是。

綜合以上句例的分析，〈294〉、〈420〉、〈475〉諸版的「內速」，作為複合動詞，都可理解作「進入某地相聚會」的意思。如何看來，上文陳劍先生謂「速」有邀請的用法，則又如何處理呢？細審下一版文意，似乎能幫助我們進一步了解「速」字的用法。

〈446〉（22）庚卜：丁各，永？一

（23）壬卜：弜巳（祀），𡧗丁？一

（24）𠭯𡧗丁？一

本版的（22）辭明顯記錄「丁各」而問卜「永」否。如此，

武丁在庚日到來一事是很清楚的。因此,(23)(24)二辭緊
接著要問兩天後的「奎丁」否,如將「奎」(速)字理解為
邀請意,就前後文看恐怕是語意不妥的。因為人既然已經到
達,就談不上邀不邀請了。如果將「速」字改釋讀為「聚會」
意,指王日卜問花東子不進行祭祀,而要與武丁相聚會一事
宜否;如此在上下文意則是文從字順的。(相對的,如這句子
要理解為花東子不進行祭祀,而去邀請武丁,在語意上無疑
是奇怪的。因為「邀請」是對未來一種未知狀態的要求;並
不是當下發生或面對的具體事誼。)又(24)辭的丙,如讀
為內,作「進入」、「在其中」解,意即花東子與武丁在內會
面;如讀為地名,則理解為在丙地面見武丁;二者文意都通。
但如讀為「丙日」,或理解為「丙日邀請武丁」,在整版卜辭
的前後文意卻是不容易解釋的。由此看來,花東甲骨「速」
字從束,用為相聚的意思,由上下文意觀察,似乎是目前較
適合的解讀。

附:

甲骨文常見借用為肯定句句首語詞的「重」字,一般作𡥈、
作𡥈,花東甲骨作𡥈,傳統學界都據《說文‧寸部》「專」字「一
曰專,紡專」的理解來解釋此字的初文,象紡錘之形。然而,

對比東、束取象兩端束結的囊形，重字的本來面目，恐怕亦與單端束結的囊形有關。字或即袋字初文。重字在甲文用法與唯字相同；唯字古音屬定母，與袋字聲母相同，元音相當，在語音上似有一定的關聯。

二・說 炅（鑄）

〈314〉（2）乙亥卜：重 貯見眔匕？用。一

　　　（3）貯炅？一

炅，字作🔥，從火。花東甲骨一般都用作「子炅」，字借為人名。我在《殷墟花園莊東地甲骨校釋》〈正補〉〈247〉版按語中認為這可能是花東子的名字，並引「子炅」和「子」具備相同的文例，大量見用於同版和共同接觸的人和事為證[1]。唯獨〈314〉一版用例奇特，不得其解。及黃天樹先生〈花園莊東地甲骨中所見的若干新資料〉一文，有一小段話談到〈314〉

---

[1] 參朱歧祥《殷墟花園莊東地甲骨校釋》，頁 1003。東海大學中文系語言

　　文字研究室。2006 年 7 月。

版（3）辭，黃先生釋讀作「賈金」，並簡單引用唐蘭先生懷疑「金」「从火从今」的想法，套入此一炅字，又說：「賈，動詞，義為交換。金很可能指青銅，『賈金』指交換青銅原料。」[2]但至於是要用什麼來交換，可惜黃文並沒有進一步說明。從此，一般學界對此字的釋讀都定為金字，似乎花東甲骨有金字已不是一個問題。然而，觀察〈314〉版共八條卜辭，除了（2）（3）辭外，其他六辭都屬於祭祀卜辭。（2）（3）二辭獨立成一類，應成組理解。下面先分析（3）辭的「貯」字的用法。

貯，从宁从貝，早期學界隸作貯。字與宁屬同字，二字見於花東的同版對貞可證，如：

〈007〉（6）丁未卜：新馬其于貯見又？用。一

（7）丁未卜：新馬于宁見又？不用。一

〈367〉（2）癸亥卜：新馬于宁見？

（3）于貯見？

〈352〉（3）于宁見？

---

[2] 文見《陝西師範大學學報》，第 34 卷第 2 期，59 頁。2005 年 3 月。

（4）于貯見？

由「于某地」、「自某地」的用例，花東甲骨的貯字大都只見用作名詞地名。貯地盛產馬匹，用為貢牲。該區在當日無疑是屬於花東子的勢力範圍：

〈60〉（3）乙丑：自貯馬又刉？

（4）亡其刉貯馬？

（7）自貯馬其又死？子曰：其又死。

〈63〉自宁三。

「自貯馬」，即來自貯地的馬；「自宁三」，是指自宁地進貢的龜版三塊。字也用為族稱：「多宁」，是一聯邦性的多支族眾組合。如：

〈255〉（6）乙亥卜：弜呼多宁見？用。

「呼多宁見」，是花東子呼令多宁族進行貢獻。

　　由以上句例，足證甲骨文的貯、宁字用為地名、族稱，且都一律作為名詞，並沒有動詞的用法，字即使從李學勤先

生等改隸定為「賈」字[3]，自然也沒有所謂買賣、交換這種後來晚出的動作意思。

要了解〈314〉（3）辭「貯炅」的意思，首先應由對應的（2）辭入手。（2）辭卜問「叀貯見眔匕？」一句，似應是省略、移位兼具的變異句型，也不好了解。但相同文例的另一〈391〉版，給予我們一個解決釋讀問題的切入口。

〈391〉版共 11 辭，主要是屬於祭祀卜辭，唯獨（7）（8）（9）三辭自成一組，是有關花東子貢獻物品與上位者的卜辭：

〈391〉（7）庚辰卜：叀貯見眔匕？用。一

（8）庚辰卜：叀乃馬？不用。

（9）叀乃馬眔貯見？用。一

〈391〉的（7）辭與〈314〉的（2）辭命辭恰好的相同，成為我們可以了解〈314〉版內容的重要橋梁。花東甲骨常見「貯見」成詞，其中「于貯見」、「自貯見」的句例，自然可以明確理解為「獻於貯地」、「獻自貯地」的介賓前置句型。〈391〉

---

[3] 參李學勤〈魯方彝與西周商賈〉，文見《史學月刊》，1985 年第 1 期。

（7）辭的「叀貯見」用法不同，句子由語詞「叀」字帶出，其功能與介詞「于」「自」並不一樣，無法明確判斷句中的「貯」字的性質是主語抑賓語前置。然而，同版的（9）辭一完整句子提供我們再一個解決研究的契機。（9）辭的「叀乃馬眔貯見？」一句，「見」字用為動詞，讀為獻[4]。眔，即逮，及也，用為連詞，連接前後兩個名詞「乃馬」和「貯」。「叀」，在此理應作為強調賓語前置的句首語詞。這一句型無疑是甲骨文中常見的一個移位句，由常態語序的對比，清楚明白「貯」字在這一甲骨版中的功能，是作為名詞，屬於貢品一種，與「乃馬」一詞相對等。整句的意思是「見（獻）乃馬眔貯」。將（9）辭掌握的句意投射回同版的（7）辭中，就能客觀的知道（7）辭的命辭「叀貯見眔匕？」一句，應是「叀貯眔匕見？」的意思，亦即「見（獻）貯眔匕？」一常態句的變異句型。句中的「貯」，和「匕」是對立的詞，一并用作貢品。由字形看，貯象貝在宁中，貝又有書於宁外，字是指一架子（宁）貯存的貝，匕則可能是匙字，或為人字。〈391〉版（7）至（9）辭卜問的內容是，花東子的獻物是用貯和匕，或單獨

---

[4] 見字作 𓁀 ，一般學界从裘錫圭先生說字从人立作視。但視字的用法，在此實無法通讀上下文。

用乃馬，又抑或是用乃馬和貯。由〈391〉版諸辭的互較，我
們可以充份明白〈314〉版（2）辭的內容和「貯」字作為貢
品的獨特用法，但進一步置諸〈314〉版（3）辭簡省的「貯炅？
一」一句，在解釋上仍存在困難。就常態思路看，〈314〉版
（2）（3）辭是同時卜問，卜序相同，二辭刻寫位置對應，應
屬同版對貞的關係。（2）辭命辭內容是「（子）見貯眔匕」的
意思，其中子與子炅屬同人異名，而炅只用為花東子的私名。
因此，相對的（3）辭中「貯」字應理解為貢品、「炅」字作
為主語人名的用法，在語意上是清楚的。如此，（3）辭的「貯
炅？」一句，自應解讀為「重貯子炅見？」的移位兼省略句，
意即卜問花東子獻貯一事的安否。

透過以上句例的交錯對比，最終能通讀〈314〉版的（2）
（3）辭。貯字在花東甲骨中除了常態地名、族名的功能外，
仍有用為貢物的可能。至於這借為私名的炅字，其本義又會
是什麼？目前學界據黃天樹先生說，認為此字是金字初文，
字從火從今聲。然而，對比觀察兩周金文的金字，容庚《金
文編》卷十四金字共收錄多達81個字例，字的主要結構都是
從 𠂤 從二虛筆，前者為獨體，然分開書寫從 Ａ 的僅只有二三例，

如：🈁〈過伯簋〉和🈁〈孚尊〉[5]。而金部中如鑄字从金的
18 例、銒字从金的 3 例、鑑字从金的 2 例、鐈字从金的 7 例、
鐘字从金的 53 例等，所从的金旁都嚴格作獨體形，並不分書。
因此，金字的部件分析，常態應作「从🈁从⼆」，字不應據特
例理解為「从⼈」。何況，今字的常態古文字形都作「⼈」，與
金字上半部件實不相同。《說文・金部》：「金，五色金也。……
西方之行。生於土，从土；ナ又注，象金在土中形；今聲。」
段注：「象形而不諧聲。」可見漢魏以後學界是依據金字篆體
的拆解才有附會為同音的「今聲」，但《說文》所收重文的古
文，金字仍从獨體，而及至清代的段玉裁亦認為字的結構應
屬象形而並非形聲。周法高《金文詁林》十四卷金字下引勞
榦先生言，謂字象坩鍋傾出鎔銅液於范內之狀[6]，似可供參考。
因此，古文字金字的來源，實指銅而並不是金，字的音讀自
不可能从今聲。由字形的理解，字从🈁从⼆。⼆或示銅塊、銅
液形。無論如何，二部件均不表任何聲符。殷墟花東甲骨的𢆶
字，自然與兩周以降的金字字形牽連不上任何關係。

5　參容庚《金文編》卷 14，頁 905-922。中華書局，1985 年 7 月。

6　參周法高《金文詁林》卷 14，頁 1978-1982。中文出版社，1981 年 10
　月。

炅字从火，上半所从常態的圓弧狀倒口形與今字字形無涉。然則，炅字可能的本義又為何？古文字相同或相近似的部件，要表達的實意不見得都相當，需要分別由形體的常態組合和用例來考量。對比花東甲骨的各字有作 （參〈60〉、〈276〉、〈371〉諸版），是一般作 字形的異體，象倒止（示人）返坎穴之形。如此，倒口形有象住所。炅字作 ，自可理解為「象火燒坎穴住所之形」，字隸作灾，可視作災禍的災字初文。同樣的，甲文的倒口形亦有象容器的倒置，如合字作 〈370〉，象二盛器交合之形是。炅字亦可理解為「火燒倒置的盤皿類容器之形」，對比甲金文的鑄字之形：〈英 2567〉一版甲骨的 和周金文〈芮公壺〉的 ，正象雙手持倒皿燒烤鑄造的樣子，此又可視同單純簡化的鑄字初文。目前觀察，炅字較有條件擬測為災字或鑄字的本形。然而，因為此字在花東甲骨中只借為花東子的私名，而私名的產生理論上是以選取正面意義的用字為常，災字卻屬負面的禍害用意，鑄字則有冶煉使精致完成的正面意思。況且，甲文中已另有常見的災字作 、、 諸形。因此，兩兩相對考量，花東甲骨用為人名的「炅」，字的本義似以理解作鑄造青銅的「鑄」字較為恰當。而花東甲骨的擁有者「子炅」，應讀為「子鑄」。

三・說戠（戠）

〈265〉（1）戊辰卜：子其以磬、妾于婦好，若？一二三四
　　　　五

（2）戠？用。一二三四五

（3）庚午卜：子其以磬、妾于婦好，若？一二三

（4）戠？用。一二三

　　戠，字作𢦏，从戈。〈265〉版（1）辭在戊辰日占卜，花
東子將攜帶磬和妾牲（有指磬地的妾）呈獻給婦好，詢問子
此行順利與否。（1）（2）辭連續正反問卜了十次，可見花東
子對處理此事的謹慎。過了三天的庚午日，花東子再就此事
宜否重複正反又卜問了六次。為何一宗單純的進貢活動，花
東子要不斷的占卜吉凶？當日花東子內心對此行為的顧慮不
安，是不言而喻的。在（1）（3）二辭的對貞（2）（4）辭都
簡單交代一「戠」字。二辭的「戠」和「用」二字之間都有
明顯少許間隔落差，應分開理解。「用」是用辭，指這組占問
的結果是鬼神接受了這一條卜辭的內容。因此，本版八組連
續詢問花東子貢獻婦好一事（前五後三），鬼神的答案是採取、
認同「戠」的。

　　至於，「戠」的意思又是什麼呢？字從戈從▽，早自羅振玉已隸定此字為戠，從戈從言或從音省。覆核姚孝遂、肖丁編的《殷墟甲骨刻辭類纂》中冊 899 頁戠字條，𢦔字普遍用於第一至五期，共收錄 300 條詞例，其中絕大部份都寫作𢦔，僅於第四期 7 條詞例有一增口符作𢦔形。因此，就字形的原形考量，無論是由出現時間或量的觀察，都應先據𢦔字的形體進行分析。今看字從戈，無疑；從▽的部件，似指戈頭的倒懸。甲文中的戈字一般作𢦔，亦作𢦔〈屯 2194〉、作𢦔〈懷 1461〉。象兵器的長戈形，戈頭固定於柲上，以示作戰。吉字作𠮷〈53〉、𠮷〈181〉，戈頭豎立於䇅盧中，以示解甲不動兵，停止干戈。本字的△正象戈頭鋒刃部份的援，在此處勾畫成援形倒置，與木竹所造的長棒（柲）斷然分開，也是表示解下武裝，暫不用兵的意思。字似為戡字的初文，《說文・戈部》：「戡，藏兵也。」字因而引申有暫停、不行動的意思。〈265〉版（1）（2）、（3）（4）為兩組正反對貞，（1）（3）辭卜問花東子獻磬和妾給婦好一事安順否，（2）（4）辭命辭單言「戠？」，是卜問暫不作這一行動安順否。晚期卜辭字才增添一口符，或作為文飾，或強調解除兵戈置於皿中，以示不動武的動作。

　　細審字的原形，戠字可拆解為從戈從吉。目前學界則隸

作戠，勉強可通，只是如由字形流變考慮，實亦有可商處。
復旦大學裘錫圭先生是由字的从音从戈來結合作戠字，並利
用「直」聲的語音假借為橋，認為是「待」字的初文[7]。然而，
舌、言、音一類字的重點是在口形，也都是由口字的形意所
分裂出來的从口字群。因此，此字的口符在整體字形組合看
理論上應該是首先出現才對，可惜事實狀況卻是恰好相反，
此字的字形流變是先有𠮛而後才出𠮛的。而▽形又从不單獨等
同作言、音的功能。因此，我們只能承認，此字由晚期甲骨
的𠮛形看可隸作戠，但是由早出甲文的一般用法言，字形分
析只能是从▽从戈，此形實與从言音的結構就形意或音讀看
都無涉。但無論如何，裘錫圭先生由音讀判定有「待」意來
看此字，已足見其思路的敏銳，由上下文意看大致亦能言之
成理。

---

[7] 參裘文〈說甲骨卜辭中「戠」字的一種用法〉；《裘錫圭學術文集》第一
冊，16頁。

四 · 說見（獻）

〈289〉（5）丙寅卜：宁馬〔異〕（禩），弗馬？一

（6）丙寅：其钔（禦），〔隹〕（唯）宁見馬于癸子，

重 一伐、一牛、一𥬠𠕋（冊），夢？用。一二

三

　　見，字作 𥄎，从人側立，強調橫目的注視形。《說文·
見部》：「見，視也。」甲金文字从人从卩一般混用不分，見
字作 𥄎、𥄩 基本上是屬於同字異形。自裘錫圭先生〈甲骨文
中的見與視〉一文[8]將人立的見字釋作視，與跪坐的見字加以
區分後，學界皆從裘說。因此，甲文人立的𥄎字在絕大部分
論文的引用都直接釋讀作視字。我曾撰寫〈甲骨文一字異形
研究〉[9]、〈也論甲骨的見字〉[10]，列舉大量甲骨文詞例，如：
呼見、往見、令見、見侯、見方、見人、見以、見祭牲、見
鬼神、圍見等，無論理解為監視、朝見、審查、獻進等不同

─────────────

[8] 文參見《甲骨文發現一百周年學術研討會論文集》，台灣文史哲出版社，

　　1998 年 5 月

[9] 文見《甲骨學論叢》，台灣學生書局，1993 年 2 月

[10] 文見《朱歧祥學術文存》，台灣藝文印書館，2012 年 12 月

用法，字都有作 𝒲、作 𝒲。因此，足證甲文的見字從人從卪無別，二字形至少在殷商時期並沒有區別的必要。細審在花東甲骨的詞例，如：

1.見—兵器

　　　　𝒲 戎〈38〉　—　子𝒲 卣以戉丁〈37〉

2.呼見

　　　　呼𝒲 戎〈38〉　—　呼多臣𝒲〈92〉

　　　　　　　　　　　　—　　呼𝒲 丁〈372〉

3.宁見

　　　　唯宁𝒲 馬于子癸〈289〉　—　子呼多宁𝒲于婦好〈21〉

4.見丁

　　　　𝒲丁館〈384〉　　—　　子其𝒲丁〈202〉

5.有祟一見

　　　　子有祟，曰𝒲剭 館〈286〉—　二卜有祟，唯𝒲〈102〉

　　以上諸例，「見」字基本上都借為獻，亦能証明「見」字從人從卩的用法有相對應的關係。〈289〉版記錄花東子以宁地的產馬作為祭牲，其中（6）辭言花東子舉行辟除災害的禦祭，祭祀的祭牲是用宁族進獻的馬，獻祭的對象是死人「子癸」，欲以詢問花東子做夢的安否。人立的卩字在這裡隸作見，理解為獻，是最自然不過的讀法。但如將字改讀為視，「宁視馬于子癸」一句，無論理解為「觀察」、「監視」意，都無法通讀上下文的文意。由此看來，甲骨文中的見字是否需要轉讀為視，恐怕是有再思考的必要。

五・說 衩凸

〈26〉（7）丙：歲妣庚： 社、衩凸，告夢？　　一

〈276〉（4）乙夕卜：歲十牛妣庚，衩凸五？用。在呂。　　一

〈34〉（3）甲辰：歲祖甲：牢、衩一凸？　　一二

〈157〉（4）甲戌卜：衩凸祖甲二？用。

　　殷墟花園莊東地甲骨習見一祝字，作🦅、🦅，从又示，隸作祝，象手朝神主之形，示上固定有三兩小點。字為花東甲骨的一個特殊用字，共出現於 20 版甲骨中。這 20 版甲骨的用例，祝字絕多固定的與鬯字相接，作為修飾用語，修飾緊接其後的祭品：香酒「鬯」。「祝鬯」一詞的用法靈活，有作「祝鬯」、「祝鬯若干」、「祝若干鬯」、「祝鬯先祖若干」等變化。字有異體改从爪，作🦅，手爪形則固定置於示的上方，在花東甲骨中僅見 6 版，文例亦作「祝鬯」、「祝鬯若干」、「祝若干鬯」等相同的用法。如：

　　〈161〉（1）辛未：歲祖乙：黑牡一、祝鬯一，子祝？

　　〈243〉乙亥夕：酚伐一，□祖乙，卯牲五、䏦五，祝一鬯，子骨卲，往？

　　「祝鬯」用為祭品，固定排列在祭牲之後，並沒有例外。觀察句例，是知花東甲骨在陳述舉行歲祭等祭祀時，祭獻物的順序是以祭牲（如牲、䏦、犱、牡、牝、牛、牢、鷹等）為主，「祝鬯」為輔的一種慣常流程。〈花 4〉又見「祭牲—鬯—簋」的排列：

　　〈4〉（1）甲寅：歲祖甲：白犱一，祝鬯一，叀（簋）

自西祭？

相對於「圉」盛酒水，「簋」用以盛黍米糧食，於此亦見殷人祭祀時應用物品中的慣性先後輕重關係。而「祋」字在卜辭句中的用法，不可能理解為「又」而作連詞的繁体，由〈花37〉一版中有「叀牝又圉」與「祋圉」同時並見可証。字又不可能單純的視同「又」而用為保祐意，因為殷卜辭中的保祐意用字都只見一律固定寫作「又」，絕不从示旁，如「又又」讀為「有祐」是。關於花東甲骨「祋」字原來的意思，目前的擬測，這個左右位置經營的字例是以手形為主，示形為輔，是象以手指灑酒水於神主之前的一個祭奠動作。固定的小點並不是單純的文飾虛點，而是具有實意功能的符號，特指圉器中的酒水。「祋圉」一詞是灑圉酒祭奠的意思，關鍵的論証橋樑在〈花459〉一版：

〈459〉（3）癸丑卜：子禧新圉于祖甲？ 用。

（5）乙卯：歲祖乙：犴一、祋圉一？

（6）甲子：歲祖甲：白犴一、祋圉一？

（9）戊寅卜：子禧祋，冊犴，钔往上甲？

其中的（3）辭「禧新圉」一例，禧為福字的繁体，用作祭祀

動詞。字形的結構，是双手持酒尊奉獻於神主之前。從示之上也固定列具諸水點形，應是指酉中的酒水無疑。甲文中的小點有表示實意，花東的礿字明顯並非特例，另外如盟字作䀀〈花 115〉，作為血點形；祭字作𢇷〈花 4〉，作為肉汁形是。因此，福字應是用為獻酒於神主前祭祀的一種奠酒儀式，〈花459〉（3）辭所奠拜的祭品是「新鬯」（新地的香酒）。同版的（9）辭則見「福礿」並列，亦指奠酒，復強調是用手灑酒水之方式來奠酒的動作，也可理解為「福礿鬯」之省。（5）、（6）二辭則屬於特定的歲祭，歲祭的內容帶出祭品「鬯」，其中的「礿鬯」是特指用作灑奠於地的香酒，在此不需標示動詞，當然，也可能視作「福礿鬯」之省。由本版諸辭用詞和上下文意的對比互較，足見礿字屬形容詞，有灑酒的用法。

「礿鬯」作為非王卜辭中花東一類的一個特殊字詞，反觀王卜辭中卻不見此例。王卜辭另見一礿字，但示旁上不固定從三小點，有用作「礿雨」〈合集 25030〉、「歲 礿」〈合集 27387〉、「賓 礿」〈合集 30533〉例，相對於另一從双手的「礿 雨」〈合集 12869〉、「賓礿」〈合集 30538〉、「歲礿」〈合集 27400〉等用例，字的結構和用法與花東甲骨的礿字不盡相同，彼此不見得就是同字。《殷墟甲骨刻辭類纂》352

頁改隸作祭字，可以參考。第四期卜辭復有「⟨字⟩福歲」一例，如〈合集 34608〉、〈合集 34617〉，用例與花東有吻合處，但可惜都是殘辭，彼此有否語言的因承關係，仍無法確証。而在非王卜辭中則有「酉…酘」一句，見〈合集 22278〉：「于妣己酉…酘…？」，其中的酘字作⟨字⟩，有見三小點在手邊，句例亦似與花東卜辭常見的灑酒水祭祖之習相當，似可作為與花東酘字屬同字的佐証。

邑，一般王卜辭字形作⟨字⟩、⟨字⟩。花東甲骨的邑字則有作尖底的⟨字⟩〈花 124〉、⟨字⟩〈花 195〉；平底的⟨字⟩〈花 176〉；帶十字形的⟨字⟩〈花 181〉。由「酘邑」、「福酘」等字詞用法，見花東甲骨多用「酉」、用「邑」盛酒水祭奠。此外，復有用「爵」來祭祖，如 ：

　　〈449〉（3）貞：子妾爵祖乙，庚亡巽？　　一

　　　　　（4）癸酉卜，貞：子利爵祖乙，辛亡巽？　　一

「爵」在句中屬名詞當動詞用，意即以爵中酒水祭祀祖乙。古書中記錄「殷人尚酒」，由花東甲骨見以酉、邑、爵等不同酒器祭祀，亦可見一般。

花東甲骨復見一⟨字⟩字，從人正立，兩手下各有對稱的小點

下垂，一般不識此字。〈228〉見「吉牛✦示」與「吉牛于示」

二辭呈成組相對應的用例：

　　　〈228〉（17）戊子卜：吉牛于示？　一

　　　　　　（18）吉牛✦示？　一

　　　而此二句組可對比同版同日相關的不省文例：（19）「戊

子卜：又吉牛，㫖陋于俎？一」，其中的陋字，從𨸏酉，字意

與福字相當。因此，句（17）中的命辭應是「又吉牛，陋于

示」二分句之省接；相對的句（18）自可理解為「又吉牛，

✦于示」的意思。而「✦示」一詞恰好與從又示的祝字用意相

當；從人從手，局部與全形自可通用。因此，✦字似可解釋為

象人正立奠灑酒水之狀，諸小點也是酒水之形，字與祝字同。

　　　以上，是針對花東甲骨中灑酒奠祭的相關字詞的討論。

　　　下面，復對「祝匕」一詞的用法，衍生一些對字形的想法。

由花東的「祝匕」、「福祝」作為以匕、酉等酒器奠祭的思路

看，花東甲骨中另有一「丮」字，字作𩂻〈花 34〉、𩂻〈花 34〉。

〈原釋文〉1570 頁：「丮，象以手提物之狀，本義為舉起。」

但細審所謂「舉」的動作，手理論上宜書寫在物之下，然丮

字的手形卻固定在物之上，以手提物應是本義，舉起反而是

引申意。過去學界對「爯」字爪下之物為何，說法也是紛紜不確定。目前由字形部件和用意考量，字可能理解為：從手持提覆皿之形，皿的底座因遭手所握持，故不顯於外，字呈現傾灑皿器中的酒水之狀，表示進行祭獻的一種獻儀。字因此引申有獻意。花東卜辭見「爯玉」〈花 180〉、「爯戈」〈花 193〉、「爯冊」〈花 449〉、「爯于丁」〈花 363〉、「大爯」〈花 34〉等用法。王卜辭亦見相關的「爯玉」〈合集 32420〉、「爯眾」〈合集 32030〉、「爯冊」〈合集 7408〉、「爯示」〈合 32849〉、「爯丁」〈合集 38232〉、「大爯」〈合集 18793〉等文例。以上兩類用例均可理解為貢獻、祭獻的用法，此於上下文意皆能通讀無訛。

「伇皿」一詞既見於花東甲骨而罕用於王卜辭，然則，王卜辭中反映殷人常態的奠酒禮儀又是如何表達？ 目前推測，應該仍是利用習見的另一「酻」字。一般理解「酻」是一種酒祭的祭儀，從酉從彡。「酉」自可理解為酒，但對於「彡」旁卻一直都沒有合理的解釋。「酻」字少見於非王一類，字從彡，此與「彭」字相同從「彡」，但與「彭」從彡指作鼓聲的抽象涵意並不相當，目前看似乎可以理解為水形。酻字從彡，強調灑酒水斜出的動作，字可理解為王卜辭中記錄奠酒動作的

一個常態動詞，其後才固定用為酒祭的祭儀。此字似可與花東卜辭的「祋邕」一詞的用意等量來看。

　　總括上文，由花東甲骨中的「祋邕」一詞用法破題，推論「祋」、「𡕥」、「𠬞」諸字都與「灑酒奠祭」有相關的意思。「祋」象手灑酒於示前，「𡕥」象人正立灑酒水形，「𠬞」象手覆邕倒酒以祭獻形。相對的，王卜辭中多用「酉彡」字來表達奠酒的用法。

六 · 說戉、戋

〈29〉（4）己亥卜：于𣆪 𠬞戉、㞢？用。二

〈149〉（2）己亥卜：叀今夕𠬞戉、㞢，若，永？用。一
　　　（11）癸亥卜：子㹜，用𠆤吉弓射，若？一

〈180〉（1）甲子：丁〔各〕，子𠬞☒？一
　　　（2）甲子卜：乙，子啓丁璧眔戉？一
　　　　　叀黃璧眔璧？一

〈490〉（1）己卯：子見𡠗 以璧、戉于丁？用。一

（3）己卯：子見𡠗 以 ⚰ 于丁？用。一

（4）己卯：子見𡠗 以戉于丁，永？用。一

戉字在花東卜辭一般作 戉，中間只有一橫畫，〈180〉有橫書作 中 形，左邊一刀弧形向外。原釋文作玉，我曾懷疑字象玉琮形，是琮字初文。細審字的兩豎筆微斜向外張，下橫筆有作弧形突出，又似非習見琮形畢直的外觀。目前看，字象斧鉞之形，應是戉字初文，今作鉞。〈29〉、〈149〉見「舁戉、中」的儀式。舁，有提舉意。《說文‧𦥑部》：「舁，并舉也。」段玉裁注：「凡手舉當作舁。」中，象干盾混合形，似是戝字。《說文‧戈部》：「戝，盾也。」段玉裁注：「孔安國《論語注》云：干盾也。戝 本讀如干，淺人以其聲，乃讀與敦同，而不知旱、敦、戝 等字古音皆讀同干也。」戉和敦都是武器，一主攻擊，一屬防禦，花東子於宔地「舁戉、戝」，是一種手舉起武器（斧頭和盾牌）誓師以示威武的儀式。《尚書‧牧誓》記錄周武王甲子朝於牧野誓師伐紂之辭，言：「王左杖黃鉞，右秉白旄以麾。曰：『……稱爾戈、比爾干、立爾矛，予其誓。』」其中「杖鉞」、「稱戈」的用法，正好與花東〈29〉（4）、〈149〉（2）二辭相互參證。〈149〉（11）辭的「用某地吉弓射」，在

語意上亦可對比來看。至於〈490〉（3）（4）辭卜問花東子進獻武丁的貢品，除了卤外，⚘ 和戈何者適合，是選擇性的對貞。此例正好證明二者同屬武器：⚘ 是戈首形[11]，屬尖頭句兵，以刺句為主，〈193〉：「乙亥：子叀白 ⚘ 再，用，隹（唯）子見？」一辭，亦見花東子獻祭時進行「再白 ⚘ 」的儀式；戈是橫置的斧頭，以砍伐為用。二者都是攻擊性兵器，性質相當但擊殺技巧不同，故花東子求神問卜挑選其中之一作為取悅父王之貢物。〈180〉中的戈與璧並列，作為花東子呈送武丁之貢品。由殷墟考古遺址觀察，玉璧與玉戈經常出現於同一坑穴。而玉戈與青銅戈都作⚑、⚑形[12]，橫線中分器柄和器身兩部分，此與花東的⚑字中間的短橫似有關連。〈490〉（1）辭見花東子同時進貢：卤、璧、戈與武丁，其中的卤是酒水

---

[11] ⚘字有釋為圭。但此與古禮上位者頒玉以命諸侯的「秉圭」「執圭」的瑞玉不同。圭為禮器，而吉字作⚑、又由盛載戈頭形訛書作⚑，上另从橫置的斧戈形；同樣由置放兵器而引申吉祥意。因此，⚘字的形意當與圭有別。

[12] 參《殷墟婦好墓》彩版 13、圖版 69、圖版 117。文物出版社。1980 年 12 月版。近有以為此字取象於戚，但戚形兩旁都固定雕作扉棱的若干齒形：⚑，如上引書圖版 115；恐非。

器，作為一般生活藝術用品；璧為象徵祭祀時鬼神的進出口，屬祭器，用於宗廟祭祀的重物；戉是兵器，則是戰爭操生殺大權的工具。花東子能同時進貢這些不同功能而又具特殊意義的物品於武丁，其思慮周延和心機之重自是非比尋常。

〈241〉（11）辛亥卜，貞：戉羌又（有）疾，不死？

〈391〉（10）甲午卜：子乍戉，分卯，其告丁，若？一

（11）甲午卜：子乍戉，分卯，子弜告丁，若？用。一

二版戉字橫書。〈241〉卜問準備受戉刑的羌有疾，會否不死。〈391〉言花東子製造戉器工具，用以分割對剖祭牲。由於花東子作為殷王臣屬，現今鑄造戉器，占卜時強調只是提供「分卯」的用途，並非專屬武器，但仍當稟告中央，因此，對貞卜問此事「告丁」與「弜告丁」的結果順利否。用辭呈現是選擇否定句的「子弜告丁」一辭為宜。

花東甲骨戉字作 ⊞、⊞、⊞，沒有例外；唯獨〈花288〉出現一 ⊞ 字，上海復旦大學出土文獻中心的陳劍先生〈說殷

墟甲骨文中的「玉戚」〉一文據此字形釋作戚[13]，可從；但陳文將其他所有「戉」字都混同於此，則恐有未安處。〈花288〉（8）：「甲午卜：丁其各，子重徣戚改丁？不用。」由字的形體看，兩側明顯都有脊齒，如釋作戚，似沒有問題；在字用上亦能通讀，花東子以徣地的戚進貢給武丁。但整體而言，此字應與中間固定只呈單橫的 丑、日、㔾 類戉字形加以區隔，宜分別觀之。

七 · 說 以 、 㠯

〈37〉（3）己卯卜：子見暊以戉丁？用。一

　　　　（4）以一圅見丁？用。一

〈490〉（1）己卯：子見暊以璧、戉于丁？用。一

　　　　（2）己卯：子見暊以合眔卣、璧丁？用。一二三

　　　　（3）己卯：子見暊以合于丁？用。一

　　　　（4）己卯：子見暊以戉丁，永？用。一

---

[13] 陳文見中央研究院史語所集刊78本，2007年6月。

以，字作。甲骨文氏（）、以（）同字，前者象人手持物形，後者省人。字其後的演變是由 而 而復增人作 而 而 以。我在《殷墟甲骨文字通釋稿》曾歸納：「以字有致送、納貢、攜帶、聯合之意。」一般卜辭用例都集中在前三者的用法，有關「聯合」的意思相對並不多見。而「聯合」「聯同」一類用意是由人持物「攜帶」意推廣而來的，其中亦具有主從的區隔：「A 以 B」，即以 A 為主，B 為輔，指由 A 帶領著 B 處理某事。如：

〈合集 5378〉乙酉卜，爭貞：今夕令氏多射先陟□?

〈合集 5785〉貞：呼令子畫氏新射?

〈合集 33074〉己丑卜，貞：亩以沚或伐猶，受祐?

〈英 2413〉辛巳貞：畢以畫于蜀，乃奠?

王卜辭中的祭祀類卜辭，亦有「A 以 B」的句例：

〈合集 14851〉庚子卜，爭貞：其祀于河氏大示至于多毓？

〈合集 672〉酌河：卅牛氏我女？

〈合集 22048〉壬寅卜：余丮省于父辛祊：奴以戈？

〈合集 22939〉☑ 旅☑：口丑其召于祖乙，其氏毓祖

乙？

上引諸例的「河氏大示于多后」、「卅牛氏我女」、「奴以戈」、「祖乙氏后祖乙」等，都是以「A 以 B」的形式呈現，指的是祭祀神祇與祭祀祖先、祭牲與人牲、人牲與兵器，可見「以」字作為「聯同」的用法，已有靜態的並排式「和」的意味。當然，A、B 之間是否仍存在著 A 比 B 重要的順序、主輔的差別，仍可以商量。

相對的，花東〈37〉版（3）辭言乙卯日占卜，花東子進獻武丁：卣（水器）和戈（武器），（4）辭則似屬選貞，即「卣以一罍見丁」之省，指卜問進獻的抑或是：卣和一罍嗎？其中的「啚 以戈」、「（啚）以一罍」的句型，與王卜辭的「A 以 B」句全同。花東〈490〉一版的「啚 以璧、戈」、「啚以夃朿、璧」、「啚 以夃」、「啚 以戈」，指的都是貢品，進貢的是以水器的卣為主，分別帶出不同酒器（罍）、禮器（璧、朿）和兵器（戈、夃）。而句型也是根據「A 以 B」一常態基本句式鋪排出來的。B 可作為單字，可以用兩種不同物品：B1、

B2，也可以是三種物品，中間加插連詞，作：B1 眔 B2、B3。

此外，花東甲骨的睹字，用作卣字的繁體，作為貢品。姚萱女士《初步研究》釋睹「為人名」，恐非。睹字作 ⚇〈37〉、⚇〈490〉，與一般王卜辭作⚇形稍異。對比下列花東諸異體字形的差異，亦可互見繁簡字形之間的活潑對應關係：

翌字作 ⚇ 、作⚇、作⚇；增從 ⬚、⬚。

餗字作 ⚇ 、作⚇；增從 ⬚。

商字作 ⚇ 、作⚇；增從 ⬚。

宁字作 ⬛、作⬛；增從 貝。

召字作 ⚇ 、作⚇；增從 卩。

黍字作 ⚇ 、作⚇；增從 米。

由此可見，卣字可增從 ⬚、⬚ 部件的字例，對處於不穩定狀況的花東甲骨字形中並不算是特例。更何況，遍觀花東甲骨的內容，花東子進獻的上位者，無疑的只有亦只能有「丁」（武丁）（如〈26〉〈34〉〈249〉）和婦好（如〈26〉〈451〉）二人。以當日花東子在殷部族中的位高權重，實無法理解他

會多次進獻不同的酒水器、禮器、兵器給一個默默無聞而冷

僻用法稱作「畮 」的人。如果將〈37〉和〈490〉版的「畮 以

戈」「畮 以璧、戈」等句視為補語，勉強理解句意：花東子

進獻的內容是「由畮 帶來的物品」；可是，常態卜辭問卜的

內容都是簡樸而直接的，花東甲骨見字句、以字句也都沒有

出現過這種增補語的句型，而且「見」（獻）字後緊接的只有

二種內容：（1）進獻的對象：武丁或婦好；（2）進獻的貢品。

因此，無論在語法或歷史背景看，字只能理解為貢物：水器

「卣 」的繁體。

八‧說湏（沬）

〈53〉（2）戊卜：曾姫庚，湏于权？一

　　　（3）戊卜：曾姫庚，湏于权？二

　　湏，字作𣲳，从水从頁。字首見於花東卜辭，亦僅見於此

版二例。《殷墟花園莊東地甲骨》原釋文認為是「先公名，被

祭祀之對象」，不確。姚萱女士《殷墟花園莊東地甲骨卜辭的

初步研究》認為「第 2 與 4、第 3 與 5 兩組卜辭分別處於對貞位置」，理解亦錯誤。本版（2）（3）辭是中研院史語所張秉權先生所謂的「成套卜辭」，是就命辭內容連續兩次卜問的卜辭，兩辭內容全同，兆序相承，仍應連著讀。命辭前句為陳述句，花東子冊祭祖母妣庚，後句的湏字用為動詞，卜問子在权地進行「湏」的動作宜否。湏字從人跪坐而誇張其首，水附於臉前，示洗臉之形，應是沬字的初文。甲文用為祭祀過程中的一種清潔儀式。《說文·水部》：「沬，洒面也。從水未聲。」段玉裁注：「師古曰：沬，洗面也。」《說文》沬字重文古文作頮，段注：「各本篆作湏，解作從頁，今正。…《文選》：「頮血，飲泣」，李注曰：「頮，古沬字。」…《說文》作頮，從兩手匊手而洒其面，會意也。〈內則〉作靧，從面貴聲。蓋漢人多用作靧字。沬、頮本皆古文，小篆用沬而頮專為古文，或奪其廾，因作湏矣。」段玉裁清楚的說明頮、湏、沬三字同源的關係。兩周金文字改作釁、釁，從雙手持倒皿，仍象洗臉形，讀作眉、作彌，字形參容庚《金文編》卷四眉字條。〈53〉版（2）（3）辭祭祀妣庚，花東子在权地進行洗面的一種淨身儀式，以示對神靈的尊重。接著的是一連串的奠酒水、跳舞、殺牲的祭儀流程，足見子對於祭拜妣庚的戒慎和重視：

〈53〉（7）戊卜：子其沚，晏舞，岊二牛妣庚？

（12）己卜：叀豕于妣庚？一

（13）己卜：叀鳧妣庚？一

（14）己卜：叀牝于妣庚？一

（16）己卜：叀宰于妣庚？

而祭祀前需要洗臉淨身這一傳統風俗習慣，早在殷商時期應已經發生。

九・說心、慮

〈69〉（6）己卜：丁心橐于子疾？一

（7）己卜：丁心不橐于子疾？一

　　心，字作 〈102〉、〈409〉，象心形的倒寫。花東甲骨的心字大都上下顛倒，此與王卜辭率作正書的 、形不同[14]。對比花東甲骨有不少倒寫的字例，如：各字作 〈60〉、

---

[14] 花東甲骨从心的字例，如：或作 〈181〉、陇作 〈14〉、恠作 〈85〉

　　等，都習見倒心形的寫法。

至字作 🐾〈144〉、祖字作 🐾〈35〉、子字作 🐾〈145〉等，這種倒寫似乎是花東甲骨刻工的一種習慣書寫，原因不詳。〈69〉版（6）（7）二辭的心字，原釋文作終，但由照相本放大觀察，字作 🐾，確為倒心之形，應是心字。字與冬、終字作 🐾的寫法和結構都不相同。花東甲骨的心字用法，有用本意，如〈181〉（19）的「子心疾」，具體的卜問花東子的「心」有疾患否；有抽象化強調心神不寧的意思，如〈416〉（7）的「子心不吉」、〈88〉（14）的「子有鬼心」、〈102〉（3）的「今有心魃」等。可見花東甲骨對「心」字的用法已十分成熟和清楚有條理。然而，相對的在王卜辭中的心字句多為殘辭，語意並不清晰，心字有用為名詞：「王心」〈合集 6〉、「王有心」〈合集 6928〉連用，勉強可理解是用作本意，但辭例殘缺，上下文意仍有可商。字有用為動詞，如〈合集 22003〉的「弗心？」，可惜語意不詳。字比較確定的，是用為地名。如：

〈合集 905〉癸亥卜，𣪊貞：于心上甲：二牛，出帝伐十☐十羧？口月。

〈合集 14022〉貞：涉心☐狩？

字似可確知用為祭祀和田獵地名。但整體而言，花東甲骨寫

手駕馭「心」字的用法，明顯是比王卜辭進步而具系統的。〈69〉版（6）（7）二辭是卜問「丁心樓于子疫」否的對貞句。「丁心」自然不是指武丁的心臟，而是強調武丁的思緒，「心」字已進一步有抽象化的用法。全句是卜問武丁內心有憂慮花東子的疾病嗎？動詞「樓」字應是一描述心理狀態的字。〈38〉有「乍（作）樓」例，可見樓是一種逐漸形成的情緒狀態;〈28〉有「丁樓于子」，見「樓」是有對象、有針對性的目標;〈181〉有「有祟，非樓」，見祟字和樓字有程度上或區域性的差別，祟可能指的是外來的禍患，樓指的是內在心理的問題;〈300〉有「唯其有吉」「唯樓」對貞，知「吉」與「樓」二字意屬於相反詞;〈255〉有「丁弗樓，永」相承接，也見「樓」與「永」的用法相反。因此，樓字是一個負面意義的語詞，原釋文〈3〉版 1557 頁考釋:「樓，有凶禍、艱咎之意。」姚萱女士《初步研究》釋字作虞，从虍聲，有憂意。原則上都是可从的。王引之《經義述聞》卷 19《春秋左傳》下「四方之虞」條引家大人曰:「虞，憂也。」可作參證。然而，由讀音來看，樓字如理解从虍發聲，虍與虞字同韵屬魚部字，但聲母卻一屬曉母、一屬疑母，前者全清擦音，後者次濁，二者的聲母一

發 x-，一發 ŋg-，有一定的距離，二者的介音亦有別[15]；因此，將樓字轉讀作虞恐非一常態的通假關係。我認為，花東甲骨的樓字从二木从虎首，中間固定从女跪坐，字應可从女聲，讀作慮字。女，古音泥母魚部（nia）、慮，古音來母魚部（lia）。女、慮二字韵母同部，聲母泥、來同屬次濁的舌頭音，l-邊音鼻化，容易和 n-相混。由語音觀察，字讀為「慮」比讀為「虞」來的恰當。由字意來看，慮有恐懼、焦急的用法[16]。《說文·思部》：「慮，謀思也。从思虍聲。」將慮意投射回花東甲骨，亦能文從字順的通讀相關的樓字句。因此，由形、音、義三方面考量，樓字可讀為慮，作恐憂意。〈69〉版（6）（7）二辭正反對貞，卜問殷王武丁的內心會否憂慮花東子的疾病。但這種占卜卻是出自花東卜辭而不是王卜辭，當日花東占卜者對於殷王武丁內心的關注，顯然遠多於「子疾」。花東子對於殷王武丁存在的戒心，應該是很明顯的。

---

[15] 據郭錫良《漢字古音手冊》的擬音：虍字曉母魚部作 xa，虞字疑母魚部作 ŋiaw。北京大學出版社，1986 年 11 月。

[16] 參阮元《經籍篹詁》卷 65 去聲慮字條：慮，猶恐也，《漢書·溝洫志》注。慮，亂也，《呂覽·長利》注。

十・說學、永、祟

〈150〉（3）甲寅卜：乙卯子其學商，丁永？用。子尻。一

　　　（4）甲寅卜：丁永，于子學商？用。一

〈336〉（1）甲寅卜：乙卯子其學商，丁永？子占曰，其又

　　　　　　　昼艱。用。子尻。 一二三四五

　　　（2）丙辰：歲妣己：牝一，告尻？

　　　（3）丙辰：歲妣己：牝一，告子尻？二三四

　　　（4）丙辰卜：于妣己钔子尻？用。一二

〈487〉（1）甲寅卜：乙卯子其學商，丁永？用。一

　　　（2）甲寅卜：乙卯子其學商，丁永？子占曰：又

　　　　　（有）祑（祟）。用。子尻。二三

〈450〉（4）丁卯卜：子其入學，若，永？一二三

　　　（5）丁卯卜：子其入學，若，永？四五六

　　學，字作 𢁉 、 𤕦 、 𤕦 ，从双从爻从宀。王卜辭中見「學
戊」〈合集 10408〉，又作「爻戊」〈合集 7862〉；可証學或為
爻字的繁體。唯字源應與用蓍草卜卦於室內有關；相對於教
字也从爻作 𤕦 ，見教強調的對象為童子，而教的內容是爻。無

疑的,「爻」作為一種知識技能的傳遞,是上古學與教的基本內容。〈150〉、〈336〉、〈487〉三版記錄「子其學商」內容相同,應是同一天同時所卜。對比〈450〉版在十三天後的「子其入學」,所謂「子其學商」,應該理解為花東子將從事「學」的占卜活動於商地的意思。而三版的「甲寅卜」一致詢問的是「丁永」否。「永」字作 🝔,從彳從人,有於人身上增諸水點或引水形。早自羅王時期字已隸作永,字由水長而引申降下、賜福佑的意思[17],于省吾謂字可通作咏,有歌頌、贊揚的意思[18]。「丁永」,指武丁對花東子贊揚稱許的意思。在文意上釋作「永」都能通讀無誤。近人依裘錫圭先生說改釋為侃,根據《玉篇》用為「喜樂」意[19]。細審花東甲骨中「永」字的用例,有「丁永子」、「某祖永子」例:

〈490〉(5)己卯卜:丁永子?𠃓。一

〈149〉(12)甲戌:歲祖甲:牢、幽鷹,祖甲永子?

---

[17] 參于省吾主編《甲骨文字詁林》第三冊 2269 頁永字條,李孝定先生《甲骨文字集釋》3411 頁。

[18] 參于省吾主編《甲骨文字釋林》〈釋咏〉。

[19] 詳見裘著〈釋「衍」「侃」〉,文見《裘錫圭學術文集》第一冊,378 頁。

用。一二

〈449〉（5）癸酉卜：祖甲永子？一

以上諸例的「永」字用意，理解為賜下福佑、贊揚意自然都
沒有問題，但如改隸作「侃」釋為喜樂，詢問時王對子的喜
樂，勉強亦能通讀，但如是卜問祖先對子的喜樂否，在語意
上則有些勉強了。古人祭祖，一般都是直接要求降福去凶保
平安，很難想像是在祈求某祖對自己是否在情緒上有喜樂之
心。特別是花東甲骨在陳述一些中性的事情後，會卜問「永」
否，常理上是指盼望得到祖先的賜福垂佑，但如果理解為詢
問祖先開不開心，就顯得語意十分突悟了。如：

〈173〉（6）丙申卜：子其往于 ![字], 永？

〈234〉（1）丙寅夕卜：子有言在宗，唯永？一

〈416〉（7）壬辰卜：子心不吉，永？

上述句意是花東子將要往于某地、花東子在宗廟進行祭誥，
與祖先的喜樂否根本就談不上任何關係。特別是〈416〉已先
言「子心不吉」，祖先還會有什麼「喜樂」可言？如將字理解
為詢問祖先降福否，這些句例在上下文意看就顯得通順了。

因此，上引〈150〉、〈336〉、〈487〉、〈450〉諸版詢問的 ⺊ 字，似仍宜以隸作傳統的「永」字為是。

　　至於上引〈487〉（2）辭，言甲寅日卜問次日花東子將在商地進行占卜的活動，武丁會贊許花東子嗎。占辭是花東子據卜兆判斷說：「又（有）希（祟）。」即言將會有禍害。驗辭追刻的結果是花東子的尻部有疾。這裡占辭的 ⺊ 字，自孫詒讓、郭沫若以來都隸作希，本象豪豬形，讀為祟，有災禍的意思[20]。對比〈336〉（1）相同的命辭，占辭作「其又（有）囏艱。」祟與艱困的艱字，用意正好相當。因此，〈487〉（2）辭占辭讀為祟字的用法，無疑是完全沒有問題的。唯近人有改從裘錫圭先生改釋此字為「求」[21]，字一般用為「求索」、「尋求」意；對於一些負面語境的句例，則又由「求」字假借為「咎」，借此得以通讀相關災害意的用法。我們認為，同一個字能正負通吃的處理字用問題，恐怕是很例外的反訓特例。況且，「求」本應為毛裘的「裘」字本字，形意與希有一定的差別。因此，這個字是原本應隸作希，讀為祟，與求字只偶因形近而相混用；抑或是字本即作為求字，有部分音同

---

[20] 參《甲骨文詁林》第二冊 1482 頁希字條。

[21] 參裘文〈釋「求」〉，文見《裘錫圭學術文集》第一冊，274 頁。

而借用為咎？目前看似乎仍有討論的空間。不管如何，〈487〉一版（2）辭的占辭，字讀為祟，似應比讀為求，或讀為求復轉讀為咎來得合理和直接。

十一 · 說配史

〈5〉（2）乙亥卜：叀子配史于婦好？　一二

（4）叀配史，曰：婦☒？

（7）乙亥卜：婦永？

（10）乙亥卜：婦好又史，子隹妖，于丁曰：婦好？

　　一二

（11）☒今日曰：婦好？　二

（13）叀子曰：婦？　一

史，字作史，从手持中。在花東甲骨的用義，有：

1.職官名。

〈133〉史入。

〈373〉癸卯卜，貞：弘吉，右史死？

2.事。

〈288〉己亥卜：毌往于田，其又（有）史（事）？

子占曰：其又（有）史（事）。又俎。

〈395〉癸酉卜：既乎，子其往于田，凶亡史（事）？

用。

〈114〉丙卜：子其敱于歲，钔史（事）？

3.使。

〈290〉乙未卜：子其史（使）畳往西罘，子媚（見），

若？　一

上引〈5〉版中的「配史」、「又（有）史」、「曰」為同一天貞卜中的三個連續動作，語意相承。配，从人跪于酉前，而人手下垂。相對於禦字作钔，象人垂手跪於璧琮前以迎神、獻神[22]，配字似亦應有：人置酒跪以用祭之意，引申迎接、獻予的用法。這與古文獻的「配，匹也」的用意並不相同。曰，甲文一般用於占辭，是「子占曰」的省略。但〈5〉的（10）（11）二辭分別作為問卜「於丁日曰」抑或是「今日曰」的選擇用法，句子仍應屬於命辭的範圍。曰，本示嘴巴出氣，

---

22 參拙文〈「植璧秉珪」抑或是「秉璧植珪」─評估清華簡用字兼釋禦字本形〉，《釋古疑今─甲骨文、金文、陶文、簡文存疑論叢》，台北：里仁書局，2015 年 5 月。

引申有宣告意，相當於《尚書》中習見的誥命，是上位者的文誥宣示，上以稟告於神祇，下以告誡於民眾。〈5〉一版由「子配史」而「婦好有史」而「子曰」的語境流程，可能與子舉奏，將某職權或官員授與婦好有關。此事的程序由花東子主持。「配史」，即「獻進授與史官」。上古巫史不分，史的職責不單記言事，亦具備占卜通鬼神的功能，一般百姓並不能擁有史的身份或使用史官。「有史」，即「擁有記事的史官」。「曰」，即「子代上位者宣示文誥」的意思。婦好是殷王武丁的妃嬪，當屬花東子的長輩。〈5〉同版卜問「婦永」，正是子歌頌婦好或婦好稱許子的正面語意証明。而本版見花東子公開的代王授與婦好「配史」的一動作，讓婦好可以「有史」，接近神權，復由子擇日正式宣示「婦好」的名稱於神人之前。花東子當時的位高權重，自不言而喻。

此外，〈231〉一版是龜腹甲的朝上具鑽鑿一面，在右甲橋中間處有「史入。」二字，見花東子本身亦已擁有史官一官職或機構的配置和任用。同時，觀察〈231〉版左在對稱的鑽鑿組合，原甲橋處應有一行五套的鑽鑿（見左甲橋第一行），但在右甲橋只見上下共四套鑽鑿，中間本應作為一套鑽鑿的位置卻刻寫了「史入」二字。由此可知，甲橋上記錄「某入」

（意即某人或某族的入貢）的記事刻辭，是早在卜人處理龜版鑽鑿之前就已經刻上。本版無疑提供一記事刻辭是先於鑽鑿以至用龜占卜的最佳證據。

十二・說卯

〈23〉（1）卯。

（2）己巳卜：子燕（宴），田扣？ 用。

卯，花東字作 🔲，與一般王卜辭作 🔲 形稍異。字借用為地支，原與對剖意的卿字有關，有用為殺牲動詞。〈23〉版的卯字單獨刻在龜版左甲橋的上邊，用法特殊，與一般王卜辭常態簽署人名寫在龜版甲橋下方位置並不相同。〈23〉版只見一條田狩卜辭，其中命辭首句花東子設宴款待的對象可能為上位者的丁。相對的，〈60〉版亦見一「卯」字同樣刻在左甲橋邊的上方位置，同版除了一辭詢問「丁各，宿」外，其餘的5辭都是卜問殺馬牲的內容。〈318〉版亦見一「卯」字位於左甲橋上方相同位置，而同版的「戊辰卜：丁往田？用。」，

辭例與本版相類，干支亦與本版相接。因此，可推知這類「卯」

字例用法的共性有二：一有丁（武丁）的出現，一為田狩在

外。「卯」的刻寫似和參與殷王田狩而殺牲問卜一事有關。〈23〉、

〈60〉、〈318〉諸版的單獨刻一「卯」字，可理解為殷王武丁

出遊，花東子為此而宰殺牲口，並問卜帝王行程安否的專門

用龜的龜版記號。〈372〉版（8）辭：「甲子卜：子乍戉，分

卯于丁？」，言花東子製造斧鉞「分卯」於丁，「卯」而言「分」，

亦證「卯」字有剖殺牲口之意。

十三 · 說 冊

〈29〉（1）丙寅卜：其卟（禦），隹（唯）宁見馬于子癸，

　　　　虫一伐、一牛、一彔晉，夢？用。一二

　　（4）己亥卜：于㝧再戉、𝖵？用。二

〈32〉（1）庚卜，在𡎸：歲妣庚：三牝又彔二，至卟，晉百

　　　　牛又五？一

　　冊，字作⧻，繁體增从口。《說文》：「冊，符命也。諸侯

進受於王者也。」于省吾讀冊為砍，恐非。由〈29〉見「冊」的內容為殺頭的人牲、牛和香酒，其中香酒自然無法用砍殺意來理解。〈32〉一次要「冊」的內容是百牛又五，如此龐大的數量，如將「冊」字理解為砍殺，恐怕亦無法想像遠在殷商的花東子有能力一次祭祖殺牲會如此之多。牛在進入農耕社會後已具備勞動力的功能，殷人在情理上亦不可能單純為一次祭祀耗費百餘牛隻。因此，冊字的用法，應與砍殺無涉。

〈29〉版（1）辭的命辭分三部分：（1）禦祭由宁族進獻的馬給死去的子癸，（2）冊祭一伐、一牛和一鬯，（3）卜問花東子的夢安否。原釋文「冊夢」連讀，恐非。禦是殷商習見的去災求吉的祭祀泛稱，祭祀的用牲是要具體屠殺獻與神祇的；而冊是竹簡，作為動詞，又用作「稱冊」，表示呈獻於上的一種記錄儀式。〈29〉版的「冊」和「禹」並見同版，冊是殷人登記於竹簡的獻神清單記錄，並不屬於實質祭祀的範圍。殷人於祭祀完畢後，會將竹簡（獻神清單）一併焚燒以獻神，但竹簡上所書的內容並不會真的如實焚燒或砍殺毀滅，〈29〉所冊的伐、牛和鬯仍會保留作為他用或存置於宗廟。這種獻神清單記錄有些類似近代人印製數以億萬元的紙錢和紙紮用品焚燒祭祖一般，只具象徵意義。殷人有「稱冊」的儀式，冊是書寫於竹木簡的呈獻物記錄；稱是提舉實物以獻的動作，

〈29〉（4）辭的「再戉、✦」，是舉斧戉和戟矛等兵器呈獻於神祇前的一個威武儀式。殷商時期祭祀、稱和冊是屬於三種不同的祭獻儀式，其後稱和冊則混合為一，作為呈獻貢品的動作和記錄。

十四・說剢

〈60〉（2）甲子：丁𠙴（各），宿？

（3）乙丑：自貯馬又（有）剢？

（4）亡其剢貯馬？

（7）自貯馬其又（有）死？子曰：其又（有）死。一

〈228〉（16） 戊子卜：吉牛其于示，亡其剢于俎，若？一

剢，字作✦、✦，從手持刀殺豕，作為名詞。由〈60〉上下文見持刀宰殺的動物是來自貯地進貢的馬，而不是豕。另〈228〉版見「又剢」的對象是牛。由此可見，此字的字義用法在甲文中已經擴大。〈60〉版的馬因剢的屠宰方式而死，知剢字已用為用刀殺牲的泛指。相對的，（7）辭中的「死」字，

本指人的朽骨，強調人的死亡，但在此所指的對象卻是馬死，

足見漢字發生初期由專指的造字方法過渡至泛稱的用字功能。

字之體和字之用並不相同。

〈60〉版（2）辭卜問丁（武丁）來臨且留宿的吉否，

與次日花東子一再占問宰殺馬牲，二者在語意上似有相承接

的關連。宰殺來自貯地的馬匹，提供歡迎殷商帝王來訪的儀

式，亦概見貯地馬匹的珍貴和花東子面對父王武丁是次來臨

的慎重。

十五‧說「又口，弗死」

〈102〉（1）乙卜，貞：宁壴又（有）口，弗死；一

（2）乙卜，貞：中周又（有）口，弗死；一

（3）乙卜，貞：二卜又（有）祟，隹見，今又（有）

心愍，亡囚？一

（1）（2）二辭見宁壴和中周二人「有口」，因而詢問「弗

死」否。就上下文意來看，「有口」，當即「有口疾」之省。

對應〈149〉版（8）辭有「子告又（有）口疾妣庚」、〈220〉版（2）辭有「子禦又（有）口疾于妣庚」，見不省句例。而花東甲骨亦有因「疾」而卜問死亡否的，如〈241〉版（11）辭的「戉羌又（有）疾，不死？」、〈351〉版（3）辭的「又（有）疾，亡征，不死？」等句例是。因此，可証（1）（2）辭的前句是陳述二人患有口疾，後句詢問句都用否定語氣帶出，卜問二人「不會死亡嗎」，反映占卜者的心理狀態，是主觀的祈禱「不希望他倆會因此而死亡」，才以反面的方式卜問鬼神。由此可証，早期卜辭採用的或正或反的句式問神，應可介入問卜者的主觀情緒來理解。

（3）辭言「二卜有祟」，指的是（1）（2）辭宁壴和中周二人分別有口疾而占卜求佑的「二卜」。細審本版三辭的卜兆形式，基本都相同，因此，二卜的有禍祟如只根據龜版呈現的卜兆是無法看出來的，當日對占卜事例的吉凶應是由其他配合的方式來判斷。「二卜有祟，唯見」，言二人有口疾而分別進行的二次占卜，已發現有禍害之象。「今又（有）心愍」，心字作倒心形，是花東的獨特寫法。愍，象手持杖擊鬼之形，有驅趕的意思。此句義指當下有驅除心中惡疾的儀式，幫助二人治療口患。古人迷信，認為二人的「口疾」是由於內心

中有不潔物便然。末句「亡囚（禍）」，是詢問這個儀式沒有
禍害嗎？

十六‧說炬

〈113〉（10）　乙卜：丁又（有）鬼夢，亡囚？

　　　　（11）　丁又（有）鬼夢，炬才（在）田？

　　炬，字作🔥，花東甲骨獨創的新字，僅一見於本版。字
從手持長棒，棒上端系縛著山形支架，支架上從火，象火炬
形，手高舉以照明。字宜為炬字的初文。《說文‧艸部》：「苣，
束葦燒也。從艸巨聲。」段玉裁注：「俗作炬。」花東甲骨原
釋文未識此字，今由字形意看，應隸作炬。字象手持點燃的
火炬形，一以照亮，復以驅鬼除災。《說文‧火部》：「爒，苣
火祓也」，字仍存古義。其中的火杖山形支架，或當即「史」
字從手持中的中形器本形本義。

　　〈113〉版（10）辭言乙日占卜，卜問「丁又鬼夢」一事
無禍否。其中的「丁」並非指丁日，因不可能在乙日預測第
二天丁日卻已發生的夢鬼一事。「丁」指殷王武丁，花東子之

親父。「丁又鬼夢」，即「丁夢鬼」的移位句。古人夢鬼並非
吉兆，因此才會有（10）辭卜問「無禍」否。夢字从女，亦
一罕見字例，強調武丁夢見的是女鬼。（11）辭進一步針對「夢
鬼」進行驅鬼讓武丁安心的活動，卜問「炬在田」宜否。「炬
在田」即在花東子的農田四周豎立火炬以照明。炬字名詞當
動詞用，意即燃燒火杖以驅逐黑暗、剔趕鬼怪。無疑在花東
時期已有「光明」與「黑暗」二對立的概念，亦已產生「黑
暗」與「鬼怪」相連相生的迷信想法。卜辭言「炬在田」而
不是「炬田」，因此當日是否有「燒田」的盛大活動，實不可
知。但殷人有點燃火把以去鬼的一動作，應該是沒有問題的。
至於「在田」一詞，姚萱女士《初步研究》釋文理解「田」
字為「上甲」，恐非。甲骨文介詞的「在」字，常態只會帶出
地名，從不作帶出祖先名的用法。

十七・說「叀入人」

〈195〉（1）辛亥卜：子以帚（婦）好入于狀？用。一

　　　　（2）辛亥卜：叀入人？用。一

（3）辛亥卜：乎（呼）甚、消見（獻）于帚（婦）

好？才（在）狀。用。一

（4）辛亥卜：子𣁋帚（婦）好𡄽，往甕？才（在）狀。

一二

（1）（2）二辭辭例相關。（1）言花東子聯同著婦好入

貢或進入于狀地，卜問此行的吉否。（1）辭的「入」如理解

為單純的「進入」意，則（1）（2）二辭的「入」字用法並不

相同。（2）辭「入」字似理解為兼語句式中的動詞，讀如納。

（2）以叀字帶出命辭，有強調後一字的語氣功能。「入人」

可視為動詞前置的移位句，本作「人入」，強調某些特定的人

進入；或可直接解讀為「入人」，意即引進某些人。「人」可

理解為奴性或勞役的單位，如「羌一人」〈56〉，「伐一人」〈226〉

的用法。細審花東甲骨的用例，有「入人」作固定用詞，如

〈252〉、〈443〉版是，亦有「以人」〈14〉、「呼人」〈249〉的

相類用法，但卻絕不一見「人入」例[23]。因此，（2）辭應以

常態句型「入人」來理解，即言進貢人牲。對比（1）（2）二

---

[23] 花東甲骨原釋文 1636 頁考釋謂：「『叀入人』，指『入人』。卜問人是否

入于狀。」姚萱《初步研究》釋文 283 頁：「『入人』指入地之人或入族

之人。」似乎都不能通盤解讀（1）（2）辭的內容。

辭，（1）辭則應是「子以婦好入人于㲋」一句之省「人」，（2）

辭則是省略主語「子以婦好」和句末介賓語的「于㲋」。

　　（1）（2）辭卜問花東子聯合婦好入貢人牲於㲋地宜否，

入貢的對象自然是時王武丁，而占卜時似未進入㲋地。（3）（4）

辭則言在㲋地占卜。因此，（3）（4）辭是在（1）（2）辭同一

天的稍晚發生的卜辭。（3）是花東子呼令晕、涓二人進獻於婦

好、（4）則是花東子親自貢獻於婦好，整個動作應該是先（3）

而後（4）。

十八・說覞

〈203〉（11）　丙卜：叀子覞🔺用眔絤，再丁？用。一

　　覞，字作🐾，从人具目站立，手提頭顱，本象獻首之形，

用為動詞。我在《殷墟花園莊東地甲骨校釋》的〈正補〉按

語已有申述：「為『見首』二字的組合，象人持首以獻形，似

為見字的繁體，讀為獻。花東卜辭多見「子見（獻）丁」例，

可參。」此字在甲文中僅一見（〈377〉版另有一🐾字，象人

持倒首形；亦不識），屬武丁時期花東卜辭中一測試性的新字，

字形強調人提首以獻。字由獻首的特定所指擴張為泛指獻意的用法，其後字形遭淘汰不用，獻意則為「見」字假借保存下去。甲文的見字一般讀作獻，多從人具目跪坐作◩形，與用為看見的見字作站姿的◩不同。但〈203〉版用為見（獻）字繁體的覿，其中所從部件「見」仍作人站立側形，顯然在文字發生初期時仍沒有刻意由從人從卪付與區隔功能的觀念。

相對的，晚期卜辭另有一◩字，從見鹿，動詞，有用為看見的見字繁體，如：

〈合集 37439〉戊戌卜，貞：在◩◩告：◩鹿，王
其比射，往來亡災？☒。

〈合集 37467〉☒告◩兒☒塈，重☒？

〈合集 37468〉丁丑卜，貞：牢逐辟祝侯燊，◩豕，翌
日戊寅王其◩☒召，王弗悔，卒（擒）？

排比文例，由「覿鹿」、而「覿兒」、「覿豕」，動詞的覿字是由狹義的專門單指「見鹿」，拓大為「見」不同動物的泛指用法。後來看見的字用功能只保存在一「見」字，「覿」字則消失不再為殷人所使用。

　　由此可知，這種測試性的文字功能早在殷商時期已不斷演進的。由早期一直至晚期的甲骨，都有因不同需求而不斷產生新增的用字，復亦有因測試的失敗或功能性的消失而遭淘汰死亡。

十九・說嗳

〈215〉（1）壬申卜：子其以羌嗳，酚于帝，若永？一二

　　　　（2）甲戌卜，貞：羌弗死，子臣？一二三

　　嗳，字作🎋。考慮字形的思路有二：（一）、所從 ⅄ 為繩索。象兩手持絲繩於口形器上，上下相鉤引拉扯之狀。或即爰字初文。《說文》：「爰，引也。」甲文一般簡化作🎋，文例見「呼爰」、「呼爰某方」，如〈合集 10075〉：「貞：呼爰龍？」。由〈215〉（1）辭上下文看，字是一種用羌作祭牲的方式，動詞。同辭的羌字作🎋，正象羌人頸係繩索之形，而（2）辭又進一步直言「羌弗死」。因此，「嗳」此一動作無疑是導致羌人面臨死亡的一個行為，可理解為殺牲的動詞，示雙手拉扯套項的繩索，以勒斃祭牲的意思。（二）、所從 ⅄ 理解為午。據禦（卻）

字从午的部件理解，是二璧一琮的組合，原視為鬼神降臨人間的出入口，是殷人祭拜祖靈的一種固定禮器。嗳字由此思路，示兩手上下相承，奉璧琮置放於口形器皿中，應與钔祭有相類的用意，或即屬钔字異體，作為獻牲的祭祀動詞，泛指祭獻。字从兩手與从卩在語意上亦可通。〈221〉版有殘辭見一「舀」字，或即嗳字之省。〈458〉有祭祀動詞作❀，雙手捧午，或亦與钔祭意相當。細審〈215〉版（1）（2）辭，由「壬申」日用羌進行「嗳」的動作後，至第三天「甲戌」日卜貞仍言「羌弗死」看，嗳字字意應與第一思路雙手拉繩勒斃的推想無涉。字似以第二思路理解較為恰當。花東卜辭的❀、❀類字形，應與钔（❀）字的性質相當，作為去凶就吉的祭祀泛稱。由〈29〉、〈32〉、〈38〉、〈56〉、〈76〉、〈95〉、〈176〉等版大量「钔」、「曲」二祭祀動詞先後見於同辭的關係，與〈215〉版的用法基本不差，亦可以參証。

　　花東子用羌人祭祀，以冀求安好。（2）辭命辭接著卜問的「羌弗死，子臣？」一句，應如何理解？臣，動詞，字意應與「羌牲弗死」的結果有關聯。花東甲骨臣字的用法，有用為官名，如「小臣」〈28〉、「多臣」〈34〉；有用為祭品，如「叀奴、臣、妾」〈409〉；有用為動詞，如「子臣中」〈75〉、「叙弗，

子弗臣」〈247〉。本版的用例與〈247〉版同。由「羌弗死」
則「子臣」,「弔叙(人名)」則「子弗臣」,對照〈410〉的「攸
子臣」、「畀子▨臣」,〈409〉的「奴、臣、妾」連用,「臣」
是勞動階層僕役一類身份的人,可視同贈品和祭品的使用。
〈75〉的「子臣中」,臣字名詞當動詞用,理解為「子以中(人
名)為臣僕」;〈247〉的「叙弔,子弗臣」,意指「驅捕叙(人
名),子不以之為奴役」,因此,〈215〉的「羌弗死,子臣」
一句,自可理解為「羌牲不死,子改以之為奴役」的意思。

二十·說觶

〈223〉(5)戊卜:子其入黃 $\curlywedge$ 于丁,永？　一

$\curlywedge$,名詞。字从 $\curlyvee$,象角形,或指牛角。字从 $\curlyvee$ 聲, $\curlyvee$ 即
以,與 $\curlyvee$(氏)字同。因此,字可視作觝,飲器,用為花東子
入貢於武丁的物品。《說文·角部》的「觶」字:「觶受四升」,
其下重文引作「觝,《禮經》觶。」段玉裁注:「古文禮作觝。」
〈223〉一版卜問花東子將進貢金黃色的觶於武丁一事,詢問
鬼神贊許否。

二十一‧說言

〈234〉（1）丙寅夕卜：子又言在宗，隹（唯）永？一

（2）丙寅夕卜：非永？一

言，字作 🔣，从舌从一；一，強調具區別的功能。《說文‧言部》：「直言曰言，論難曰語。」段玉裁注：「鄭注大司樂曰：發端曰言。」花東甲骨言字用法有二：

（一）「言曰」成詞，帶出言的內容。「言」字無疑已與說話有關，但又與一般說話和帶出占辭的「曰」字不同。如：

〈59〉言曰：其水？允其水。

〈351〉🔣言曰：翌日其于崔官俎？允其用。

（二）「言」用在舞、福等祭儀後，下有接祖妣名。如：

〈181〉（26）壬卜：子舞𫵸，亡言，丁永？

〈255〉（2）甲寅卜：弜言來自西祖乙，祭伐？

〈474〉（6）「言妣庚罘一宰」

〈490〉（6）庚辰：子福妣庚，又言妣庚，若？

因此，言字是一嚴肅用字，其功能宜屬卜辭中祭誥的語言，作為下告上，禱告者與鬼神交談的專用語，有冀求時人安好的作用。〈234〉版（1）辭的「又（有）言在宗」一陳述句，語意上看亦應是與祭祀相關的用語。花東一般在占卜日的傍晚詢問次日的事情，因此，「有言在宗」應屬次日丁卯日白天進行的事。（1）（2）辭正反對貞，卜問子「有言在宗」的「永」抑「非永」，此事無疑是單一的事例。對花東子而言，「有言在宗」是一件偶發、受指派、或許是光榮的任務，所以才會謹慎的貞問此事的「永」否。「宗」指宗廟，屬與鬼神接觸，求吉去凶的場所。在宗廟中的「有言」，常理推斷自然與從口發聲類（語言）的行為有關，宜具備禱告與祖先交談的意思。花東子能夠有權力在自己的宗廟抑甚至在殷王室宗廟內主持禱告祭神的工作，當日其權勢的龐大，自是非比一般。

二十二・說昱

〈274〉乙巳：歲妣庚：牝，召祖乙昱？ 一二三

昱，字作 ⚡、又作 ⚡，從日羽，即翌字。《說文》作昱，

段玉裁注:「自今日言下一日謂之明日,亦謂之昱日。」花東甲骨一般讀為一字,而並非分作「翌日」二字來理解。〈108〉見「翊」、「羽」用為同版異文可証。字一般置於句首,作為「次日」的時間詞用法,往往帶出具體的次日干支。〈274〉版的「翊」則置於句末,姚萱女士《初步研究》認為翊屬於祭名:「當為『為祖乙之昱祭舉行舌祭』之意」,恐有可商。命辭句中言歲祭妣庚、召祭祖乙(即小乙,花東子的直系親祖父),句意完整,因此,翊字不可能理解為祭名用法。然則,「翊」在句中的語義功能為何?檢驗花東甲骨「翊」字共 27 見,扣除殘片一例,21 見均置於命辭句首,絕大部分都明顯用作「次日」的第二天,只有一例是用作隔兩天的時間記錄。而置於句中的有 4 例:

〈39〉夕:歲小宰翊妣庚?

〈92〉甲卜:呼多臣見翊丁?

〈290〉甲午卜:其舟俎尺,乙未尺翊酚大乙?用。一

〈453〉甲卜:呼多臣見翊于丁?

其中的〈39〉版前辭只有一夕字,應為「己夕卜」的省略,

命辭卜問次日歲祭妣庚用小宰一活動宜否。〈92〉和〈453〉二版亦可理解「翊」為次日意的移位句，卜問次日的乙日號令多臣獻貢於武丁一事。至於〈290〉版的解釋，在甲午日占卜，命辭第一句「其酌祖仄」，仄，即昃，時間詞，示日光靠西斜照人影，時段在「中日」和「郭兮」之間，約是午後兩三點左右。此句句型可理解為「仄其酌祖」的移位，指在昃時進行禦祭，用切肉的儀式來處理祭牲。命辭第二句接言在第二天乙未日昃時用酒祭大乙，其中的時間詞「翊」置於「仄」後，就文意言整句就不好順解。花東卜辭的「翊」一般都用作時間詞，沒有作為祭名或其他用法的實例，但此段謂在「乙未」日昃時再接言「次日」卻是不好說的。我們讀契的經驗，有所謂「句意重於行款」，文字是表達語言的記錄，先掌握整句的語意，再據而調整文字，從而通讀上下文，恐怕是一比較務實的方法。因此，就語意重組語序，本句似應讀作「翊乙未仄，酌大乙」一常態句子的移位，指明天乙未日昃時用酒祭大乙。由此看來，「翊」在〈290〉句中例亦可理解為「次日」的用法。

「翊」字書於句末位置的特殊句型只見於〈274〉一版。〈274〉言「乙巳日」卜問「召祖乙翊」一句，對照花東甲骨常用的某

天干日祭祀同天干名祖先的句子，在用例上明顯不同。這牽
涉到花東甲骨對於祭祖的習慣。花東一般言祭祖名與前辭占
卜的干名是相同的。如：

　　〈67〉乙亥夕：歲祖乙：黑牝一，子祝？一二

　　〈178〉庚戌：歲妣庚：羘一？一

但也有祭祖名是占卜干名的後一天：

　　〈6〉甲辰夕：歲祖乙：黑牡一，叀子祝，若？祖乙永，
　　　　翌日召？用。一

本版在甲辰傍晚，卜問歲祭祖乙。同時又問次日乙巳日召祭
祖乙。

　　〈276〉（8）戊卜：其飲牛妣己？　一二
　　　　　（9）戊卜：于翊飲牛妣己？　一二

本版在戊日對貞，卜問是在今天抑或明天飲牛以祭祀妣己。
復有占卜干日與祭祖名相同而用「翊」的。如：

　　〈335〉（2）甲辰：俎丁牝一，丁各，仄于我，翊于大
　　　　　甲？一二三

本版在甲辰日卜問，句中言傍晚武丁來至我地，所以才會詢問延至次日乙巳日才祭大甲。

　　由此可相互參証，〈274〉版在乙巳日卜問直至次日才召祭祖乙，在理解上是沒有問題的。因此，花東甲骨的「昍」字，無論是見於句首、句中抑或是句末，都可用作「次日」的意思。

二十三・說子

〈280〉（1）丁亥：子其學（爻），孃秌（並）？用。一

　　　　　（2）癸巳：歲妣庚：一牢，𣥐（子）祝？一二三

　　𣥐，我在《校釋》第二部〈正補〉按語：「祝前一字為子的異體。〈67〉版的「乙亥夕：歲祖乙：黑牝一，子祝？」、〈123〉版和〈175〉版的「辛酉晨：歲妣庚：黑牝一，子祝？」，用例相同。」本版二「子」字亦屬同版異形，不但由文例「子祝」的用法可証，復由字的書寫，見下從倒「其」形，核對〈2〉版干支「戊子」的「子」字作𣥐（照本見上從四豎筆）、

〈282〉版干支「庚子」的「子」字作🔡，上從三四豎筆，下均從倒「其」形的寫法，與〈280〉版的「子」字異體正同。此亦可為二「子」形屬同字的參証。只是地支「子」字所從的三四豎筆，取象小孩的頭毛無疑，而〈280〉版（2）辭子字上半的圓圈，宜本屬小孩的首部，下部倒「其」形應為地支子字作🔡形的凵部訛變的結果。因此，花東甲骨作為花東子本人的專用字，並企圖與一般「子」字相區隔，遂刻意的將🔡、🔡二原有的子形混合而成，此無疑是花東甲骨中一測試性的創新文字。近代人戲語所謂「一個頭兩個大」，未想居然在花東甲骨的「子」字異體中已經呈現。

〈291〉版亦見「🔡」、「🔡」同用「子祝」例：

〈291〉（1）庚辰：歲妣庚：小宰，子祝？在麗。一

　　　　（2）甲申：歲祖甲：小宰、礿鬯一，子祝？在麗。一二

　　　　（3）乙酉：歲祖乙：小宰、牝、礿鬯一？一二

　　　　（4）乙酉：歲祖乙：小宰、牝、礿鬯一，🔡祝？在麗？三四五

本版庚日歲祭妣庚、甲日歲祭祖甲，乙日歲祭祖乙，明顯見

某天干日祭祀相同天干名的祖妣，是花東子問卜的習慣。互較三者祭品，妣庚只有小宰，祖甲除小宰外，還有祝鬯一杯，而祖乙則不但有小宰、祝鬯，更有稀有而特別要求性別的公豕。可見花東子對祭祀祖乙最為看重。我們知道，花東甲骨的妣庚，是小乙的配偶，花東子的直系血親祖母；祖乙則是小乙，乃武丁之父，花東子的直系祖父；而祖甲似應是小乙的兄弟陽甲。由同版三天歲祭祭品的多寡，得知花東子重視直系男性祖先的祭祀，其次是旁系的男性祖先，再其次才是女性的親祖母。殷人明顯已有重男輕女之習，互較三天相關連的占卜過程亦可概見：庚日祭祀妣庚只問卜了一次，甲日祭祖甲則見兩個兆序，而乙日祭小乙則連續卜問多達五次，可見花東子對於卜問祭祀小乙儀式妥否的慎重。由字形看，本版歲祭妣庚、祖甲的「子祝」一詞的「子」，都寫作一般 𝄐，唯獨祭拜小乙時接言相同辭例「子祝」的「子」，卻刻意改寫作較繁雜的 𓆗。後一字形書寫，在當日無疑有更莊嚴正規的專門用字意味。

二十四・說齒

〈284〉戊卜：侯奠其乍子齒？一二

侯奠不乍子齒？一二

齒作 ⊌，字从口形，中間短豎上一下二，交錯呈現似齒形，但並非常態的牙齒形狀，字不一定與齒有關。細審花東甲骨隸作齒字的用法可區隔二類：（一）為「钔子齒」、「钔齒」、「告子齒疾」例。如：

〈132〉（1）辛亥：歲妣庚：麂、牝一，齒钔，歸？一

（2）辛亥：歲妣庚：麂、牝一，齒钔，歸？二

本版齒字作 ⊌、⊌。

〈163〉（1）庚午卜，在 𡿺：钔子齒于妣庚，曹牢、匆牝、白豕？用。

本版齒字作 ⊌，同版（2）辭齒字作 ⊌。

〈395〉（7）壬申卜：福于母戊，告子齒〔疾〕？

本版齒字不清，勉強从摹本作 ⊌。

（二）為「乍子齒」、「隹亲齒」例。如：

〈28〉（1）丙卜：隹（唯）亞奠乍子齒？一

　　　（2）丙卜：隹（唯）小臣乍子齒？一

　　　（3）丙卜：隹（唯）婦好乍子齒？一

　　　（4）丙卜：丁樓于子，隹（唯）亲齒？一

　　　（5）丙卜：丁樓于子，㠯（以）从中？一

本版齒字作 、。

　　第一類用齒字的本義理解上下文，並沒有問題，卜辭求辟除花東子的齒患。齒字字形有書寫複筆雙句，呈現一顆顆門齒形，或作虛筆短豎。至於第二類如以齒的本義言，實無法釋讀上下文；如按于省吾說字有差錯、災害意，似亦無法通讀。我在《校釋》〈正補〉按語謂：「齒有齒長、增壽的意思，「乍子齒」即言祈求子的長命。」恐亦非事實。目前看，第二類用例的字形與齒字相似但實非齒字齒義。〈28〉、〈284〉版獨特的「乍子 」例，字形以口的結體為主，中間這些不固定筆畫的虛豎，可能只作為與口字加以區隔的區別功能，在此表示象口形而與口不一樣的字。口形字在甲骨中除用為人體的嘴巴外，亦可作為具體實物的盛物器或坎穴形。〈28〉

分別卜問「亞奠」、「小臣」、「婦好」會否「乍子 🔲」。乍字
即作，常態有完成、興建、鑄造的用法，字修飾的對象應是
具體的實物。對比甲文的出、各字分別作 🔲 形，去字作 🔲 形，
諸字下的口形部件實指古代居住的坎穴出口。因此，「乍子 🔲」
可指「修建花東子的住所」的意思。〈28〉版（1）至（3）辭
選貞是卜問眾人中誰負責為子修建住所。〈284〉版是卜問侯
奠在呂地為子興建住所宜否。至於〈28〉版（4）辭的「唯亲
🔲」，應是「丁唯亲乍子 🔲」之省略句，意即武丁親自規畫
興建子的住所（或新的住所）。這在通讀上都能文從字順。另
一個可能，把 🔲 字理解為盤鑒類的盛器來看，置諸「乍子 🔲」、
「唯亲 🔲」（丁唯親乍子 🔲）的句中，指分別卜問亞奠、小
臣、婦好和丁諸人為花東子作的器皿，在文意上亦能平實理
解。

　　總括來看，花東甲骨中的齒字有用本義，亦有因形混而需
另作他解，後者恐不宜墨守齒字，或只據齒的引申或假借來
勉強釋讀。

二十五‧說玄

〈286〉（18）丙卜：重 🦰 吉 ⬧ 冉 丁？一

　　　（19）丙卜：重 玄 ⬧ 冉 丁，亡絑（珥）？一

　　玄，字作 ⟡，黑色，屬顏色詞，修飾其後用為戈頭的
援（學界有釋作圭，恐非）。本版（18）（19）二辭屬正正
對貞。「冉丁」，即提物舉獻於武丁，主語應是花東子。由
（19）辭見「冉」的提物內容是黑色的 ⬧。玄字，原釋文錯
把字左旁的骨紋誤以為從刀，遂將此字釋為「紉」，非是。
而相對的（18）辭，原釋文描本在「吉」字下漏一「⬧」
字，今補。吉，字作 ⬡，原應是刻工本在寫 ⬧ 時的形近誤書，
刻工只好在「吉」字下邊再增寫一 ⬧ 字。因此，（18）辭命
辭本應是卜問「重 🦰 ⬧ 冉 丁」，句與（19）辭的「重 玄 ⬧
冉 丁」是屬於同文的正正對貞。🦰，是玄字的原來繁體寫
法，字象兩手糾結髮絲或辮形，應是糾字的初文，《說文‧
丩部》：「糾，繩三合也。從糸丩，丩亦聲。」段注：「凡交合
之謂之糾，引伸為糾合。」字由髮辮的顏色復借為泛指玄
黑色的用意，從司聲。司、絲，上古音均屬心母之部字，
與糾屬幽部字旁轉。字由繁雜以手糾絲的初形簡省成 ⟡，後
者才隸定作玄，借為顏色詞，二字在〈286〉版中的關係本

是單純的同版異形。姚萱女士《初步研究》的釋文把 字理解為搓，借為瑳，指是鮮白色的玉，又認為吉字有堅實意，於是將「 吉 」三字連讀，解釋為白色光澤而質地堅實的圭，似乎是想太多了。

二十六 · 說敞

〈286〉（9）王卜：其燎妣庚于茲，束告又（有）彔（麓），

亡征敞？一二

（10）王卜：束亡征敞？一

（11）王卜：束彔（麓）弜若巳（祀），隹（唯）又

（有）辭？一

〈461〉（12）　甲午：征敞狀官（館）？用。一二

敞，〈286〉版字作 、 ，象兩手持杖棒敲擊建築物揚土之形。所从的 ，相對於京、高等字，可理解為建築物或屋頂。字為花東甲骨的新創字，形或與王卜辭的 〈合集6819〉字相近，隸作敞，有敲打、平治之意。《說文・攴部》：「敞，

平治高土可以遠望也。从支尚聲。」篆文仍保留字意。〈286〉

版（9）辭的束字用為名詞，一般作地名。（9）辭燎祭妣庚「于

茲」，即指束地。殷人有在外祭祖求吉之習。「束告有麓」，即

「告束有麓」的移位句，言來告束地有狩獵的山地，末句詢

問「亡征敓」，即卜問不持續平治這片高地嗎？（11）辭言束

地山麓沒有得到順祀（問卜得吉），則應停止開墾治理嗎？至

於〈416〉版的敓字作 𢼸，从又持斧形器，从宀；象拆屋形。

由文例看，應是敓字的異體，卜問繼續拆除狀地的館舍宜否。

二十七・說「不三其一」

〈289〉（7）丁卯卜：子其往田，从阢西涉，菁戰（狩）？

　　　　子占曰：不三〔其〕一。㪔。一二三

〈378〉（1）戊戌夕卜：翌己，子求豕，菁，𢎥（擒）？子

　　　　占曰：不三其一。用。一二三四

　　　（2）弗其𢎥（擒）？一二三四

（3）^睪（擒）豕？子占曰：其^睪（擒）。用。一二

〈381〉（1）戊戌夕卜：翌己，子其眾，从坒〔北〕鄉（向），

啟葬？子占曰：不三其一、其二；其又迺馬。

一

　　花東甲骨在占辭言「不三其一」，僅見上引三例，且不見
於王卜辭，是花東的一個特殊句例。過去，我在《校釋》〈補
正〉中，認為是占卜常見「三卜取其一」的判斷語，但由〈378〉
（1）連續卜問四次，而〈381〉（1）卻僅見占卜一次互參，
可見此種占辭內容與卜次並無關聯。細審花東三例，其相同
處見在命辭內容中可就句義斷為三個分句，此或即「不三其
一」的所指。完整的一條卜辭可區分前辭、命辭、占辭、驗
辭四部分。占辭是根據命辭的內容，就卜兆形態作出的判斷
語。因此，「不三其一」如不是針對卜兆而言，就必是針對命
辭的內容來看。如就後者來分析上引三例，是判斷：

　　〈289〉命辭是「子將往田－向西涉－遭遇狩獵的動物」
　　　　　的吉否。

　　〈378〉命辭是「次日子求豕－遭遇豕－擒獲豕」的吉
　　　　　否。

〈381〉命辭是「子將網豕－北向－遘敊」的吉否。「不三其一」的「三」是指命辭中陳述的三事（三個動作階段），「不三」，即指要卜問的三個行動流程並非全都順利。「其一」，即言判斷其中的一個行為與祈求有出入。〈381〉的占辭言「子占曰：不三其一，其二，其又逸馬」，似乎能給予我們一個好的啟示。對應命辭的內容，所謂「其一」、「其二」，是專針對命辭中的「子其罢」、「從坒北向」二分句句義言，應是吉兆可以接受，而第三句的「敊菁」是卜問會遇到擊虎的捕獸行動嗎？（或敊字用為地名，連上句讀，句意作：「子罢」—「從坒地北向敊地」—「菁」。命辭末句詢問句可理解為：會遇到豕嗎？）占辭對應卻認為是「其又（有）逸馬」。「逸馬」一詞新見，可能與馬的遊走有關。這很顯然是占辭不認同命辭末句的「菁敊」，而判斷將有「逸馬」這一動作的發生，此即是「不三其一、其二」以外的「其三」所示。因此，〈381〉的占詞是言連續的三個動作不會順利通過，只是其一是吉兆、其二是吉兆，但第三個流程則會是「其又逸馬」（將會遇見奔跑的野馬）。

〈378〉（1）辭是連續「求豕」、「遘豕」、「擒豕」三個流程的卜問，（2）辭是正反對貞作「弗其擒」，明顯是只對應（1）

辭的第三分句（末句）言的詢問句。占詞的「不三其一」這一判斷語，是針對此次「求豕」、「遘豕」的動作順利，但對最後能否擒獲豕這一動作卻是不確定的。所以，本版才會在一組正反對貞後，再出現第（3）辭的「畢（擒）豕？子占曰：其畢（擒）。用。一二」，花東子再一次具體的詢問鬼神「擒豕」這一行動順利與否。透過卜兆的回應，子判斷這一次打獵行動，將會捕獲豕。（3）辭用辭的「用」是指鬼神同意是次詢問的內容。

由此看來，占辭的「不三其一」，應可針對命辭的內容來理解，謂：「不是三個流程都順利，其中的一個階段動作可能會出現問題。」的意思。

對比〈14〉版句例，命辭中亦見區分為三個分句：

〈14〉（5）乙酉卜：既乎（呼）臾（簋），往敫，菁豕？
　　　　　　一二

　　　（6）弜敫？一二

（5）（6）辭為正反對貞，卜問的卻只是針對（5）辭第二個動作的順利否。此例足見命辭中如屬三個動作的銜接，可選擇其中的任一個進行貞問。這印証占辭的「不三其一」中的

「其一」，與命辭中局部句義的取捨是有一定的關係。

二十八・說 將

〈304〉（1）甲卜：子疾首，亡征？一

（2）子疾首，亡征？二

（3）乙卜：弜又于庚？一（庚為妣庚的漏刻）

（4）乙歲于妣庚：〔龔〕？一

（5）乙歲于妣庚：龔？二

（6）丙俎羊？一

（7）丙弜俎？一

（8）戊卜：將妣己示眔妣丁，若？一

〈490〉（12）王子卜：其將妣庚示，宮于東官（館）？用。
　　　　　一

　　將，字作𠬞，從雙手從爿，又可隸作牂。《說文・爿部》：
「牂，扶也。」將的對象是「示」（神主）。《甲骨文字詁林》
第二冊979頁將字按語，謂字有「奉享之意」。然字形常態雙

手都在爿上（同版疾字亦見從爿形），並不在爿的下方，似無「奉」意。細審甲文從爿的字，與疾病、死亡、殉葬有關，如⿰爿皿、⿰爿丮、▨ 是。上古埋葬最初仍沒具備棺木，古人似將死者連爿板埋于坑穴之中。將字雙手抬爿，即如後人抬棺或扛死人的葬儀之形。字因此引申有拉抬、提升、扶持的意思，《說文》的「扶也」仍保持此字的用義。而將字在甲文的用法，有（1）「將死人」、（2）「將神主」、（3）「將奴牲」、（4）「將某物」。如：

（1）將死人。

〈合集 32765〉　辛酉卜：將兄丁于父宗？

〈屯 505〉丁巳貞：于來丁丑將兄丁？

〈合集 27592〉□未卜：其將母戊？

〈合集 2799〉乙酉卜，賓貞：翌丁亥將婦妊？

（2）將神主。

〈合集 13527〉貞：于南方將河宗？十月。

〈合集 34130〉辛巳貞：將示于南？

〈懷 1566〉庚戌卜：將母辛宗？

（3）將奴牲。

〈合集 809〉貞：將卬？

〈合集 8401〉貞：將弋人？

（4）將某物。

〈屯 441〉己卯卜：其將王壴于☐？

〈合集 30763〉其將祀壴，其☐又？

〈合集 13521〉　丁酉卜，亘貞：將🦎于豕？

以上諸類句例，將字都可理解為祭祀類動詞，有抬祭的意思。卜辭習見的「將某祖妣示」、「將某祖妣宗」，是指祭祀時抬出某特定祖先神位，進行巡遊的儀式。〈304〉版（8）辭是「將妣己示叀妣丁示」之省。本版甲日見花東子有頭疾，無法外出，乙日即用龏拜祭妣庚，丙日持續的用羊祭妣庚，至戊日更抬出妣己和妣丁的神位，明顯是花東子的疾首多日未愈，故祈求親疏諸先妣一齊降福佑於孫子，以去除其頭痛的病患。這種扛抬神靈出巡以辟邪去禍的儀式，一直都存在傳統民間習俗之中。

二十九‧說秉（稛）

〈371〉（3）庚子卜：子告，其秉于帚？　一

　　　　（4）子弜告，其秉？

　　秉，字作 ，花東甲骨僅見〈371〉一版，用為動詞。字
從禾框於口符之中，示捆束禾黍類收成的農作。裘錫圭先生
〈甲骨文中所見的商代農業〉一文，認為秉字「指處理禾稈
的一種行為」，「似應是捊的初文」[24]，可備一說。裘文謂「殷
人收穫穀物有時只摘取其穗，留在地裏的禾稈需要另作處理。
用作動詞的「秉」應指處理禾稈的一種行為。」「『其秉』的
『秉』是動詞，在這裡應該當弄倒禾稈講。」可是，將裘說
移至本版〈371〉版（3）（4）二辭的對貞來看，卻有解讀上
的困難。對貞卜問「花東子稟告（於上位者），將「秉」呈獻
給帚（可能指婦好）[25]」，「花東子不稟告（於上位者），將「秉」
呈獻（給帚）」正反句的吉凶，其中的「秉」字明顯是有待貢

---

[24] 文參《裘錫圭學術文集》第一冊 233 頁。

[25] 花東一坑甲骨單獨稱「帚」（婦）皆用作「婦好」。〈5〉版見（12）辭「叀
子曰：婦好？」，（13）（14）辭省作「叀子曰：婦？」例可証。〈211〉版
的「帚（婦）」與「丁」對稱，亦見「婦」用為「婦好」省。

獻的農作物，名詞當動詞用，與所謂「弄倒禾稈」，或「處理留在地裏的禾稈」意無涉。況且，棄置的禾稈理論上只有燃燒和施肥的用途，以無大用的廢棄植物「禾稈」獻呈於婦好，實亦於理不通。

細審字形，口符有約束物品豎立的功能，如「中」字是。此字從禾在口中，疑為稇字初文。《說文‧禾部》：「稇，絭束也。從禾困聲。」段玉裁注：「《方言》：「稇，就也。」注：稇稇成就貌。《廣韻》作「成熟」。蓋禾熟而刈之，而絭束之，其義相因也。」此指禾熟收割，連穗帶稈緄綁成束的禾。〈371〉版見花東子將以收割成束的禾呈獻給上位者。「其乗」用為詢問句，其中的「其」字強調將然、尚未發生事情的疑問語氣。

核對《甲骨文合集》，見有「觀乗」、「乗…遘大雨」」「乗，乃霾，亡大雨」、「乗于喪田」、「叀新乗屯用」等例[26]，此足見「乗」字表示在農地收割時的「束禾」一具體動作。乗以屯為單位，「乗」此一活動是在某地田進行，而活動復與雨舞、冀求和慶賀豐收有關。這些「乗」字句組的理解，更能印証「乗」字解釋為「禾的成熟收割」一有價動作的可靠。

---

[26] 參《殷墟甲骨刻辭類纂》528頁文例。

三十・說遊

〈381〉(1)戊戌夕卜:翊己,子其〔罙〕,从𡉚,〔北〕鄉(向)㪤,冓?子占曰:不三其一,其二,其又遊(遊)馬。一

遊,字作,从辵从㫃。《說文・㫃部》:「㫃,旌旗之游㫃蹇之貌。从中曲而垂下㫃相出入也。讀若偃。古人名㫃字子游。」段玉裁注:「當作从中曲而下垂者,象游游相出入。」《說文・水部》:「游,旌旗之流也。从㫃汓聲。」段玉裁注:「引伸為出游、嬉游,俗作遊。」因此,遊可理解為游、為遊。「遊馬」,即指遊馬,今言四出奔馳的野馬。對比觀察〈295〉版(1)辭的「戊午卜:子又(有)乎(呼)逐鹿,不遊馬?」一句,「不遊馬」應為「不逐遊馬」之省;本版(1)辭占辭的「其又(有)遊馬」,則應理解為「其又(有)〔冓〕(遘)遊馬」的意思。全辭是言戊戌日傍晚占卜,詢問明天己亥日花東子將要網獵野豬,由𡉚地向北至㪤地,會否遇到獵物。花東子據卜兆判斷的占辭說:問卜的三個動作不會都順利通過,其一、其二都是吉兆,但最後問「遘豕」否卻不順,只會遇到奔跑的野馬(即不會看到野豬)。

三十一・說往

〈459〉（9）　戊寅卜：子禱祝，嚚狅，卧（禦）生（往）上甲？

　　　　　　　　　一

「往」後一字作 田 形，原釋文釋作「上甲」、我在《校釋》也理解為「上甲」。姚萱女士《初步研究》改釋為「田」，齊航福先生的《類纂》從姚說亦作「田」。此字如何理解，目前仍缺乏定論。花東甲骨的「田」與「上甲」字形相同，只能據文例加以區別。

往，字作𡳐，從止在土上，亦有認為是從王聲。《說文・彳部》：「往，之也。」花東甲骨一般都簡單用作「往于某地」，亦有「往田」、「往于田」的句例，足見「往」字早已固定用作「去」的意思。但花東復見一「往某祖妣」的特殊句例。如：

　　〈181〉（31）王卜：叀子興往于子癸？

　　〈374〉（9）□子⊘往妣庚？

　　〈409〉（13）叀子興往于妣丁？

　　　　（24）己卜：叀子興往妣庚？

以上諸例，句意無疑是與祭祖有關。相對的，花東甲骨又多見「钔往」、「往钔」連用，其後也接祭祀的對象。如：

〈53〉（28）　己卜：重多臣钔往妣庚？

〈162〉（1）　戊卜：重奠钔往妣己？

〈181〉（8）　己卜：重多臣钔往于妣庚？

〈427〉（1）　丁丑卜：在茲往钔子癸，弜于狄？

因此，上文「往某祖妣」的句例，無疑是應該理解為「钔往某祖妣」的省略。钔，即禦，是祭神靈的泛稱，作為一泛祭的動詞。往，去也、至也，用為一針對性有所指的動作，它本身不具備與祭祀相關的任何意思，只負責帶出前一動作「钔」字的特定指向功能，點出禦祭的具體祭祀對象。花東甲骨復有「往酉（福）」、「往俎」例，如：

〈226〉（6）戊：往酉，彫伐祖乙，卯牡一、叔豐一，祭伐？

〈338〉（4）甲辰卜：子往俎上甲，又鬲？用。

以上的「往V」句例，都是強調朝向、進行的意思，帶出祭

祀的祖妣名。

　　對比諸版用例，〈459〉一版全屬祭祀類卜辭，其中的（9）
辭「钔往田」的「田」字，無疑是花東子「钔往」的祭拜對
象，字應釋為殷先祖「上甲」，似乎比單純作為田狩或田耕的
「田」字來得合理。〈487〉版有「酓上甲」例，「上甲」字形
與田字全同，亦可作為花東甲骨有權祭祀殷商重要先公先王
例的佐証：

　　　　〈487〉（4）甲戌：酓上甲，旬歲祖甲：牝一，歲祖乙：

　　　　　　牝一，歲妣庚：豭一？　一二三四五六

三十二・說革

　　〈474〉（4）己巳卜：子禴，告其 🦌 革于妣庚？一二

　　　　（5）率酓革？不用。一

　　〈491〉庚午：酓革妣庚：二小宰，祝邕一？才（在）狱，來

　　　　　　自戰（狩）。　一二

革，字作🦬，象動物去四肢，存首尾，張開獸皮之形，《說文・革部》：「革，獸皮治去其毛曰革。革，更也。象古文革之形。」花東卜辭見「酌革」成詞，指酒祭時以獸皮為祭品。〈474〉、〈491〉二版句例應是為同一事前後二日的占卜。〈491〉版是以二頭小宰的皮革祭獻妣庚。〈474〉版二辭屬選擇對貞。「🦬革」的🦬字，我曾釋為折字初文，從木，木中間二虛畫表示切斷樹幹狀，指事。花東甲骨中，此字的功能與刏（剖殺的祭儀）、障 （獻酒的祭儀）、酌 （灑酒的祭儀）相對[27]。〈473〉版（4）辭的「🦬革」，指橫折獸皮以祭。相對的（5）辭「率酌革」一辭，率，悉也、均也，可能指酌祭妣庚以動物全革的意思。句末用辭言結果是「不用」此選辭卜問的內容。

又，〈491〉版句末的介詞「在」字，原釋文漏描漏書。此言花東子自狩獵返回，在犾地進行占卜的意思。

---

[27] 文參〈說新、折〉，《朱歧祥學術文存》1頁。

三十三・說合

〈480〉（1）丙寅卜：丁卯子合丁，再帯⚬一、絹（珥）九？

在🔣。來戰（狩）自羿。　一二三四五

〈363〉（4）丁卯卜：子合丁，再帯⚬一、絹（珥）九？在🔣。

戰（狩）自羿。　一

合，字作⚬，動詞。原釋文描本作⚬，稍誤。據照相本放大觀察，〈480〉版合字的中間並無豎點筆畫。〈363〉版合字的中間只見兩處骨紋，亦非字畫。姚萱《初步研究》釋文從李學勤先生說作勞。然字一不從點，二不作衣形。字釋為勞字恐有可商。字上從蓋下似從皿，象蓋覆皿之形，應屬合、盍類字。《說文・亼部》：「合，亼口也。」段玉裁注：「引伸為凡會合之偁。」花東甲骨字用為會見、面對的意思。〈480〉（1）與〈363〉（4）二辭為同一事的連續二日卜問：花東子會見武丁，並呈獻⚬、絹的吉否。

花東甲骨另有一見作合字的🔣，字象二大小相當的器皿上下相接合貌。例見：

〈370〉（2）丁丑卜：其合彈罪絅？　一

（3）丁丑卜：弜合彈眔豹？一

字用為動詞，有聯合、結合的用法。〈370〉版正反對貞，卜問
聯同（或結盟）彈和豹二族一事宜否。

　　以上二字形同隸作合，但字源不同，一作盉皿相合，一作
二皿相接；字用間亦略有出入，一作會面意，一作聯合解。二
字形近隸定相同，但理應為分別獨立的二字。

三十四 · 說妨（嘉）

〈480〉（5）甲戌卜：子乎（呼）豹妨帚（婦）好？用。在 ╳。

　　妨，字作 ╳，从女从力。字早自郭沫若以降即讀為嘉。《說
文 · 喜部》：「嘉，美也。从壴加聲。」段玉裁注：「又曰：嘉，
善也。…有借賀為嘉者。」甲文多見「冥，妨」連用，訓讀
為「娩，嘉」，〈合集 14002〉驗辭謂「三旬又一日甲寅娩，
不妨，隹（惟）女。」，見殷商已有「生子曰嘉，生女曰不嘉」
的觀念。由以下諸例，亦見「妨」字釋讀為「嘉」，理解為「生

子」意無疑：

〈合集 21071〉囗亥卜，囗貞：王曰：有孕，嘉？

扶曰：嘉。

〈合集 38243〉辛酉王卜貞：☒毓（育），嘉？王

占曰：大吉。

甲文習見卜問「婦某妫」、「子某妫」，甚至「某職官妫」，都可
理解為孕而生子的意思。如：

〈合集 14064〉貞：婦㛰妫？

〈合集 14035〉☒子媚冥，不其妫？

〈合集 585〉戊午卜：小臣妫？十月。

相對於花東卜辭，「妫」字五見，除了一版單獨卜問「妫」〈100〉，
無法判斷外；一見「子某妫」〈87〉，亦可理解為「生子」意；
餘三見均作「妫婦好」，就語序言明顯與習見的「婦某妫」並
不相同：

〈288〉（2）乙酉卜：妫婦好：六㞕，若永？用。一

（3）乙酉卜：☒妫婦好☒？

〈480〉（5）甲戌卜：子呼劇妫婦好？用。在 🌿。

這些句例的「妫」字都不能作「生子」講。字讀作嘉，動詞，宜另作贊美、恭賀的用法。這無疑是「妫」字在花東甲骨中使用的獨特詞位和特別用意。〈288〉是指嘉美婦好，獻以「六妭」，並卜問順利與否。〈480〉版卜問花東子呼令劇嘉賀婦好一事宜否。在文意上都能解讀清楚。

三十五・說臺

〈502〉（1）高？

（2）屮？

（3）屮于南？

（4）于北？

屮，字作 🔣，从止从一从宀。象人腳踏於屋頂平臺形，止亦聲。姚萱女士《初步研究》隸作屮，釋文作臺。由字形結構看，字釋為臺，可从。但字確从止，从止部件兼具義符和聲符的功能，故仍宜隸作屮為是。《說文・至部》：「臺，觀

四方而高者也。从至从高省，與室屋同意，屮聲。」《說文》所謂「从高省」，應是屵字从宀的變形；从「屮聲」，應是「止」字的訛變。臺，古音定母之部；止，古音端母之部；之，古音章母之部。前兩者明顯聲韻較接近。因此，分別由本形、本音的組合看，字隸作屵是比較合理的。字在花東甲骨中僅見一版。〈502〉版的（1）（2）辭對貞，（1）辭的「亯」字作🏠，象下具基址的屋形建築物的側形[28]，字與京字作🏠用木柱樑高的建築物稍有不同。（2）辭的「屵」字，下象房屋形，屋頂上有平頂；从止（趾），強調上有平臺人可站立遠觀。對比〈85〉版另有「呼作🏠」例，字亦用為建築物，用意與臺字相近。[29]〈502〉版（1）（2）辭卜問是次興建「亯」抑或是

---

[28] 亯，一般用為祭祀場所。如：

〈合集 32262〉癸卯貞：彫大姐于砳亯：伐？

〈合集 32289〉辛未卜：烄天于凡亯壬申？

甲文中另有从二亯的畗字，亦用為祭祀地名。如：

〈合集 15690〉貞：于畗彫匚？

〈合集 340〉　丙午卜，貞：吳奠，歲羌十、卯十宰于畗，用？八月。

[29] 字从屵，从倒心於｜。對比花東甲骨的阽字作🏠〈289〉，又从倒心橫阜作🏠〈14〉；｜象山崖形，字與山阜意相類。因此，从🏠部件與阽字應可相通。

「垚」式的建築，（3）（4）辭則卜問興建「垚」於南方抑或是在北方。兩組卜辭的「垚」字分別用作名詞和動詞。

此或指「阢地的臺」，字為「阢垚」的合文。

第四章 殷墟花園莊東地甲骨特殊的字、詞、句和文化現象

一、論花東甲骨的異體字——由異體分類檢討花東甲骨中的「晚期字形」

　　1991 年 10 月河南安陽殷墟博物館東南的花園莊東地（簡稱「花東」）出土一坑完整的甲骨坑（編號 H3），經整理有字甲骨 561 版，至 2003 年 12 月正式出版。據考古報告，這坑甲骨是屬於非王卜辭一類，主人是子，學界一般都稱之為「花東子」，與非王卜辭中其他稱子的加以區別。H3 坑花東甲骨的時限，考古學家據同坑出土陶器的地層疊壓和陶質紋飾特徵判定屬於殷墟文化一期晚段，相當於殷武丁在位的早中期。文字學家亦根據花東甲骨的內容，論定其中的活人「丁」是指殷王武丁，而丁與花東子的關係是父子血親的關係。花東甲骨的發現，其時代意義非凡，它應該是目前科學發掘最早而完整的一坑非王甲骨，若干字形圖畫意味濃厚，呈現中國文字剛開始發生時的原始構思，如首字作 🐛〈199〉、車字作 🚗〈416〉、炬字作 🔥〈113〉、羔字作 🐑〈240〉、砇字作 🧍〈4〉等。這些字形都足以證明花東甲骨刻寫時間的早出。可是，這批

甲骨中又出現不少字，卻是過去學界公認的晚期字形，如癸字作 𝖝〈240〉、午字作 𝖞〈261〉、庚字作 𝖟〈87〉、于字作 𝖠〈411〉、歲字作 𝖡〈251〉作 𝖢〈114〉等，都是過去認定為第五期帝乙、帝辛（殷代晚期）的典型字體。如何會在早期甲骨中出現晚期的字形？是花東甲骨的時代需要往後調整兩百多年？抑或是過去研究字形斷代的分析出現問題？這個矛盾的問題困擾著當代研究甲骨的學者，成為花東甲骨研治課題中一直無法釐清的結。有學界朋友嘗試把花東甲骨的時代延後，但馬上又要面臨花東甲骨內容：子與丁與婦好的三角關係如何妥善解釋、子大量祭祀武丁之母「妣庚」的辭例如何合理置放等問題；另有學界朋友直接認為所謂「晚期」字體其實早已出現，只是中間一度不通行，及至晚期才再為帝乙、帝辛時期的刻手所接受，但文字中斷的原因為何，迄今仍未有一致的或具理論的看法。

目前看來，考古學界所依循的地層知識、陶器型制和紋路排序的斷代標準，都是經過漫長實例累積的客觀經驗法則，花東甲骨介定為殷墟文化層一期晚段的時限，是不好輕率推翻的。更何況大量「丁」與「婦好」的紀錄，無疑是花東甲骨作為武丁時期刻辭的最好證據。因此，目前學界有待解決

的，應該是這些一直被公認「晚期」的字形其實早已見用於武丁早中期的一個事實，應如何合理的說明。以下，我嘗試由花東甲骨擁有大量異體字例分類的角度來解釋這個問題。

花東甲骨見於 H3 坑，是一坑刻意儲存的甲骨坑。同坑出土龜版所刻的文字，都與花東子有關，其時間上下幅度距離不會太大，基本上都是屬於殷武丁在位的早中期階段。而花東甲骨文是花東子貞人集團少數幾個刻手的字迹。由於花東甲骨文中有大量的異體字見於同版，甚至許多是同組對貞或成套卜辭中的不同字形，似乎應該是出於同一人之手。因此，花東甲骨文的異體應是一平面同期的自由書寫，與王卜辭中的武丁甲骨只是地域對立的關係，而並非是文字縱線演化的差別。

花東甲骨刻辭正處於中國文字剛剛進入比較成熟書寫的階段，對於字形的掌握，仍有許多不確定性和有待漫長約定俗成的測試。依照個人刻寫的習慣，加上缺乏文字書寫的外在嚴格約束，花東甲骨出現大量的一字異形，這反映文字早期靈活多變（相對也可以說是隨意而不穩定）的特色，也滿足了刻手在書寫時求美避重複的豐富想像空間。花東甲骨都是龜版，而龜版上的異體字，由於多用作於對貞卜辭的記錄，

文字有機會兩兩相向對稱書寫，呈現正書、反書的差別，如〈278〉的豕字作 ![字] 作 ![字]，〈384〉的卜字作 ![字] 作 ![字]，〈297〉的往字作 ![字] 作 ![字]，〈367〉的新字作 ![字] 作 ![字]，〈338〉的歲字作 ![字] 作 ![字] 等，這都可想見當日刻手已有意識的將一字正反書寫，並擁有對稱美觀的版面審美認知。以下，我們將進一步針對結構不同的異體字例，先進行分類，再整體分析花東甲骨文異體的特殊性。有關花東文字的異體字，形式變化多樣而繁雜，可以細分為 14 類：

1. 圖畫與線條

鹿作 ![字]〈14〉，作 ![字]〈35〉，燎作 ![字]〈286〉、作 ![字]〈286〉，逐作 ![字]〈108〉、作 ![字]〈108〉。

2. 單筆與雙鉤

地支子作 ![字] 作〈2〉、作 ![字]〈2〉（照本見三豎筆呈雙鉤狀），吳作 ![字]〈436〉、作 ![字]〈450〉。

3. 直筆與弧筆

牛作 ![字]〈345〉、作 ![字]〈401〉，弗作 ![字]〈14〉、作 ![字]〈290〉。

4. 圓筆與尖筆

宍作 〈218〉、作 〈218〉，出作 〈426〉、作 〈221〉。

5. 筆順改變

匕作 〈115〉、作 〈115〉，子作 〈475〉、作 475〉，勿作 〈239〉、作 〈239〉，舞作 〈181〉、作 〈391〉，大作 〈478〉、作 〈184〉（大字作二入形書寫）。

6. 全形與局部

麗作 〈37〉、作 〈354〉，雨作 〈180〉、作 〈256〉，飲作 〈92〉、作 〈355〉

7. 倒書與正寫

心一般倒作 〈409〉、偶作 〈416〉，至作 〈144〉、作 〈5〉，祖一般作 〈17〉、有作 〈34〉，禍一般作 〈113〉、有倒作 〈430〉。

8. 增省虛筆

庚作 〈384〉、作 〈34〉，用作 〈198〉、〈198〉、〈24〉、

〈24〉、〈81〉、〈6〉，自作〈4〉、〈257〉、〈525〉，告作〈28〉、作〈85〉，西作〈4〉、作〈4〉，羊作〈409〉、作〈409〉，邕作〈7〉、作〈34〉、作〈149〉、宎作〈492〉、作〈478〉（照本），糸作〈464〉、作〈78〉、作〈464〉，于作〈3〉、作〈400〉。

9. 增省意符部件

翌作〈108〉、〈276〉、〈124〉，貯作〈7〉、作〈7〉，晨作〈175〉、作〈290〉，新作〈7〉、作〈181〉，福作〈226〉、作〈181〉、作〈248〉，黍作〈379〉、作〈379〉，諫作〈178〉、作〈178〉，商作〈309〉、作〈130〉、作〈36〉（描本漏口），邵作〈239〉、作〈247〉、作〈275〉，艱作〈240〉、作〈286〉、作〈75〉，燎作〈286〉、作〈257〉，擒作〈35〉、作〈9〉，復作〈21〉、作〈416〉，暮作〈265〉、作〈451〉，昔作〈35〉、作〈295〉。

10. 增省聲符部件

歲作〈4〉、作〈114〉，增從步聲；璧作〈180〉、

作 〈490〉，增從辛聲。

11.意符轉增聲符

駛作 〈367〉、作 〈386〉從束聲，要作 〈3〉、作 〈286〉從司聲，身腹字由一般王卜辭的 改作 〈240〉從复聲。

12.部件移位

（a）左右移位：死作 〈60〉、 〈60〉，狐作 〈108〉、 〈108〉，獲作 〈113〉、 〈113〉

（b）上下移位：啟作 〈384〉、 〈384〉

（c）內外移位：貯作 〈7〉、 〈60〉

（d）左右與上下移位：鴛作 〈349〉、 〈349〉，涉作 〈28〉、 〈429〉。

13.部件改變結構

璧作 〈180〉、 〈180〉，商作 〈130〉、 〈36〉，莫作 〈179〉、 〈247〉，疾作 〈3〉、 〈69〉，羌作

[字形]〈137〉，[字形]〈178〉、[字形]〈215〉，薀作[字形]〈95〉、[字形]〈320〉從中，鬼作[字形]〈279〉、[字形]〈113〉從女。

14.變形

婦作[字形]〈37〉、[字形]〈5〉，乍作[字形]〈16〉、[字形]〈286〉，辛作[字形]〈132〉、[字形]〈132〉，子作[字形]〈17〉、[字形]〈17〉。

由於上多達 14 類異體字例，特別是大量見於同版異形的例子，足見花東甲骨異體的結構普遍多變和不穩定。這階段的漢字書寫，一方面呈現花東甲骨非王字形本身的獨特堅持，另一方面又看見刻手勇於嘗試的開創精神。花東甲骨中除擁有若干新出字和原始風格的文字外，還出現許多特殊結構的字形，與一般王卜辭寫法完全不同。如：祭字作[字形]〈267〉、作[字形]〈226〉（與王卜辭的[字形]不同），戍字作[字形]〈240〉（與[字形]不同），好字作[字形]〈63〉（與[字形]不同），各字作[字形]〈276〉（與[字形]不同），俎字作[字形]〈86〉（與[字形]不同），啟字作[字形]〈113〉（與[字形]不同），心字作[字形]〈409〉（與[字形]不同），帚字作[字形]〈5〉、作[字形]〈215〉（與[字形]不同），從卩的令〈409〉、奴〈290〉、卽〈32〉等字從手形都呈拋物線式的下垂寫法（與[字形]不同）。無論是位置經營，抑或是部件組合，

都顯現花東甲骨獨樹一幟的創意多變精神。而花東甲骨刻手的多元書寫，在在挑戰我們過去僵硬的文字斷代觀念。早自董作賓先生撰寫《甲骨文字斷代研究例》，提出十個甲骨斷代標準，文字斷代分期便成為研治甲骨以至所有古文字的方便法門。然而，研契者強調文字斷代，常會不自覺的一刀切地看待字形與字形的關係，從而拓大分期字形對立的差異，往往也忽略了文字演變之間本該擁有大幅的模糊過渡地帶。因此，董先生的五期斷代，優點是清楚明確的區隔甲骨的時代，但缺點也是在於過度的清楚明確與文字的演進真相並不絕對配合。當然，根據殷商帝王在位的時間來作斷代分期，自然也與甲骨刻手真實的書寫時間上下限並不完全相同，更何況刻手掌握的所有字形與目前僅見的甲骨文字亦不會完全一致的。因此，文字斷代的成果需要依據不斷新出土的材料而有所調整。古人寫字會產生構形的差別而出現不同的異體，主要是與字形結構本身的組合有關。有些字形結構單純，凝聚力強，表意的組合一開始即完滿或獨特，自始至終都不容易或不需要產生異體的書寫，但有些字的結構鬆散，與字用表達的內涵又有落差，加上刻手個人的美感創意書寫和文字形近意近筆畫的自然混用或區隔要求，遂產生出許多異體的字形。花東甲骨文異體的多樣性，遠遠超過我們過去所認識的

王卜辭。這批非王而屬於較早期的甲骨刻辭，也提供我們修訂甲骨文字斷代知識的機會。如：

（一）日字作 ◌〈5〉、◌〈5〉、◌〈267〉，今字作 ◌〈87〉、◌〈324〉。早期文字書寫的短橫屬靠邊抑或處於中間，與斷代分期無關。

（二）日字作 ◌〈3〉、◌〈400〉，其字作 ◌〈3〉、◌〈3〉、◌〈60〉、◌〈7〉、◌〈289〉，不字作 ◌〈255〉、◌〈379〉、◌〈3〉，告字作 ◌〈28〉、◌〈85〉、各字作 ◌〈34〉、◌〈34〉、先字作 ◌〈154〉、◌〈154〉，月字作 ◌〈337〉、◌〈159〉，夕字作 ◌〈6〉、◌〈146〉。早期文字增省橫筆、豎筆書寫，與斷代分期不見得相關。

（三）狩字作 ◌〈480〉、◌〈11〉，爵字作 ◌〈93〉、◌〈449〉，麗字作 ◌〈2〉、◌〈354〉。早期文字的繁簡，與斷代分期無涉。

（四）陴字作 ◌〈26〉、◌〈198〉、射作 ◌〈37〉、◌〈264〉、◌〈37〉、黍作 ◌〈379〉、◌〈379〉，賓作 ◌〈236〉、◌〈173〉，艱作 ◌〈240〉、◌〈75〉，暮作 ◌〈265〉、◌〈451〉。早期文字部件的增添或省略，與斷代

分期亦無必然關係。

（五）過去公認「晚出」的字例，亦混雜於花東甲骨的異
　　　體字中，無疑同屬花東的異體字。如：五字作 三〈54〉
　　　〈178〉、另作 Ⅺ〈86〉，于字作 于〈400〉〈411〉、另
　　　作 ⾤〈400〉、⾤〈411〉，庚字作 ⾬〈146〉、另作 ⾬〈146〉
　　　〈163〉〈493〉、⾬〈163〉〈493〉、⾬〈163〉、⾬〈493〉、
　　　⾬〈125〉，王字作 ⽴〈480〉、另作 王〈420〉，歲字作
　　　⽕〈4〉、另作 ⽕〈7〉、⽕〈223〉、⽕〈114〉。

其中(五)的「另作」字例，即所謂「晚出」的字形，在花東
甲骨中都屬於偶見的測試性創新用字。這種創新用字，在武
丁中期以前某特定地域曾短暫使用流通，形成花東甲骨中的
一種奇特異體字例。隨著文字由繁雜而趨於統一簡潔書寫的
穩定要求，這些測試性創新用字很快遭到自然淘汰或人為刪
除的命運，而在第二期(祖庚、祖甲)、第三期(廩辛、康丁)
的官方集團用字中自然不會受到這些創新字例的影響，直到
第四、五期(武乙迄帝辛)才個別遭重新提出，為大眾接受。

　　透過以上花東甲骨異體字的整理，直覺發現這一坑非王
甲骨異體字出現的頻率，遠遠多於過去所見的其他甲骨出土。

這呈現的是早期甲骨普遍書寫的特徵？抑或只是花東子貞人集團的獨特刻寫風格？又或者是二者兼而有之？目前仍有待進一步觀察。無論如何，花東甲骨文中出現大量的異體，代表著殷武丁早期階段甲骨文字在區域性活潑創新的獨特風格。相對於同時的平常用字，異體字有許多增省虛筆、增省部件和部件位置更易的罕見寫法。對比於同時期的王卜辭，花東的異體字形顯得奇特異常。所謂「奇特異常」，一是針對形構言，一是相對於近人斷代研究的成果看。前者是指字形的結構奇特，如：帚作 𝕝〈5〉、子作 𝕏〈17〉、雝作 𝕏〈34〉、牛作 𝕏〈345〉；字形的組合奇特，如：改作 𝕏〈401〉、獲作 𝕏〈113〉、祭作 𝕏 255〉、涉作 𝕏 28〉；字形的筆序奇特，如：大作 𝕏 184〉、匕作 𝕏 53〉、女作 𝕏 205〉；字形的位置奇特，如：心作 𝕏 409〉、弘作 𝕏〈206〉、异作 𝕏〈257〉。這些字形刻意調整，有異於常態的寫法，如不是特有所指，就是刻手求新求異的測試新字，但可惜大部分都經不起時代的考驗而遭受到淘汰。至於後者指出現時期的奇特，過去被認為是晚商帝乙、帝辛時期的字形，如：于作 𝕏〈400〉（字其實已見於其他的非王卜辭，〈合集 21661〉已有此字形。）、王作 𝕏〈420〉、賓作 𝕏〈173〉、告作 𝕏〈85〉、未作 𝕏〈395〉、𝕏〈395〉、午作 𝕏〈261〉、庚作 𝕏〈87〉、癸作 𝕏〈240〉、羌作 𝕏〈215〉、燎作 𝕏〈257〉、歲作 𝕏〈114〉。

這些異體字例有偶爾一二見，亦有已作為花東的常用字，如一些干支字形，但其實都屬於花東甲骨的創新字形。細審這些字例形構相對呈現繁雜，結構變化較大，與同時一般通俗的寫法不同，因此，在文字要求單純一致的風氣下逐漸退出正規的書寫舞台，與前一類眾多結構奇特的字例同樣遭受到時代的淘汰。統合以上二類奇特字例，發現花東甲骨大量出現的異體字，承受著一種文字演變的自然規律：「創新－測試－淘汰」，無法面對這種規律壓力的字例，率皆被棄用。當然，這些異體字在武丁中期以前已曾出現和短暫應用，只能視為同時同一平面中的一種地域性的多元開創字形，不應再被界定為殷王卜辭中所謂的「晚期字形」。今後對於字形斷代的標準，應就完整的特殊字詞用法重新檢討，不宜輕易的就文字單一部件或點畫的變化來判斷。而花東甲骨的異體字例，可以提供不同坑位的地域差異對比研究，或作為非王一類寫法與王卜辭同期字形互較。花東異體字有若干成功的保存沿用，有若干則經過創新、測試而失敗，一直至後來才因不同需求再重新提出測試並獲得流通，而被誤解為後代新創的「晚出字形」。至於花東甲骨文是否適合直接與王卜辭的中晚期字形作縱線的對比系聯，恐怕又是另一值得通盤思考的課題。

二、花東甲骨刻辭的特殊用例

　　殷墟花園莊東地甲骨是一坑早出的甲骨儲存坑，相對於殷墟 YH127 坑、小屯南地甲骨，花東甲骨無論在占卜形式、書寫行款、字形、語法、句式等，都呈現豐富的變異組合。這代表著文字剛開始發生時尚未完全約制的測試階段。以下，由不同角度來觀察花東甲骨文字的特例變化。

1.倒文例。

　　花東甲骨對於若干祭祀對象的名稱，在書寫時會將前後順序顛倒，如〈37〉(1)的「祖甲」，寫作「甲祖」；〈76〉(2)的「子癸」，寫作「癸子」；〈157〉(3)的「祖甲」寫作「甲祖」，但在(4)中卻仍見「祖甲」一常態寫法。可見這種將死人天干稱謂移前的書寫方式，是刻手隨意自由的產物。

2.逆書例。

　　花東甲骨有將個別文字字形或部件上下倒著書寫，借此增加文字形體的變化和主觀的美感。如〈34〉(6)的「祖乙」見常態的合文寫法，但在(5)中卻分書，而且「祖」字倒書作 ；〈144〉(2)的「至」字倒書作 ；〈208〉版的「至」字兼有

正寫和倒書的字例;〈145〉版的「子貞」二字倒書;〈430〉(2)的「亡囚」一詞,其中的「亡」字倒書,「囚」字的從口部件倒書,從卜部件仍屬正書。

3.分書例。

花東甲骨偶見將字的部件刻意分開書寫,有因為避免字形壓兆的關係,如〈29〉(2)的「祝」字,〈37〉(2)的「牡」字,都是由於卜兆恰處於字的中間而被逼將兩邊部件拉開。但〈169〉(2)的「牡」字是先書一「士」旁,再在左下方分書寫上「牛」字,卻與卜兆無涉;刻手可能考慮到該辭書寫環繞包著二卜兆的所謂「美感」需求,遂刻意的將文字拉開書寫使然。

4.誤書例。

花東甲骨若干部件或筆畫,有書寫錯誤的例子。如〈181〉(16)的「牡」,從羊豎筆穿頭,應為刻手誤寫;〈292〉(1)的「大」字,照本見寫作「文」,也是刀刻之誤。〈65〉(2)原誤書作「乙」,刻手其後在原字上改書為「丙」,「乙」「丙」二字形的第一刀見重疊。〈449〉(3)(4)二辭選貞,其中的(4)前辭干支後誤書「卜」字,其後再在「卜」字之上補刻一「貞」字。這些特

例，無疑是刻手個人的疏忽所做成的。

5. 補刻例。

花東甲骨有漏刻的字例，刻手會用橫書、小寫或輕筆等不同方式，補書於常態行款上方的邊沿位置。如〈122〉(2)的「子宎貞」的「宎」原屬漏寫，獨立書在「子」旁，而不在正常行款之中，明顯是後來才添加上去的；〈379〉(2)的「宎」字，壓縮的寫在「子」字右下，亦是補刻的字例；〈123〉(1)(2)二辭對貞，其中的(2)前辭原漏寫一「戉」字，見刻手將字故意縮小斜書於句子之上；〈236〉(19)將「弜」字縮小輕筆的刻在「家」「屰」二字之間；〈255〉(5)在句上補刻「呼」字；〈324〉(3)在句上補刻「叀」字；〈474〉(4)在句上補刻「告」字；〈490〉(11) 在句上補刻「老」字；〈516〉在「丁」字上補寫一「卜」字。以上諸例，都可概見花東甲骨補寫漏字的習慣。

6. 漏刻例。

花東甲骨若干文字或部件，因刻手的粗心而漏刻，事後亦並沒有更正或補回。這種漏刻會形成後人理解上的困難或誤解。如〈265〉(6)的兆序，拓本見：(一)(二)(三)(四)(四)。末一數字確為只有四橫畫的「四」字，然此字應為「五」字

之譌，字少刻了一橫。對比〈花 178〉五字作五橫的 ☰，而同版又另見「五」字作「✕」。可知〈花 178〉版的「五」字二形重出，是數目字「五」由五橫筆過渡到兩斜筆交錯書寫的過渡橋樑，意義重大。〈365〉(10)的 𧈧 字，右邊从它虫旁的蛇頭兩刀漏刻；〈304〉(3)的「乙卜：弜又于庚？一。」，其中的「庚」字前漏書一「妣」字；〈113〉(12)至(15)有「多尹」例，其中的(14)尹字作 ⼘，但明顯是尹字漏刻一豎筆，姚萱女士誤釋為「多左」，這都是由於偏執於字形，而忽略了應先由句子的句意宏觀來理解所產生的錯誤解讀。

7.衍文例。

　　花東甲骨有若干字詞因刻工粗心而重複書寫，屬於多出來的增文，應刪。如〈103〉(4)的「子子占曰」，刻手多寫了一個「子」字，〈400〉(2) 的「子占曰占曰」，刻手多寫了「占曰」二字。這種單純的承上衍文，卻也會引起讀者的誤解，如〈103〉(4)原釋文將第一個「子」字連上讀，改讀為「巳」，遂誤解了原有的意思。

8.習刻例。

　　花東甲骨亦見學徒習刻或依樣臨摹的字形，如〈236〉在

龜版左下方的「子」、「往」、「魚臽」、「弜屮」、「釘」諸字，都明顯見字形粗糙，筆順怪異，文例可議，應是習刻的一堆字形，並不屬於真正的卜辭。這些習刻例宜分開處理，不應混於正常的辭句中。

9.卜兆對應不規律。

花東甲骨常見對貞、成套混用，呈現占卜方式不穩定的狀態，而對應的卜兆刻寫位置亦並不固定。如〈239〉(1)(2)成套卜辭，(1)在龜版左下，(2)在龜版右上，(3)(4)成套卜辭，(3)在龜版右上，(4)在龜版右下。〈198〉(2)(3)選貞卜辭，(2)在龜版左下，(3)在龜版右下，(4)(5)選貞卜辭，(4)在龜版左下，(5)在龜版左上。對應成組的卜辭但並沒有固定對應的書寫位置。

10.文字行款不規律。

花東甲骨文字書寫，並不見得都是一字一格，刻手偶有將一些成詞壓縮成一方格的空間書寫。如〈261〉(2)「犾一」隨行款橫列橫書為二字，(1)的「犾一」二字卻是直書，僅佔一格的位置。其他如〈7〉的「丁未卜」，〈9〉的「牝一」，〈34〉的「一邕」，〈37〉的「己卯卜」，〈63〉的「白豕」，〈142〉的

「一白牛」,〈171〉的「三豕」,〈256〉的「三日」「五日」,〈321〉的「小宰」,〈430〉的「多子」,〈459〉的「白豭一」,〈459〉的「祖乙」等,均在橫書的行款中濃縮成直書一格的形式書寫。刻手無疑是對某些成詞或特殊短語視作一獨立的書寫單位來看待。

11.語序不固定。

　　花東甲骨行文語序多變,特別是數詞和形容詞的位置多不固定。如〈34〉(6)的「祝𦥑一」,在(3)中則作「祝一𦥑」,(7)的「大㞷」,對比的(8)則見作「㞷小」;〈318〉有「二𦥑」,同版又用作「𦥑三」;〈236〉的否定詞「弜」字在(15)見於句首主語之前,亦用於〈19〉主語之後;〈451〉見同版的雙賓語移位:(4)「庚辰:歲妣庚:牝一?」、(6)「壬午夕:歲犬一妣庚?」。

12.同版異詞。

　　花東甲骨對用語的掌握仍不穩定,同意詞偶有互用的例子。如〈247〉版詢問句中有兼用「若永」(2)和單用「若」(8)、「永」(5);〈247〉有卜問「弗艱」(10)、「亡災」(14)和「亡㞢」(13),三者語意亦相類。

13.一辭二卜。

　　花東甲骨多以對貞、成套的方式占卜事例，亦有用單辭貞問。一般一條卜辭只會詢問一事的吉凶，但花東甲骨卻有見一條卜辭連接的占問二事的特殊句例。如：

〈16〉(1)丙卜：子其往呂，改；乃禽，于乍乎宜，迺來？

　　　　(2)丙卜：子往呂？曰：又（有）帚（祟）。曰：往呂。

　　　　　　一

按：(1)辭分言二事，一是子將要去呂地，卜問有禍害嗎？二是卜問先進行「呼簋」的祭儀，然後才返回來一事宜否。(2)辭見命辭之後有二占辭，一是對應「改」否而判斷言「有祟」，一是對應「來」否而判斷言「往」。

〈56〉辛丑卜：卲丁于祖庚至〔妣〕一，酓羌一人、二牢；至妣一，祖辛卲丁，　酓羌一人、二牢？

按：命辭分別卜問祭二祖的宜否。辛日祭祀祖辛（小辛）為主祭，而先言的祭祖庚（盤庚）則為陪祭。

〈176〉(1)丁丑卜：子卲于妣甲，酓牛一又鬯一，〔亡〕災？

　　　　　　入商，酌？在麗。

　　（2）丁丑卜：子钔妣甲，豐牛一、鬯一？用。

按：（1）（2）辭對貞。花東子在麗地親自禦祭妣甲，先卜問己身亡羌否，然後再問入商地進行酒祭宜否。

〈259〉（2）辛巳卜：子蚩宁見？用；逐？用。獲一鹿。

按：命辭先問子獻於宁地宜否，再問追逐獲獸否。句末驗辭是據後一詢問句的結果補述：「獲一鹿」。

　　透過上述列舉的：倒文、逆書、分書、誤書、補刻、漏刻、衍文、習刻、卜兆對應不規律、文字書寫不規律、語序不固定、同版異辭、一辭二卜等許多特殊用例，散見於花東區區561版有字甲骨中。於此足見花東甲骨文字的書寫狀態並不算嚴謹，但刻手亟具勇於嘗試的開創精神，為後來的甲骨占卜形式和字詞應用留下許多備參的寶貴資料。

三、花東甲骨的對貞與成套

　　殷墟卜辭距今時代久遠，刻寫簡樸，加上大量屬斷辭殘片，在在影響我們對甲骨內容的正確理解。近代學界強調文

例研究，懂得利用歸納對比的方式，對甲骨字詞進行全面客觀的解讀，為甲骨學這門百年學科開啓了一個踏實的研究方向。殷墟王卜辭特別是在武丁時期，習慣用兩兩成組的對貞方式問卜。因此，這種對貞卜辭的句型用例，能保存一大批足資對比的甲骨文，幫助後人了解甲骨的真相[1]。而近人張秉權先生復發現殷人有用「成套」依序重複問神的占卜習慣，又開展了「成套卜辭」的同文對應研究[2]。我們可以利用對貞和成套的占卜內容作為互較材料，較深化的觀察花東甲骨的特色。

殷王卜辭中的對貞和成套卜辭是兩種不同的問卜方式，二者區隔清楚。反觀花東甲骨則是一批較早期的非王一類甲骨，占卜過程多有混用成套及對貞的句例。透過花東對貞和成套卜辭內容的互較，其功能：

(一)能較完整的掌握甲骨句組的詢問意思。如：

〈3〉(10) 辛卜，貞：往鳶，疾，不死？一

(11) 辛卜：子弗艱？一

---

[1] 有關對貞的句型，參朱歧祥《殷墟卜辭句法論稿─對貞卜辭句型變異研究》第一章第三節。學生書局，1990 年 3 月。

[2] 參張秉權〈論成套卜辭〉，《史語所集刊外編》第四種。

按：互較〈3〉版(10)(11)二辭的對貞句，可知(11)詢問句之前省略「往鳶，疾」二陳述分句，句意是指花東子前往鳶地，患有疾病，卜問他不會遭受到艱困嗎。對貞句的互較，常態的不省句能夠幫助客觀的了解省略句的句意。

〈3〉(5)歲妣庚：牡？一

　　(6)己卜：叀豕于妣庚？二

　　(7)己卜：叀牝于妣庚？三

按：由卜兆兆序見〈3〉版(5)(6)(7)三辭屬同一組成套卜辭，卜辭內容為選貞，言己日占卜，詢問歲祭妣庚，用的祭牲是公牛抑豕抑母牛。三辭互較，見(5)省略前辭「己卜」，(6)(7)辭命辭是變異的移位句，並省略祭祀動詞「歲」，完整的應是「歲妣庚：豕」「歲妣庚：牝」二常態句的讀法。

(二)由不省句印證省略句的內容。如：

〈14〉(1)乙酉卜：子又之阞南小丘，其豩，獲？一二三四五

　　(2)乙酉卜：弗其獲？一二三四五

按：(1)(2)辭為正反對貞，(2)辭命辭省略前二分句，據(1)的內容得以參證。

〈248〉(2)癸丑卜：子禱新圂于祖甲？用。

(3)癸丑卜：子禱？二

按：(2)(3)為成套卜辭，(3)辭命辭屬省略句，由(2)辭的完整句可以補充(3)辭卜問的省略內容。

〈236〉(27)王卜：盟于室？一

(28)王卜：子弗取骨？二

按：(27)(28)二辭是相關的成套卜辭，應是「王卜：盟于室，子弗取骨？一」「王卜：盟于室，子弗取骨？二」之省。

(三)由常態句明白移位句的正確意思。如：

〈157〉(3)甲戌卜：叔圂甲祖一？用。

(4)甲戌卜：叔圂祖甲二？用。

按：祭祀對象的「甲祖」為「祖甲」的移位，而(3)(4)二命辭又是「祖甲：叔圂一？」「祖甲：叔圂二？」一組常態選貞的移位。

〈178〉(4)癸卯夕：歲妣庚：黑牝一，在入，陟盟？一二三

四五

　　　(5)陟盟？用。一

按：對應同版(8)辭的「己酉夕：伐羌一？在入。」，(4)的「在入」為句末在某地貞卜的記事刻辭，而「陟盟」一句屬於命辭，應移前。(4)(5)二辭為正正對貞，(5)辭省略命辭的「歲妣庚：黑牡一」和應移置於句末的「在入」。

〈264〉(2)己未卜，貞：宁叀又（有）疾，亡征？

　　　(3)己未卜，在**刿**：其征，又（有）疾？

按：(2)(3)屬正反對貞。(2)是常態句，(3)的命辭應理解為前後句互易。卜辭占問宁族的叀有疾病，要否離開一事的吉凶。「有疾」是陳述句，(2)(3)的詢問句分別正反作「亡征」和「其征」，因此，(3)辭是屬於變異的移位句型。

　　一般的對貞，主是是正反對貞（用一正一反的語句來詢問神的取捨），其次是選擇對貞（提出兩種以上的可能透過卜兆來看神的取捨），偶然也有正正對貞和反反對貞。王卜辭刻寫的對貞組合，基本上都在同版相對應位置，而且書寫對稱都清晰而有系統。至於成套卜辭，是根據卜兆的序數依次排列，有置於同版，有分見於不同龜版，但刻寫過程也是單純整齊復依序相承的。花東甲骨普通應用對貞和成套的方式占卜問

神，但無論是對貞抑或是成套，在花東的用法都顯得繁雜糾結而多樣，形式上比王卜辭分歧。花東甲骨的占問形式混雜瑣細，除了單句貞問外，同一版上的對貞句會出現不同組別的正反對貞和選貞等。花東甲骨特殊的對貞句式，有：

(一)先進行大類的對貞，再接著細部的對貞。如：

〈241〉(7)丁未卜：子其疾，若？用。一二三四

　　　　(8)勿疾？用。一二三四

　　　　(9)隹（唯）之疾子腹？一二

　　　　(10)非隹（唯）？一二

按：(7)(8)正反對貞詢問花東子有疾病否，(9)(10)正反對貞則進一步詢問疾病的部位。

(二)有在同一組對貞中會同時混用正反對貞和選貞的組合。如：

〈264〉(4)己未卜，在 𣥠：子其乎（呼）射告眔我南正（征），隹戾若？一二

　　　　(5)弜乎（呼）眔南，于〔之〕若？一二

按：相對於(4)命辭中的前句（陳述句），(5)的「弜乎冞南」，應是「子弜其乎射告冞我南正」之省，其中的「射告」「我南」是子呼令的對象，(5)命辭的前句是省略的否定句，只剩下連詞「冞」和「南」字，兼語後的動詞「正」（征）亦遭省掉。相對於(4)辭命辭中的後句（詢問句）「唯昃若」，(5)辭的「于之（此）若」是選貞關係，詢問是傍晚的時間順利，抑或是當下這段時間順利。兩兩相對，可見(4)(5)辭的前句是正反的關係，後句則是選擇的關係。

(三)有正正對貞和選貞見於同組占卜，如：

〈181〉(20)辛卜：其钔子而于妣庚？一

　　　(21)叀奴钔子而妣庚？一

　　　(22)辛卜：其钔子而于妣己冞妣丁？一

按：(20)(21)為正正對貞；而(20)與(22)則屬選擇對貞，卜問是次禦祭求佑於妣庚，抑或是妣己和妣丁。

(四)花東的對貞卜辭有分見在兩版占卜刻寫。如：

〈178〉(8)己酉夕：伐羌一？在入。庚戌俎一牢？彈。一

〈376〉(3)己酉夕：伐羌一？在入。庚戌俎一牢？彈。一

按：〈178〉(8)見於龜版的右上甲旁，〈376〉(3)則見於龜版的左上甲邊上。二者兩兩異版相對同文，屬正正對貞。至於「庚戌俎一牢彈」一段屬性仍不清楚，如理解為驗辭，但內容與己酉夕占卜無對應關係；如屬卜辭中另一組卜問的句子，則是一辭二卜，但終究亦是特例。「彈」用為貞人名移於句末。

〈53〉(18)己卜：叀丁乍，子興尋丁？一

(19)己卜：叀子興往妣庚？一

〈409〉(20)己卜：叀〔丁〕乍，子興尋丁？一

(24)己卜：叀丁興往妣庚？二

按：上引二版是就同時同事占卜。〈53〉(18)與〈409〉(20)為正正對貞的對應關係，而〈53〉(19)與〈409〉(24)由兆序知為成套卜辭的前後關係。

〈218〉(1)丙辰卜：子冥叀今日酌黍于帝，若？用。一

〈379〉(1)丙辰卜：子其酌黍于帝，叀配乎？用。一

按：〈218〉(1)見於龜版右下靠甲橋邊，〈379〉(1)見於龜版左下靠甲橋邊。二辭字皆填朱色。由文意看是同日同事的占

卜，分見於二版甲骨。

以上諸例都是異版對貞的關係，在花東甲骨中屬於特例，更罕見於王卜辭之中。

花東甲骨的成套卜辭，在形式上也顯得混雜。

(一)成套占卜有見於單一卜辭[3]，兆序見連續卜問兩次以至六次的附於單一卜辭書寫，如：

〈291〉(2)甲申：歲祖甲：小宰、叔邕一，子祝？在麗。一二

〈280〉(2)癸巳：歲妣庚：一牢，子祝？一二三

〈37〉(22)壬子卜：子以歸好入于狀，子乎多卲正見于婦好，

　　　　　　取緺十，往麗？一二三四五

〈451〉(2)庚午：歲妣庚：黑牡又羊，子祝？一二三四五六

(二)兆序有分別刻寫於兩條卜辭的成套關係，如：

〈286〉(25)己卜：暮飲，卯三牛妣庚？一

---

[3] 本文的「成套」定義，明顯與張秉權先生所言不同。張先生狹義的只將一事對貞分見於不同兆序，不同版面的，才稱之為成套卜辭。而王卜辭一般是以這種狹義的形式呈現成套的占卜。本文這裡引用一事一辭記在若干順序卜兆之旁，或將若干順序卜兆分書於兩三條同文卜辭之旁的視為廣義的成套，反而是在花東甲骨多見的用法。

(26)己卜：暮飲，卯三牛妣庚？二

〈252〉(1)乙亥：歲祖乙：黑牡一又夗又皀，子祝？一

(2)己亥：歲祖乙：黑牡一又夗〔又〕〔皀〕，子祝？二

三

〈493〉(7)甲午：歲祖甲：狀一，隹叔？一

(8)甲午：歲祖甲：狀一，隹叔？二三四

〈13〉(6)乙巳：歲祖乙：夗〔一〕，子祝？在彫。一二

(7)乙巳：歲祖乙：夗一，子祝？在彫。三

〈67〉(1)乙亥夕：歲祖乙：黑牝一，子祝？一二

(2)乙亥夕：歲祖乙：黑牝一，子祝？三四

〈291〉(3)乙酉：歲祖乙：小宰、狀、叔邑一？一二

(4)乙酉：歲祖乙：小宰、狀、叔邑一，子祝？在麗。三

四〔五〕

〈237〉(9)乙亥：歲祖乙：牢、幽廌、白狀、叔二邑？一二三

(10)乙亥：歲祖乙：牢、幽廌、白狀、叔邑二？四

〈450〉(4)丁卯卜：子其入學，若永？用。一二三

(5)丁卯卜：子其入學，若永？用。四五六

〈270〉(1)己巳：俎羌一于南？一二三四

　　　　(2)己巳：俎羌一于南？五

(三)兆序有分別書寫於三辭的成套關係。如：

〈226〉(2)丁酉：歲妣丁：羌一？一

　　　　(3)丁酉：歲妣丁：羌一？二

　　　　(4)丁酉：歲妣丁：羌一？三

〈496〉(1)丙卜：其將妣庚示，歲裱？一

　　　　(2)丙卜：其將妣庚示？二

　　　　(3)丙卜：其將妣庚示？三

(四)成套占卜亦有分見於兩版甲骨。如：

〈32〉(1)庚卜，在龗：歲妣庚：三牝又鬯二，至卲，酉百牛又

　　　　五？一

〈27〉庚卜，在龗：歲妣庚：三牝又鬯二，至卲，酉百牛又五？

　　　　〔二〕三四

按：〈32〉(1)與〈27〉版的卜兆兆序分屬(一)和(二)(三)(四)。

〈27〉版兆序(二)見於右下甲，原描本漏書。

〈35〉(1)壬申卜：子往于田，從昔斷？用。𢀝（擒）四鹿。
　　　　　　　一

〈395〉(5)＋〈548〉壬申卜：子昔往于田，從昔斷？用。二

按：〈35〉(1)和〈395〉(5)＋〈548〉二版的兆序分見(一)和(二)。

〈6〉(2)乙丑卜：又（有）吉𦎫，子具屮，其以入，若，永，又長稙？用。一二三四

〈333〉乙丑卜：又（有）吉𦎫，子具屮，其〔以〕入，若，永，又長稙？用。五六七八

按：〈6〉(2)和〈333〉的兆序分見(一)(二)(三)(四)和(五)(六)(七)(八)。

　　花東的成套一般最多只分刻於兩版甲骨，與王卜辭的成套習見於多版甲骨中有明顯的差別。

　　花東甲骨的成套占卜，復有多見與對貞混雜出現。如：

〈3〉(2)〔丙〕卜：丁不征，樓？一

　　　(3)丁征，樓？一

　　　(4)丁不征，樓？二

按：本版(2)(3)是正反對貞，而(2)(4)則屬成套(一)(二)相承的關係。

〈146〉(4)庚戌卜：其勹稱宁？一

　　　(5)庚戌卜：弜勹稱？一

　　　(6)庚戌卜：其勹稱宁？二

按：本版(4)(5)是正反對貞，而(4)(6)屬成套(一)(二)兆序相承接。

〈236〉(16)己卜：家其又（有）魚，其屰丁，永？一

　　　(17)己卜：家其又（有）魚，其屰丁，永？二

　　　(18)己卜：家其又（有）魚，其屰丁，永？三

　　　(19)己卜：家弜屰丁？一

按：本版(16)與(19)是正反對貞，而(16)至(18)則為成套的關係。

〈181〉(32) 歲子癸：小宰？一

（33） 歲子癸：小宰？二

（34） 叀豕于子癸？一

按：本版（32）（34）為選擇對貞，而（32）（33）為成套卜辭。

〈53〉（12）己卜：叀豕于妣庚？一

（13）己卜：叀虒妣庚？一

（14）己卜：叀牝于妣庚？一

（15）己卜：叀牝于妣庚？二

（16）己卜：叀宰于妣庚？〔一〕

按：本版（14）（15）屬成套關係，而（12）（13）（14）（16）則為選貞。

〈198〉（10）癸巳卜：叀璧攺丁？一

（11）子攺丁璧〔一〕？用。二

（12）癸巳：叀戉攺丁？不用。一

按：本版（10）（11）屬成套關係，（10）與（12）則屬選貞。

　　以上諸例見花東甲骨的成套占卜，多有與正反對貞或選擇對貞混列一起。這和王卜辭機械的一組組依序對應並排置於不同版面占問的方式並不相同。

　　花東甲骨復有見先作單句占問，再接著以對貞或成套方式
詢問第二個動作宜否的形式占卜。如：

〈241〉(1)壬寅卜：子又（有）𡥉（擒）？子占曰：其又（有）

　　　　𡥉（擒）。一

　　　(2)其又（有）？〔一〕

　　　(3)亡？一

　　　(4)其又（有）？二

　　　(5)亡？二

按：本版(1)獨立作單句卜問，接著(2)(3)、(4)(5)先後分別
作正反對貞，強調詢問擒獲的有無。

〈181〉(8)己卜：叀多臣𠂤（禦）往于妣庚？一

　　　(9)己卜：叀白豕于妣庚又彗？一

　　　(10)叀牝于妣庚？一

按：本版(8)為單句卜問多臣祭祀妣庚，接著的(9)(10)進一步
用選貞方式詢問祭妣庚的用品是白豕和彗抑或是牝。

〈475〉(5)庚戌卜：子叀彈呼見丁眔大，亦燕（宴），用戾？

　　　(6)庚戌卜：丁各，用夕？一

(7)庚戌卜：丁各，用夕？二三

按：本版(5)辭卜問子呼令彈獻於丁的流程，(6)(7)為成套卜辭，進一步詢問接著丁降臨於夕時宜否。

透過觀察以上這些特殊句例，見花東的對貞句和成套卜辭的形式遠較王卜辭混亂不穩定。花東甲骨中充滿許多測試性的新出字詞，呈現早出甲骨文形體和語言的靈活多變；相對的互較花東的占卜句型，亦同樣領悟花東卜辭具備獨立開創的測試風格，其應用時間是屬於草創階段，比一般王卜辭句型的成熟固定體系要早。

四、花東甲骨中的特殊文化現象

殷商卜辭區分作王卜辭和非王卜辭二類，花東甲骨又是非王卜辭中屬於花東子的一批獨特甲骨，其中呈現許多具備花東子部族特色的生活習慣。以下，選取：(一)祭祀、(二)

占卜、(三)政權三方面，簡要的說明花東與王卜辭的差異。

(一) 祭 祀

花東甲骨大部分都是屬於祭祀類卜辭。殷人祭祖一般都是一日祭一祖，而花東復有連續祭祀的習慣，即在甲日祭祀某甲，接著乙日祭祀某乙，例如：

〈4〉（1）甲寅：歲祖甲：白狂一、叔邑一、皀自西祭？一

（2）甲寅：歲祖甲：白狂一？一二

（3）乙卯：歲祖乙：白狂一、皀自西祭；祖甲征？一

（4）乙卯：歲祖乙：白狂一、皀自西祭；祖甲征？二

按：（1）（2）二辭並非對貞，是屬於兩組的卜辭，分別卜問甲日歲祭祖甲的用牲。（3）（4）則是同一組成套的卜辭，共同卜問乙日歲祭祖乙的用牲，句末另一分句「祖甲征」，是指乙日祭祖乙（小乙）的同時，依然延續祭祖甲（陽甲）。此屬花東祭祖的一種特殊習慣，甲日祭祖的祭品，於次日仍置於祭壇上持續供祭神祇。

亦偶有在同一條卜辭問卜祭祀兩個祖先，例如：

〈56〉辛丑卜：禦丁于祖庚，至〔狁〕一、曹羌一人、二牢；

至牡一，祖辛禦丁，曹羌一人、二牢？

按：王國維《殷周制度論》：「商人祀其先王，兄弟同禮。」本版見辛日卜祭祀先祖庚（盤庚）和祖辛（小辛），以求佑時王武丁。其中主祭對象是祖辛，陪祭的是祖庚。主祭在後，陪祭再前。這種禦祭的形式，和王卜辭中後期習見的「賓某祖爽某妣」的用法性質相當。如：

〈合集 23314〉王寅卜，行貞：王賓大庚爽妣壬，劦亡尤？
〈合集 36251〉甲申卜，貞：王賓祖辛爽妣甲，翌日亡尤？

有同辭祭祀三個祖先，例如：

〈115〉（3）甲寅：歲祖甲：牝，歲祖乙：宰、白豕，歲妣
　　　　　庚：宰，祖甲汛叞卯？二

按：花東習慣占卜日與祭祀對象的天干名相配，因此，甲日主祭的是祖甲（陽甲），而祖乙（小乙）和妣庚夫婦為陪祭。卜辭進行歲祭，分別祭祀祖甲、祖乙和妣庚，由祭牲見祖甲用母牛，而祖乙和妣庚只用圈養的羊，可見是次祭祀對於祖甲的重視。末句「祖甲汛叞卯」是強調祭拜祖甲殺牲的細部方式：汛，即釁，用牲放血，以血塗几的殺生方式；叞，或

為持斧斬殺的另一殺牲方式，或為「又」字的繁體，用作連詞，有「和」的意思；卯，即刉，指對剖的殺牲方式。此言歲祭祖甲，分別用燮、𢍃、刉的方式屠殺母牛以獻祭。

同時祭祀諸祖先，中間會有主從之別。同日祭祀相同天干的祖先，則以祖先出現的先後順序為次。例如：

〈487〉（4）甲戌：酚上甲，旬歲祖甲：牝一，歲祖乙：　牝一，

　　　　　歲妣庚：豖一？一二三四五六

按：甲日先進行酒祭祭祀始祖上甲（甲日殷祖先之首），接著在甲戌的一旬進行歲祭，先祭祖父輩排甲日的祖甲（陽甲），再祭祀近血親的祖父母：祖乙和妣庚。祖甲、祖乙同屬男性，祭牲相同，妣庚屬女性，則改以野豖為祭牲。

殷人不單有遠祖、近祖的觀念，而且已有始祖崇拜的習慣。花東亦多見在傍晚間占卜，詢問次日祭祀相同干日名的祖先，並祈求祖先的保佑。例如：

〈6〉（1）甲辰夕：歲祖乙：黑牡一，叀子祝，若，祖乙永，

　　　　　翊召？用。一

按：甲辰日在「夕」的一段時間問卜，卜問的是次日歲祭祖

乙。「歲祖乙」一分句在前後語意得知，是於句首省略時間詞「翊」。

至於殺牲祭祖的時間有在次日「日出」的一段時段。例如：

〈426〉（1）癸巳卜，翊甲歲祖甲：牡一、叔圈一，于日出？
　　　　　　用。一

　　　　（2）甲午：歲祖甲：牡一、叔圈一？一

　　　　（3）甲午卜：歲祖乙：牡一，于日出改？用。一二

　　　　（4）甲午卜：歲祖乙：牡一，于日出改？用。三

　　　　（5）乙未：歲祖乙：牡一、叔圈一？一二

按：（3）（4）為成套的兩條卜辭。相對於（1）辭的癸巳卜問次日甲午歲祭祖甲，於「日出」之時段進行，（3）（4）辭也是卜問翌日（乙未）歲祭祖乙。因此，（3）（4）是省略句首時間詞「翊乙」，而（1）是省略末句「于日出」的祭祀動詞「改」。改，屬殺牲的方法，指用擊殺的方式殺牲。而（2）辭的甲午歲祖甲、（5）辭的乙未歲祖乙，則應是祭祀當天的占卜。

　　花東甲骨迎神的流程，是先殺牲口，並在固定的地點賓迎鬼神的降臨，例如：

〈236〉（1）丁卜：攸 二牛，禦伐，作賓妣庚？一

〈276〉（1）乙卜，其又（有）伐，于呂作，妣庚足（各）？
　　　　　　　　一

　　　（2）乙卜：其又（有）伐，于呂作，妣庚足（各）？
　　　　　　　　二

　　　（3）乙卜：其又（有）十鬯妣庚？一

　　　（4）乙夕卜：歲十牛妣庚，祝鬯五？用。在呂。一

　　　（5）乙夕卜：叀今攸 妣庚？一

　　　（6）乙夕卜：于翊 攸妣庚？三

按：〈276〉（1）（2）（3）是乙日白天迎神的活動。（1）（2）
屬成套卜辭，命辭的第一、二句是陳述句，「其有伐」是挑選
砍首的人牲，其中「有」是詞頭，修飾「伐」，「于呂作」是
到呂地進行殺牲迎神的活動，明白的點出殷商迎神會選用某
特定的地點。第三句「妣庚各」是詢問句，指祖先妣庚降臨，
語意與〈236〉末句的「舉行賓迎妣庚的儀式」相當。（1）（2）
辭用成套的方式肯定鬼神迎接到人間一事，（3）辭言用十杯
香酒提供迎神時神靈飲用的儀式，「十鬯」是置於呂地的酒器，
作為靜態的迎神貢品。接著的（4）（5）（6）三辭是在乙日傍
晚進行，正式舉行歲祭祭拜妣庚，過程是用殺十牛和灑奠香

酒五杯，並卜問用畓殺的方式殺十牛是在今日當下，抑或是明天。本版見花東子在同一天由迎神的禮儀，到正式祭神問卜的過程。

花東一般在占卜的當天晚上才舉行正式的祭儀祭拜鬼神。花東甲骨中，祭拜時所用的祭品是先動物而後容器。所見的祭品內容，一般是先羅列祭牲而後接盛酒水的鬯和盛食的簋。偶有例外，如：

〈63〉癸丑卜：歲食、牡于祖甲？用。

相對於〈4〉版歲祭祖乙所用的「白豼一、䄇鬯一、皀自西祭」，「食」可能是「皀」（簋）字的異體。

容器則包括有簋和鬯。如：

「白豕又簋」〈21〉

「小宰、豼又簋」〈25〉

「羊上、䄇鬯」〈26〉

「白彘一又簋」〈29〉

「牢、祝 邑 一」〈34〉

「牝、祝 邑 一」〈63〉

「十 宰 又 十 邑」〈95〉

動物一般又是先用牛或羊，再配以豕。如：

「二牢、白豕」〈278〉

「叀小宰、白犯」〈278〉

「叀二宰、白豕」〈278〉

豕在花東是一種常用的祭牲，花東子又特別看重用馬來作祭祀，例如：

〈196〉（2）戊申卜：日用馬，于之召？一二

〈191〉（2）戊卜：其日用騩，不又之（此）卜？一

這些都與王卜辭的用牲習慣明顯不同。花東甲骨又見「障俎」〈26〉（9）、「酓俎」〈113〉（26）連用，似是以酒肉合祭的意思。例如：

〈26〉（9）戊子卜：子障俎一于之（此），若？一

（10）戊子卜：子障俎二于之（此），若？一

〈113〉（26）傳五牛酌〔俎〕，彈以〔生〕于庚？四

按：〈26〉二辭為選貞，卜問要用酒肉一份抑或是二份來祭祀。
〈113〉（26）一辭原釋文漏「俎」字，據照相本隱約見殘筆，
備參；末句的「庚」為「妣庚」之省。

花東子亦偶會將酒、肉刻意的分開用祭。例如：

〈395〉（6）壬申卜：母戊祳？一

（7）壬申卜：福于母戊，告子齒疾？用。

按：同一天分別卜問用肉、用酒祭獻母戊，祈求花東子的齒
患無恙。

由祭拜用牲的不同，知殷人祭祀已有重男輕女的差別，
這是進入父系社會重視人力的一種常態行為。如同版祭祀祖
乙（小乙）用牛，祭祀祖乙的配偶妣庚則只用豬。例如：

〈49〉（1）丁丑：歲妣庚：𢀡一、卯豚？

（3）丁丑：歲祖乙：黑牝一、卯豚？

同時，殷人祭祖，亦有直系重於旁系的等差觀念。如同版祭祀直系祖先的祭品量會多於其他的旁系祖先。例如：

〈291〉（1）庚辰：歲妣庚：小牢，子祝？在麗。一

（2）甲申：歲祖甲：小牢、祝鬯一，子祝？在麗。一二

（3）乙酉：歲祖乙：　小牢、豕、祝鬯一？一二

（4）乙酉：歲祖乙：小牢、豕、祝鬯一，子祝？在麗。

三 四 五

按：本版庚日歲祭妣庚、甲日歲祭祖甲、乙日歲祭祖乙，明顯見花東甲骨占卜，習慣在某天干日祭祀相同天干稱號的先祖妣。互較三者所用的祭品，妣庚只有圈養的「小牢」，祖甲除「小牢」外，另有「祝鬯」一杯，而祖乙不但有「小牢」、「祝鬯」，更有講究的公豕一頭。可想見花東子在此對祭拜祖乙最為看重。而妣庚是武丁的母親，花東子的祖母；祖乙應是小乙，妣庚的配偶，花東子的直系親祖父；祖甲應是陽甲，小乙之兄。由祭品用牲的多寡，可見花東子重視直系的男性祖先，其次是旁系的男性祖先，最後才是女性的親祖母。這反映殷人有重男輕女之習，並已具有直系大宗的觀念。由用兆狀況觀察，本版（1）庚日祭妣庚只卜問了一次，（2）甲日祭祖甲卜問了兩次，而（3）（4）乙日祭祖乙則連續卜問多達五

次，亦可由此得知花東子對祭拜祖乙一事的慎重。由字形看，本版花東子的「子」字出現異體，祭拜妣庚、祖甲的「子祝」，都寫作一般的「子」，唯獨在祭祖乙時，「子」的用字則改為繁雜而獨特的「🐛」形，後者的書寫相對的有較莊嚴正規的意味。

一般占卜的干日，與祭祀的男性祖先用干稱號都是相對應的，但對於女性祖先卻並不嚴格。例如：

〈296〉（6）甲辰：歲祖甲：羊一？二三

（7）乙巳：歲祖乙：白羕又彘？一二

（8）丁未：歲妣庚：豕一、彘？一二三

按：本版甲日祭祖甲、乙日祭祀乙，但祭拜妣庚卻在丁日。而歲祭妣庚則特別強調用母豬一頭。

同時，花東多講究用牲的公母差別，遠比殷王室重視，這也是花東部族生活特色之一。殷人用公牲祭祀男性，例如：

〈354〉（1）乙亥：歲祖乙：小靯，子祝？在麗。一

按：本辭用牲特別強調屬公的小宰，可能有特殊的祭拜用意。

用母牲祭祀女性，可能是花東集團首開的一種祭牲傾向。當

然，現實生活的用牲取捨並沒有那麼絕對，花東卜辭中亦見不少以母牲祭拜男性祖先的例子。

由於花東子面對丁（武丁）和婦好，一直存在戒慎小心的心態，這也反映在花東卜辭的祭祀內容。花東甲骨有許多單獨祭拜妣庚而求降佑的例子，甚至有見主祭妣庚，而以配偶祖乙陪祭的實錄。例如：

〈311〉庚午：歲妣庚：牢、牝，祖乙彳，攺？在狀。一二三

按：本版「彳」、「攺」分書，宜為二分句。「祖乙彳」，指小乙接著妣庚持續進行祭拜。庚日祭妣庚，本辭主祭的對象無疑是妣庚，而祖乙的接著祭祀，在本日而言自是陪祭。詢問「攺」否，是指歲祭妣庚用牲：牢和牝的殺牲方式是以攺（敲殺）宜否。

妣庚是武丁之母，花東子的親祖母，花東561版有字甲骨中，祭祀妣庚的竟多達123版，這數字遠遠超過妣庚的配偶祖乙（僅見64版）和其他的妣某，如：妣甲（只見4版）、妣丙（只見1版）等。這反映花東子對於這位直系母親的親暱，也無疑是一種討好時王武丁的間接行為。同樣的，花東甲骨有先祭拜妣庚，再入貢武丁的句例。例如：

〈401〉（14）戊卜：其俎牛？一

（15）戊卜：其先钕歲妣庚？一

（16）戊卜：其俎牛？二

（17）戊卜：其钕豕，肉入于丁？一

按：（15）（17）為選貞卜辭，卜問先以擊殺的方式殺豬，用來歲祭妣庚，然後再將祭肉入貢給武丁的宜否。

這種先祭祀，然後才獻牲於上位者的流程，不管是否當日的慣例，但都足以證明花東子大量的祭祀行為，恐怕是有一定的政治目的和現實考量。

有關花東祭神的程序，是先確定祭儀和祖先名，再細部問卜祭祀內容和數量。例如：

〈267〉（3）甲辰卜：又祭祖甲，叀子祝？一

（4）甲辰：又祭祖甲：友（又）羘一？一

（5）甲辰：又祭祖甲：友（又）羘一？二

按：（3）（4）（5）三辭為同日同時同組的占卜。（3）首先卜問祭祀祖先祖甲時，禱告人為花東子宜否。（4）（5）為成套卜辭，連續兩次占問祭祀祖甲用母羊一頭宜否。由此可見殷人占卜祖先的流程，一是先確定祭儀、祭拜對象和主禱者，

接著才是詢問用祭物品的具體內容和用量多寡。

　　至於祭儀的陳述，是先大祭，後小祭；先祭儀，後殺牲的方式。例如：

〈226〉（5）丁巳：歲祖乙：牡一；召祖丁彡？

　　　（6）戊卜：往酉，酌伐祖乙，卯牡一，祝豊一；祭伐？

　　　（8）庚申：禦豊目癸子，曾伐一人，卯宰？

　　　（9）辛酉：俎䰧牡眾豊犹，晨㪵？

　　　（11）庚辰卜：召彡妣庚，用牢又牝妣庚，永？用。

按：由本版祭儀和殺牲用法的順序，可歸納如下表：

祭　儀（大）		祭　儀（小）	用　牲　法
歲 歲 酌 卲	曾	召 彡 祭	卯 俎、㪵 卯

在祭祀的同時，花東偶會舉行一「稱冊」獻神儀式。例如：

〈29〉（1）丙寅卜：其卲，唯宁見馬于子癸，更一伐、一牛、
　　　　　　一豊曾，夢？用。一二

〈53〉（7）戊卜：子其𥁕，晏舞，曾二牛妣庚？

〈27〉庚卜，在龏：歲妣庚：三牡又豕二，至卟，酉百牛又五？

以上，是花東卜辭所呈現的祭祀風格。

（二）占卜

花東甲骨是一坑主要屬於龜版的儲存坑，有字的龜甲比較大型，主要是用腹甲。有許多在甲橋處鑽穿圓孔，具捆縛成組串聯的功能[4]。卜辭行款雜亂[5]，文字一般是繞著卜兆書寫，有的甚至成圈狀，在規律中顯現變化。花東甲骨的主人是子，但刻手另有其人。刻寫的工具應是一種斧斤類的尖形器：

〈35〉（1）壬申卜：子往于田，從昔斦？用。禽（擒）四鹿。

按：本辭與〈395〉（5）相同，應屬同一天占卜的成套卜辭。「從昔斦」，〈295〉版作「從曰昔斦」，意指根據原舊有鑿骨問卜的內容。斦，從斧斤鑿伐牛胛甲骨，或象刻寫甲骨之形。其中的斤形器正是當日刻鑿甲骨的工具。

花東甲骨文習見由內而外、由上而下圍兆刻寫，經圍兆

---

[4] 參中國社會科學院考古所編《殷墟花園莊東地甲骨》第一分冊前言彩圖 37、38 版，雲南人民出版社。

[5]《殷墟花園莊東地甲骨》〈前言〉23 頁分 H₃ 坑龜甲的行款排列共 17 種形式。

後末段文字復有成行列的直書狀態。花東刻手一般有避兆的習慣。例如：〈29〉（2）的「祝」字，因不願意壓著卜兆兆紋書寫而刻意的將「示」旁拉開，〈37〉（2）「牡」字從「士」與從「牛」二部件分離，也是要避開兆紋的緣故。而〈255〉（1）辭整條卜辭靠甲邊作橫書，是因為與卜兆直紋太長有關，〈259〉（2）「辛巳卜」的「卜」字小寫，似乎亦因為刻手不願意讓字形壓著兆紋。至於卜辭書寫誤壓著兆序的數字，卻是偶見的，如〈123〉（1）在右甲的「牝」字，由照相本見「牛」旁的下端穿過兆序（二）的兩橫畫。可見殷人避兆，一般只避卜兆兆紋，而原則上是不避兆序的。卜辭中的前辭「卜」字，絕大部分都依卜兆兆紋爆裂方向在龜版左右朝中間千里路書寫；但偶也有例外[6]。

花東占卜有以甲骨的中橫線為界，區分下上兩組以上各自詢問不同的事例。例如：

〈63〉（1）辛亥卜：重彈見（獻）于婦好？不用。一

　　（2）辛亥卜：子其以婦好入于狀，子呼多羘正見

　　（獻）于婦好，攺新十，往鑿？一

---

[6] 「卜」字不依慣例朝龜版中間千里路書寫的，如〈255〉左甲（5）「乙亥卜」的「卜」字寫法朝外。〈455〉左甲上（1）「甲子卜」的「卜」字寫法朝左邊，似可理解因為全辭的卜兆是在右甲，故不算例外。換言之，「卜」字形爆裂方向的書寫，是根據所屬卜兆而來的，與是否要朝向中間的千里路似乎並沒有必然關係。

（3）辛亥卜：彈𠬝婦好絲三，疂婦好𠬝絲二，

　　　往鼜？用。一

（4）癸丑卜：歲食、牝于祖甲？用。

（5）乙卯卜：　叀白豕祖甲？不用。一二

（6）乙卯：歲祖乙：狃一、叔𦥑一？一二

其中的（1）（2）（3）三辭為一類，屬卜問納貢於婦好的卜辭，
都刻在龜版中橫線之下方，而（2）（3）辭為對應關係；（4）
（5）（6）三辭為一類，屬歲祭祖甲、祖乙的祭祀卜辭，明顯
的刻在龜版中橫線的上方，而（5）（6）辭亦為對應的關係。

又如：

　〈114〉（1）丙卜：子其𢽳于歲，钋事？一

　　　　　（2）丙卜：子其弜𢽳于歲，钋事？一

　　　　　（3）己卯卜，在🔣：子其入旬，若？一二

其中的（1）（2）辭為祭祀卜辭的正反對貞，刻寫於龜版中線
下方的左右兩邊；（3）為子出巡卜辭，見在龜版的左上方。

或呈現下上對貞的狀態。例如：

　〈176〉（1）丁丑卜：子钋于妣甲，酓牛一又𦥑一，〔亡〕災，

　　　　　　　入商，酓？在麗。一二三四五六七八九十

　　（2）丁丑卜：子钍妣甲，酉牛一、鬯一？用。一

按：（1）辭為成套占卜，而又與（2）辭屬正正對貞。二辭在龜版右方下上對應書寫。這種句例又見〈67〉、〈132〉等版。

也有以龜版中間的直線（千里路）為界，中分左右兩組相關占卜事例。例如：

〈14〉（1）乙酉卜：子又之阝南小丘，其隻，獲？一二三四五

　　　（2）乙酉卜：弗其獲？一二三四五

按：（1）（2）辭在版面上方左右對貞。這種句例又見〈9〉、〈168〉、〈305〉、〈319〉、〈378〉等版。

當然，這只是總的方向，例外的或不規律的句例亦有許多。

　　花東形成卜兆的鑽鑿一般具備規律的對稱形成，且屬先鑿後鑽，而灸龜的部位都在圓鑽上，如〈62〉版，屬〈H₃：212〉龜腹甲的反面。本版共有 64 套鑽鑿，自千里線中分左右對稱整齊。本版右甲橋中間簽署的人名「㕚」應刻寫於鑽鑿完成以前。版面上的鑽都疊在鑿上，可見二者關係是先有鑿而後有鑽。而卜兆因灸龜而生裂紋，灸龜的部位都在鑽的正中，而並不見在鑿成鑽鑿交接的地方。這應該是花東甲骨

處理卜兆的基本方法。這似乎是花東卜人用兆的方法；與王卜辭的呈尖鑿形、鑽鑿偶爾分開的形式和灸處往往壓在鑽鑿之間的位置稍異[7]。

花東卜辭多以對貞形式詢問鬼神吉否。對貞復有與成套卜辭相混用。對貞句中有繁省句相對成組的寫法，其中全寫的繁句可能與刻手或詢問者心裡主觀屬意的取向有關。例如：

〈321〉（5）甲子卜，貞：妃中周妾不死？一二

　　　（6）甲子卜：妃其死？一二

按：（5）（6）二辭屬正反對貞，（5）句的「中周妾」一短語修飾「妃」，句子較繁，語意完整。（6）句為省略句。占卜者的心理傾向是「妃不要死」的一辭內容。

〈351〉（3）戊子卜，在𢼸貞：不子𤰔（田）又（有）疾，亡𢟪，

　　　　　不死？一二三

　　　（4）戊子卜，在𢼸貞：其死？一二三

〈275〉（1）己巳卜，貞：子𥝤〔妫〕，不死？一

　　　（2）其死？一

---

[7] 王卜辭的鑽鑿形式，詳參《殷墟文字丙編》，中央研究院歷史語言研究所，1957年出版。

按：以上兩版對貞句例相同。占卜者企圖要肯定的都是前一辭（繁句）「不死」的內容。

花東甲骨中若干刻寫文字的字溝，有填上白、黑、紅色的顏料，用意不詳。例如：

〈76〉（1）乙卯：歲祖乙：刻，叀子祝？用。

（2）乙卯卜：其钔大于癸子，曹牡一又巼？用。又（有）

疾。一二三

按：本版屬祭祀卜辭，（1）辭歲祭祖乙，（2）辭祭祀子癸，求佑「大」其人免除疾患。但由驗辭見結果：大是有病。二辭中「祖乙」二字有填朱紅色，「巼」和「疾」字的從人部件有塗上黑色，「用」「又」和「疾」字從爿部件則被塗上白色的顏料；原因不明。

以上，是花東部族使用占卜的特色。

（三）政 權

花東子為殷王武丁的兒子，位高權重。花東卜辭是以花東子為占問核心的甲骨，但其中有許多有關丁（武丁）和婦好的記錄，亦間接浮現出花東子謹慎陪侍的心態。花東子一

再占卜親自進貢和令某官員呈獻武丁和婦好的吉否，例如：

〈198〉（10）癸巳卜：叀璧攺丁？一

（11）子攺丁璧〔一〕？用。二

〈203〉（11）丙卜：叀子覿（見）𢀛用眔絹，再丁？用。

一

〈202〉（8）庚卜：子其見丁鹵以？二

〈237〉（14）弜告丁，肉弜〔入〕丁？用。

〈195〉（3）辛亥卜：呼壴、酒見于婦好？在狀。

（4）辛亥卜：子攺婦好叡，往馨？在狀。

〈63〉（2）辛亥卜：子其以婦好入于狀，子呼多卸正見

于婦好，攺絹十，往馨？一

無疑花東子應有獨立的封土和擁有一定的物質資源及部屬。

他有權號令殷王集團的官員，甚至自身有設置職官的能力。

例如：

〈410〉（2）王卜，在𪓐：丁曰：余其攺子臣？允。二

按：「丁曰」，指武丁班佈誥命。此言武丁正式賦予花東子擁

有「臣」的職官。

他所貢獻的物品，除了一般的祭牲、玉器、禮器外，復見花東子有貢獻兵器的記錄，例如：

〈38〉（4）壬卜：子其入廌、牛于丁？一

（5）壬卜：丁聞，子呼〔見〕（獻）戎，弗作樓？一

按：戎字從人手持戈盾，在這裡用為貢品。

此可推知花東子已有製造戈盾等殺傷武器的實力。

〈391〉（10）甲午卜：子作戉，分卯，其告丁，若？一

（11）甲午卜：子作戉，分卯，子弜告丁，若？用。一

按：戉，即鉞。此言花東子鑄造戉器工具，用於分割對剖祭牲之用。在占卜時強調「作戉」只是「分卯」的功能，並非武器，但仍須告知武丁。由此可知，殷商時期兵器的鑄造，應屬中央統一管轄，一般子族或諸侯不能僭越私製。

〈5〉（16）癸巳卜：子夢，弓告，非艱？一

按：本辭「子夢」，必非吉夢，因此持弓告祖，以示威武提防

災害之意。「弜告」，即 「告弜」的移位句。殷人獻弓以祭神，亦可知花東子掌握製造弓箭的能力。對比花東卜辭大量占問田狩的內容，花東子擁有並能製造射器，是不容置疑的。

同時，花東子有實質指揮勞動人力的權力，並帶領群眾狩獵，例如：

〈14〉（3）乙酉卜：子于翊丙求阺南丘豕，冓？

　　　　（4）以人冓豕？

按：「以人」，即率領群眾。「人」為殷商時期勞動者的單位名稱。花東子帶領「人」赴阺地捕獸，無疑已有掌握勞動人口的指揮權力。

花東子並代替武丁帶兵征戰外邦。例如：

〈275〉（3）辛未卜：丁〔唯〕子〔令〕从白或伐卲？一

　　　　（4）辛未卜：丁〔唯〕多〔宁〕□从白或伐卲？一

〈237〉（6）辛未卜：丁唯好令从白或伐卲？一

〈449〉（1）辛未卜：白或爯冊，唯丁自伐卲？一

按：以上三版應是同一日占卜的事情。卜問武丁命令子或多宁或婦好或自己親自征伐外邦卲族的吉凶。對外征伐，應是

武丁作為帝王的主權，相關事誼也應該是由王的史官卜問才
對。但是役為何要由花東子的甲骨來詢問此事？是否花東子
早已知悉此一將要發生的征伐，丁會選擇此三人中的任一人
來主導戰爭，才會先行占卜？不管如何，花東子對此次征伐
非常看重，連續用三甲來占卜此事。由此看來，花東子似乎
有權能代武丁占問鬼神，可想見其人與武丁的親密關係，非
比尋常。

「國之大事，在祀與戎」，花東子居然可以擁有祭祀問卜殷王
直系和旁系祖先之權，復能指揮官員、代行征伐之事。當日
的花東子，無疑是權傾朝野，位極人臣。而花東子對於武丁
和婦好，一直維持著戒慎小心的態度，也展示在花東甲骨之
中。例如：

〈366〉（1）乙丑卜：㠯☐宗，丁采，乙亥不出狩？一　二　三

　　　　（2）乙丑卜：丁弗采，乙亥其出？子占曰：庚、辛出。

　　　　　　一二

按：（1）辭命辭有三個分句，一屬祭祀，二屬農耕，三屬田
獵。其中第二分句的動詞，从人手持禾穗，有收成意。采，《說
文》：「禾成秀，人所收者也。」俗作穗。採收禾穗的主語是

丁（武丁）。商王親自從事農作收割。第三分句是卜問十天後
不出外田獵，主語似應屬省略的花東子。商王在國內從事農
耕勞動，「丁采」一事需要一段日子，估計長達十天，「丁」
作為帝王，無疑是一位勤政勞動親民的表率。此辭末句卜問
作為兒子的花東子宜否在十天後出外打獵。顯然，花東子對
於個人娛樂活動的安排，需要顧慮和配合武丁的一些觀感。（2）
辭對貞後的「子占」，見花東子判斷不適合在十天後的「乙亥」
日外出，認為應該再推延五日後的「庚辰」或「辛巳」日，
比較適合。花東子明顯不想在武丁勤勞國事之際安排外出，
二人既親密復緊張的心態，於此可見。

〈296〉（3）癸卯卜：其入瑪，永？用。二

（4）癸卯卜：子弜告婦好，若？用。一

（5）癸卯卜：弜告婦好？用。一

按：（3）（4）（5）三辭同日占卜，（3）的主語是「子」，入貢
的對象或為「丁」、或為「婦好」。（4）（5）二辭為一組反反
對貞，一再占卜強調「花東子不稟告於婦好」一事的順否。
而答案都是「可從」的用辭。可見當日花東子的心態，一方
面入貢於武丁，一方面又希望與婦好保持一定的距離，不願
意同時稟告婦好。

花東子的短命早死[8]，似乎也與這種微妙的君臣關係有關。

---

[8]　參〈花東子之死〉，朱歧祥《殷墟花園莊東地甲骨論稿》第四章，45~50 頁。里仁書局，2008 年 11 月。

第五章　　甲骨文研究法（一）：立體研究

一

　　胡適早年提倡「科學整理國故」，但卻始終未能具體落實，徒然成為美麗的空言。一直到中央研究院史語所的 15 次發掘殷墟，董作賓透過出土實物的比較，啟發了斷代分期的研究觀念，不但開創了近代中國考古學，也才為胡適的口號解套，奠定了珍貴的實證業績。其後的郭沫若參考董先生的斷代方法轉而攻治金文，也成就了兩周金文分王分國研究的基礎。這無論是由貞人系聯判別甲骨的分期，抑或是利用青銅器上的圖騰來作為區別殷器或周器的準則，都是一種對比歸納的研究。

　　沒有對比歸納，就沒有學術。學術是一種具科學精神的研究。科學講求證據，重推理和驗證。證據分主證和旁證，孤證不足徵，單一的證據不足以充份建構完整的推理過程。因此，論證不應只滿足在兩點間平面的對比，更需要尋覓立體的，多角度的質量交錯對比。如此，才能周延的完成同中求異、異中求同的解碼工作。所謂異同之間的解碼，是包括共時同域、共時異域、歷時同域、歷時異域等相同或不同時

空對比的考量。古文字的研究，不僅限於字形分析，更可以由字而推詞，由詞而推句，由句而歸納投射到種種不同的社會文化現象。每一字詞或部件，都可視同一個基本定點，由此樹狀式的分散作逐項、成串的研究。這種綜合的、點線面多角度的立體觀察，肯定比單純的字形結構分析來得全面和有趣味。

二

過去我曾完成《甲骨文詞譜》五冊[1]，整理出一批較完整的甲骨書面語語料庫，正可以借此進行甲骨語彙和殷商歷史文明等相對應的觀察。殷商甲骨語料資料可以粗略的區隔為王卜辭、非王卜辭和花東卜辭三堆。王卜辭包括盤庚遷殷以至帝辛滅亡一段以殷王為核心的甲骨刻辭記錄，據董作賓區分為五期斷代，其中的第一期武丁在位長達 59 年，佔王卜辭占卜材料的最多數。非王卜辭也是以武丁時期為主的非王室但仍屬貴族(統稱多子族)的甲骨記錄。花東卜辭仍是非王一類，目前看是武丁早中段時期屬於殷王子「花東子」的一坑完整甲骨。三者在武丁時期無疑是可提供共時互較的最佳材料，彼此無論在字、詞、用法或史例上都互有異同，具備

---

[1] 朱歧祥《甲骨文詞譜》(全五冊)，里仁書局，2013 车 12 月。

相互影響參證的功能。為了陳述和觀察方便，下文盡可能以表列方式對應說明。首先可由文字的角度來看三堆甲骨之間的關係，如：

	王卜辭	非王卜辭	花東卜辭
1.攵(2.242)	𣪊　𣪊	𣪊　𣪊	𣪊
2.玨(2.244)	玨 （獻品）	玨(地名)	玨 （獻品）

（　）中數字為《甲骨文詞譜》的冊號和頁碼。

由字形觀察，王卜辭與非王卜辭互有重疊，而非王卜辭又與花東卜辭有同有異。三者字詞系統和用字的部件細微處，都各有差異。又如「疾首」的首字，王卜辭只作側形的𦣻、𦣻的寫法，而花東卜辭則呈現正面形的𦣻。「有事」一詞的有，王卜辭武丁時作屮，非王卜辭變形作屮，花東卜辭則已改作又。三者間復有若干特殊字例，只見分別獨立應用，如：

字僅見王卜辭：洹（2.524）、潢（2.525）、洄(2.551)、汈 (2.552)

字僅見非王卜辭：权(2.523)、𣲾 (2.551)、沁(3.422)、麗(3.241)、蘱(3.508)、𣲾(4.164)、陷 (2.424)、𠂤(3.54)

字僅見花東卜辭：𣲾 (2.490)、𣲾 (2.555)、麓 (3.271)、𣲾(3.182)、桃 (3.49)

有關成詞的應用，三者亦多互有差別。如：

王卜辭	非王卜辭	花東卜辭
今春、今秋、今歲	無	無
我受年、我受祐	無	無
喪眾、喪人	無	無
無	目喪明	目喪火
疾耳、災耳	無	無
無	耳鳴	耳鳴
弗言	不言	勿言、弜言、亡言
不艱、不我艱	無	無
無	弗艱	弗艱
亡來艱	無	亡至艱

以上成詞文例，見殷人記錄的特定曆法時間、國族收受豐年、鬼神的保佑、奴隸的出逃、方國的犯境等國之大事，和殷王個人健康等卜問，大多出現於王卜辭。而王卜辭在卜問外邦來犯我土，有習言「亡來艱」的用法，花東卜辭卻改言「亡至艱」，其中的一「來」一「至」，呈現不同的表達態度。前者是以殷商王朝統治者中心本位的立場發言，後者則只是以一種近似客觀旁白的口吻，敘述事例。三類甲骨所占卜的文例，

在質量上看都互有出入，其中的非王卜辭與花東卜辭無疑是比較接近的。花東卜辭的內涵又比非王卜辭較完整和較早出。

　　以下，我們利用《甲骨文詞譜》中歸納的甲骨成詞詞例成果，嘗試就相同的主題用詞，聚焦的觀察三堆甲骨的應用實例，從而互較三者所反映的社會文化差異。（＊：詞例始見第一期武丁卜辭）

(一) 殷商的貢品－據以、來、逆、馭諸字詞為例。

1. 以　　𝄐 (1.30)／𝄐 (1.35)

王卜辭	非王卜辭	花東卜辭
氏羌 * ／以羌	無	無
氏係 *	無	無
氏執 * ／以執	無	無
氏女 *	以女	以妾
氏牛 * ／以牛	無	無
氏馬 *	無	無
氏羊 *	無	無
氏宰(三期)	無	無

氏龜 *	以龜	無
氏芻 *	無	無
氏來（麥）* ／以來	無	無
氏豙(二期)	以豕	無
氏鬯 *	無	以鬯
無	以酉	無
無	無	以磬
無	無	以瑁、璧、玉
以兵(三期)	無	無
以 兆 (四期)	無	無
以戚(四期)	無	無
無	氏戊	無
無	以戈	無
不氏 *、不其氏 *、弗氏 *、弗其氏 *、勿氏 *、弜以(三期、四期)	弗以	弜以、亡以

氏、以，為同一字的異體，字象人手提物，有攜帶意，後接

貢品。觀察詞例，王卜辭中「以」字後呈送貢品的對象，有屬上位者，有奉獻給鬼神。貢品包括奴隸人牲、動物、酒水和兵器等項，各項目復見細分不同的種類，可知殷王收受獻物及祭神貢品的廣泛和細致講究。而非王卜辭中只見進貢簡單的小動物和少數兵器，人牲只見「以女」一例。花東甲骨貢品亦僅集中在酒水和玉器禮品上，且與祭神無涉。非王一類貢品其中有獻兵器的儀式，似乎反而有影響王卜辭用法的傾向。

2. 來 (3.71)

王卜辭	非王卜辭	花東卜辭
來見（獻）*	無	來見(獻)
來執 *	無	無
來羌 *	無	無
來人 *	無	無
來象 *	無	無
來馬 *、來白馬 *	無	無
無	來犬以龜	無
來芻 *	無	無
無	無	來殼

來骨 *	無	無

來，用為來貢意。對於外邦來貢，收受的對象主要是殷王，
貢品分別有用作祭祀的人牲、動物、糧食和貢骨，其中動物
類的象、馬，並非主要的肉類食物，似已作為玩樂一類功能。
而花東卜辭只一見「來兕」(捕獲的野牛)用法，非王卜辭亦只
見「來犬聯同龜」一條貢例。這種外邦來貢的習慣，明顯集
中在殷王卜辭中，一直延伸至早周的周原甲骨，仍見有「來
奴」一例。

3. 屰、逆 (1.253)

王卜辭	非王卜辭	花東卜辭
屰眾人 *	無	無
逆執 *	無	無
逆寇 *	無	無
逆羌 (四期)	無	無
無	屰某婦	無
無	屰某女	無
無	無	屰疂
逆牢 (三、四期)	無	無

無	無	屰𤔲
逆𦏶 *	無	無
逆來 * (四期)	無	無
無	無	屰𠂤

屰、逆，迎也；有迎來貢品之意。武丁卜辭所逆迎的，有大批不同的勞動人口、人牲和米糧，並形成慣例。非王卜辭只強調來貢的婦女。而花東卜辭則分別有人、貢肉和禮品。彼此逆迎行動的重點和用詞都不相同，但迎逆的量無疑仍是以王卜辭為主。

4. 馭(3.314)

王卜辭	非王卜辭	花東卜辭
馭兕 *	無	無
馭虎 (三、四期)	無	無
馭鹿 *	無	無
馭鳳 (四期)	無	無
無	無	馭麋
無	無	馭豕
馭俘羊 (四期)	無	無

馭俘馬 (四期)	無	無
馭奴 *	無	無

馭，从手持隹鳥於神主前，字用為獻祭鬼神的祭祀動詞，帶出祭貢品。王卜辭祭獻的有動物和人牲二類，武丁時只見用野牛和鹿舉祭，晚期卜辭所用動物有出現精致罕見的虎、鳳，也有由擄獲得來的羊馬。非王卜辭不見馭字的用法，而花東甲骨亦只有用麑、豕等小型動物作為獻牲。

綜合以上四表字例，貢獻動詞早在武丁時期已普遍使用。殷商對外的權責無疑是集中於殷王一身。有關人牲的納貢、管理和應用(包括祭祀和勞動)，全屬殷王的專權。大宗的牲口納貢和俘獲的戰利品亦均屬殷王享用和分配的特權，只有少量的牲口，如豕、殼、小鹿、占龜、婦女、樂器和玩物等貢品，才會流通於王室貴族和花東子手上。花東子一坑甲骨所呈現貢品的多樣性，比多子族的非王卜辭還來得豐富，這反映花東子的政經地位比其他的貴族還要高，其掌握的物質資源亦僅在殷王之下。透過上述三類甲骨的對比，明瞭當日殷商社會的具體權力支配，是：殷王 > 花東子 > 多子族。

(二) 殷商動物顏色的紀錄

1. 白 (2.315)

王卜辭	非王卜辭	花東卜辭
白牛 *	無	白牛
白麑 *	白麑	白麑
白豕 *	白豕	白豕
白馬 *	無	無
白犬 *	無	無
白羊 (三期)	無	無
白兕 (五期)	無	無
白鹿 (五期)	無	無
白麋 (五期)	無	無
白貑 (四期)	白貑	無
白豚 (三、四期)	無	無
白牡 * / 白牝 *	無	無
無	無	白犹

2. 黑 (1.217)

王卜辭	非王卜辭	花東卜辭
黑牛 (三期)	無	黑牛

黑羊(三期)	無	無
黑豕*	無	黑豕*
無	無	黑馬
無	無	黑牡/黑牝

3. 驪 (4.272)

王卜辭	非王卜辭	花東卜辭
驪牛*	驪牛	驪牛
驪幽牛(三期)	無	無
驪牢*	無	無
驪宰*	無	無
驪馬(三期)	無	驪馬
驪豕*	無	無
無	驪豬	無
驪牡(二期)/驪牝*	無	驪牡/驪牝

4. 赤 (2.480)

王卜辭	非王卜辭	花東卜辭
赤馬(三期)	無	無

5. 幽 (5.293)

王卜辭	非王卜辭	花東卜辭
幽牛*	無	無
無	無	幽麂

6. 黃 (4.318)

王卜辭	非王卜辭	花東卜辭
黃牛*	無	無

王卜辭早期用牲，有大量的白色動物，特別是牛和豕，《史記‧殷本紀》所謂「殷人尚白」，可能有一定的道理；其次見用驪色(青黑色)、黑色，亦偶有單獨用赤色、黃色。非王卜辭貢牲主要用豬，卻罕見顏色詞，只偶有一、二例用白色和驪色。花東甲骨則特別重視動物的顏色，且見白、黑、驪、幽諸色平均分配；亦強調用豬作為貢品，復有明顯講究公母的區隔。

(三) 殷人田獵方式和狩獵種類－由獲、擒字例看。

1. 獲 (3.278)

	王卜辭	非王卜辭	花東卜辭

	田獲 *	田獲	無
(1) 用网	獲网 *	無	無
	無	𦊟獲	𦊟獲
	無	𦋐獲	無
	無	𦉪獲	無
	無	無	買駔
(2) 用射	射獲 *	無	無
(3) 用趕	逐獲 *	無	逐獲
(4) 獲獸種類	獲鹿 *	無	獲鹿
	獲狐 *	無	獲狐
	獲象 *	無	無
	獲虎 *	獲虎	無
	獲毚 *	無	無
	獲麋 *	無	無
	獲麗 *	無	無
	獲豕 *	無	無
	獲兕 *	無	無
	獲雀 *	無	無
	獲鳥 *	無	無

	獲雉 *	無	無
	獲雞*	無	無
	獲猱 *	無	無
	獲兕	無	無
	獲魚	無	無

2. 擒（4.542）

	王卜辭	非王卜辭	花東卜辭
（1）擒的方式	焚・𢦏*	無	無
	陷・𢦏*	無	無
	罟・𢦏（三期）	無	無
	射・𢦏（三期）	無	無
	步・𢦏（三期）	無	無
	逐・𢦏（四期）	無	無
（2）擒獸種類	𢦏鹿 *	無	𢦏鹿
	𢦏麋 *	無	𢦏麋
	𢦏豕 *	無	無
	𢦏麁 *	𢦏麁	無
	𢦏犬 *	無	無
	𢦏兕 *	無	無

	𢾰兔*	無	𢾰兔
	𢾰虎(三、四期)	無	無
	𢾰象(五期)	無	無
	𢾰狐(三期)	無	無
	𢾰隹(五期)	無	無
	𢾰雉(五期)	無	無
	𢾰魚(二期)	無	無

殷人田狩在武丁時有先用焚燒、用井穴埋陷,接著才見用網、用射、用驅趕等方式。王卜辭擒捕的動物自是最大宗,有飛禽、游魚和走獸三類。其中的動物除一般的鹿兔豬狗外,有較罕見的虎、猱、雉等。非王卜辭田狩句例並不多見,一般都是用网。花東卜辭亦見用网用畢,捕獲的也只是一些較小較溫順的動物。以上三堆甲骨呈現狩獵動員有大小規模之別。其中「射」作為田狩的工具,主要見於王卜辭,而在花東甲骨亦偶見「子射」一辭;這與整個國族的軍事訓練活動恐有一定的關係。

(四)殷商降雨的敘述

1.雨（2.4369）

	王卜辭	非王卜辭	花東卜辭
(1) 降雨量	大雨*	大雨	無
	雨小*/小雨（三期）	雨小	無
	雨疾*/疾雨*	無	無
	雨多*/多雨*	無	無
	烈雨*	無	無
	足雨*/雨足（二期）	無	無
	盧雨	無	無
(2) 降雨形式	蕭雨（二、三期）	無	蕭雨
	征雨*/雨征*	無	無
	無	無	雨至/雨其至
	來雨*	無	無
	去雨（二期）	無	無
	从雨*	雨	無
	各雨（二期）	無	無

	有雨(㞢雨*、又雨*)	無	無
	既雨*	雨既	既雨
	喪雨*	無	無
	雨自某方*	雨自某方	無
	霧‧雨*	無	無
	雹‧雨*	雨氏雹	無
	云‧雨*	無	無
	雪‧雨(三期)	雪‧雨	無
	風‧大雨(三期)	無	無
(3)祭祀求雨	奉雨*	奉雨	無
	㞢雨*	無	無
	飲雨*	無	無
	祟雨*	無	無
	烄雨*	無	無
	酘雨*	無	無
	燎雨*	無	無
	叔雨*	無	無

	饗雨 *	無	無
	舞雨 *	無	無
	寧雨（二、四期）	無	無
	汉雨（二期）	無	無
	無	曹雨	無
(4) 神令降雨	帝令雨 *	無	無

降雨實為農業社會決定農作物豐收與否的一個關鍵過程，亦成為民族生存之寄託，而祈求降雨的禱告儀式幾全屬殷王的專有特權。雨的施降，則純由上帝號令才能發生的。因此，帝王與上帝，一管人間，一治天上，這無疑是王權與神權緊密結合而同操諸殷王手中的一種治民安民手段，早在武丁時期上位者已靈活使用。王卜辭中看見大量主祭求雨的紀錄，非王卜辭則只見形容雨水降臨的大小和卜問雨自某方來，絕少有介入祭雨的權力。花東卜辭更甚至罕見求雨的句例。由此可見，雨這種天象施降全是經由殷王占卜所掌握的。

(五)殷商舞祭的實錄

1. 舞(1.201)

	王卜辭	非王卜辭	花東卜辭
(1)舞祭對象	舞河*	無	無
	舞岳*	無	無
(2)舞祭功能	舞・㞢雨*	舞・雨	無
	霋・亡大雨(三期)	無	無
	霋・又大雨(三期)	無	無
	無	雨・舞	無
(3)舞祭主祭者	王舞*	無	無
	余舞*	無	無
	戍舞(三期)	無	無
	田罕戍舞(三期)	無	無
	多霅舞*	無	無
	万舞(三期)	無	無
	虘舞(三期)	無	無
	我舞*	無	無

	無	眾舞	無
	無	無	子舞
(4)舞的方式	羍‧舞 *	無	無
	無	圍舞	無
	無	出舞	無
	無	無	舞戉
(5)舞祭用牲	無	舞：羊	無
(6)舞祭否定詞	弜舞(四期)、勿舞 *	無	弜舞
	不舞 *	無	無

殷商舞祭是用為求雨的儀式，一般是由殷王主導，冀求的對象是自然神的河神和岳神。當然，主宰降雨的是比河、岳位階更高一層的上帝。這無疑是帝王利用上帝、河、岳的祭拜關係來凝聚群眾的一種宗教手段。王卜辭稍後期見有朝廷官員、附庸主持舞祭。舞祭已是一種讓群眾參與的普羅性活動，舞者手持牛尾或兵器合圍舞蹈。非王卜辭只見群眾合舞的活動，卻不見任何舞祭的主祭者；而花東卜辭則見花東子偶有主持舞祭的活動，於此亦足見花東子位階的崇高。

(六)上帝的崇拜

帝 (2.282)

王卜辭	非王卜辭	花東卜辭
上帝 *(上帝・出)(上帝若)(上帝・降)	無	無
帝令 *	無	無
帝令雨 *	無	無
帝令雷 *	無	無
帝令風 *	無	無
帝呼戈*	無	無
帝降艱 *	無	無
帝降摧 *	無	無
帝降禍 *	無	無
帝降(三、四期)	無	無
帝降永(四期)	無	無
帝令乍我禍 *	無	無
帝其乍王禍 *	無	無
帝其乍我孽 *	無	無
帝壱*／帝壱我年 *	無	無
帝茯某邑 *	無	無

帝終茲邑 *	無	無
帝保 *	無	無
帝受我佑 */帝不我其受佑 *	無	無
帝若 */帝示若 *	無	無
帝若王 *	無	無
帝饗王 *	無	無
帝佐王 *	無	無
無	呼帝	無
帝厵(降)食 *	呼帝降食	無
某祖賓于帝 *	無	無
王賓帝使（五期）	無	無

「上帝」作為殷民眾心目中的神中之神，是全民族宗教信仰向心的產物。與上帝溝通接觸，自武丁始即為殷王一人的專利。上帝有號令天象、降臨災祥，並具備有中止殷商城邦和對殷王個人賜吉去凶的告戒能力。上帝施與災祥的警示方式，包括：戈(不吉)、卣(憂患)、禍(災害)、艱(困頓)和摧(毀壞)等。非王卜辭中，只偶見「呼帝」、「呼帝降食」二例，且文例可怪，帝字於此不見得理解為上帝。花東卜辭甚至全無「帝」

的用例。

非王卜辭中的「帝」字，一般多讀作禘，作為祭祀動詞，其中的「禘于巫」、「巫禘」等文例用法，可能還是由多子族的非王卜辭進一步影響晚期王卜辭中的用祭儀式。王卜辭晚期使用的「文武帝」一稱號，復又過渡用為周民族占卜時使用的語言。

(七)河神的祭祀

河(2.527)

王卜辭	非王卜辭	花東卜辭
河㞢王 *	無	無
河㞢我 *	無	無
河㞢雨 *	無	無
河㞢年 *	無	無
河㞢禾(四期)	無	無
祀河 *	祀河	無
告河 *	告河	無
鈄河 *	無	無
鈄燎于河 *	無	無

奉河 *	無	無
奉年于河 *	無	無
奉禾于河（四期）	無	無
奉雨河 *	無	無
酚匚于河 *	無	無
酚河 *	無	無
燎河 *	無	無
舌河 */舌酚河 *	無	無
即河/即宗于河 （三、四期）	無	無
冊河 *	無	無
觀河 *	無	無
見（獻）于河 *	無	無
舞河 */舞河眔岳 （四期）	無	無
取河 *	無	無
用河（三期）	無	無
賓河（四期）	無	無
禘河 *	無	無

侑河 *	無	無
祝河 *	無	無
埋河 *	無	無
沉于河 *	無	無
劉于河 (三期)	無	無
以 㠱立于河 (四期)	無	無

殷王卜辭有大量迎接河神、祭祀河神的不同儀式，足見黃河對殷商民族生存的重要和影響。祭河神幾乎是殷王的專屬權力，而殷王對河有高度的關注。相對的，河神有直接降災於國族和殷王，及具降雨、降豐年的神力。非王卜辭只有一二例泛言祭河，而花東卜辭則毫無相關的紀錄。

(八)殷商的征伐實況—以征、伐字用為例

1. 征 (2.129)

王卜辭	非王卜辭	花東卜辭
王征 *	無	無
王登人征 *	無	無

余征 *	無	無
呼征 *	無	子呼射告眔我南征
呼往征 *	無	無
令征 *	無	無
王自征 *	丁來自征	丁自征
王來征 *（五期）	無	無

2. 伐（4.189）

王卜辭	非王卜辭	花東卜辭
王伐 *	無	無
王比某伐某方 *	無	丁比某伐某方
王呼某伐某方 *	無	無
無	令從某伐某方	無
無	王令圍伐	丁令某比某伐某方
王往伐 *	無	無
王循伐 *	無	無
王逆伐 *	無	無
余伐 *	無	無
我伐 *	無	無

呼伐 *	無	無
呼某伐 *	無	無
呼伐取 *	無	無
登伐 *	無	無
登人呼伐 *	無	無
登眾伐(四期)	無	無
王登人若干呼伐某方 *	無	無

殷商對外征戰的主導，自是由殷王出發無疑，例外的只有〈花264〉一版的花東子呼某南征一例。王卜辭稱呼殷王武丁都尊稱「王」，非王卜辭有稱「王」、有直稱「丁」。花東甲骨則都稱「丁」。稱「丁」是否屬於一種親暱或親族的用法，目前仍無法證實。但殷王以天干命名的習慣，恐應是生稱無疑。王卜辭直接敘述「王」的行為，偶有以第一人稱的「余」或「我」來取代「王」。殷人征伐的行動，主要由殷王親自征伐，作「王征」、「王伐」，有殷王聯合某附庸一起征伐，作「王比某伐某方」。殷王有動員群眾對外討伐，稱「王登人征」，有號令某率師作戰的，稱「呼征」、「呼伐」、「呼某伐」、「王呼某伐某方」、「登人呼伐」、「王令伐」等用例。多子族中只有少數轉述「王令」征伐的例子，而花東子居然有號令征伐的權力，

亦明顯見花東子的名位和實權比其他的多子族優越。

三

　　本文強調研究方法需由單一的平面分析轉而為多角度、多元的立體互較，對研究材料的整理有深化的幫助。總結以上，透過殷商貢品用例、動物顏色記錄、田狩方式和狩獲種類、降雨、舞祭、上帝崇拜、河神祭祀、征伐實況等八個切入點，表列分析武丁時期的王卜辭、非王卜辭和花東卜辭三堆材料之間的用詞異同。由質量互較觀察，王卜辭無疑佔據了大多數的語料內涵，反映殷武丁王集團掌握了當日的宗教與人事的實權。花東子屬武丁的子輩，花東卜辭呈現了花東子一人之下的權責特性。而同屬非王的多子族則是武丁的子性貴族，在血源關係與武丁有一定的距離，理論上是小宗一類階層，於人事支配權力上又低於花東子。

　　站在語言的用法看，三堆甲骨互有異同，基本上是屬於同源，而又以王卜辭的用語為主導。非王與花東的用語相對接近，後者的特殊性更為明顯。非王卜辭的特別用語用字復有影響王卜辭中稍晚用法的軌跡。

　　以上，粗略的選用八例來觀察三堆不同甲骨的用語和文

化現象的異同。詳細的彼此互動關係，仍有待三者用語的全
面綜合對比分析。

第六章 甲骨文研究法(二)：由句論字

早在羅振玉、王國維時期研究甲骨文，都只是就字論字、就片而論片。自董作賓等科學挖掘殷墟，懂得用斷代分期來比較字的異同，深化對文字的理解，但仍受限制於字形。近人有就語言語法的角度分析甲文，對甲文的研讀又拓大深化一層。本人研究甲文強調句型分析，「就句而論字」，是企圖先就句意前後鎖定詞字的用意，再切割分析字形。而本文的撰寫，更希望提出注意相關「句與句間的系聯」的重要性，對字形的解讀能值此具備更多客觀的訊息，從而對殷商字形以至社會文明有較全面而正確的看法。

卜辭中存在大量的省略句、移位句等變異句型，對卜辭的句意分析和字的定位往往受到蒙蔽和誤導。如何先正確掌握卜辭的完整句，應是理解卜辭特別要注意的地方。過去我不贊成直接用六書的方法先切割待考字，並提出「由句而詞，由詞而字」的解讀順序；事實上，一條完整的卜辭命辭內容多是先由陳述句帶出事項，再由詢問句卜問吉凶。因此，完整的貞卜內容多是由兩個以上的複句句子組成的。而句與句之間的句意串連，能幫助我們深化了解任一甲文在語境中的

功能性和使用習慣。換言之，先由卜辭命辭中的前後句互參，能客觀知道貞卜內容前後語境的相承關係，並掌握字與字之間的用意順序。這對於確立待考字的解讀方向有一定的幫助。

　　本文以中國社會科學院考古所編《小屯南地甲骨》(簡稱《屯南》)一完整的甲骨儲存坑為取例，挑選其中的祭祀類：酓、奉、用；田狩類：田等四個字例，逐一詳察諸字在同版複句句意中所拓張的語境和語用實況。

一、酓

　　一般對酓字的理解，都只是站在字形分析和所出現的單句中的功能提出看法，認為是用酒祭的一種祭名；參于省吾編《甲骨文字詁林》第三冊 2733酓字條。但我們歸納《屯南》中酓字所出現的命辭內容，可進一步透過其中的複句的前後對比關係，整理出如下超越單純理解為「祭名」的許多知識：

1. 酓祭的對象：有自然神的河、岳，有屬殷先公的王亥、上甲、大乙等重要神祇的專名。

　　酓河－王夒－上甲(1116)　(括弧數目為《屯南》版號，「一」

表示前後句的關係；下同）

酻岳－寮－俎（1118）

酻酓日大乙（922）

2. 酻祭的內容，有品豐、品、豈、禾、牛。這種從酉的祭儀，
顯然並不是單純的用酒之祭。

酻品豐（2292）

酻品（3852）

酻－以豈（2567）

酻奉禾（4100）

祝－酻－用牛（2349）

3. 酻祭有作為同時並用或三合用的儀式，相關連並列的祭儀
有：彳、歲、力（劦）、棟、奉、寮、鼎、即、钔（禦）、異、舁、
亏。

歲酻（2296）　←→　酻歲（2603）（「←→」表示並用字例
位置互易）

力 酚(856)　　←→　　酚力(900)

倸 酚(852)　　←→　　酚倸(1089)

酚彡(313)、酚彡歲(11)、酚 尞(314)、酚 尞鼎(3012)、酚
劦(423)、酚埶 (1229)、酚即(974)、酚午 (钔)(禦)(2671)、異酚(610)。
二祭儀中間復有加插連詞「 並 」或「 眔」：異並酚(66)、兮眔 酚
(215)、鼎眔 酚(366)。

4. 在某祭祀活動後進行酚祭，如：祝、盧、昪、尞、又(侑)、
歲、用、卯、倸、寧秋。

祝 －酚(261)

盧 －酚(496)

昪－酚(3852)

尞 －酚(3571)

又 －酚(182)

歲 －酚(1443)

用 －卯 －酚(586)

其寧秋 —酚(861)

餗 —酚—废—用 (1055)

餗 —酚即 (974)

5. 酚祭後有接著進行某祭祀活動，如：歲、钔、餗、召、即、
  牽、寮、祝、卯、沈、俎。其中的歲、钔、餗、召、即、牽、
  寮有與酚祭同時並行，應屬對等同性質的祭儀。祝、卯有
  見於前句，而沈、俎則只用於後句。祝，理解為禱告的泛
  稱，卯、沈、俎則分別為用牲法。

酚—歲 (2615)

酚—钔(4517)

異酚—餗 —召(610)

酚—餗 —即 (1090)

酚—祝 (2281)

酚品豊 —牽于多妣 (2292)

酚—寮 —卯 (935)

酚河 —尞 —沈 —俎 (1118)

酚岳 —尞 —俎 (1118)

6. 殷人進行酚祭，冀求的目標：一是求降雨，二是求時王受

祐或卜問時王的禎祥、順利否。

酚—又大雨 (2562)(3137)(4450)

酚—雨 (651)

酚—又正 (261)

酚午 (卸)—正 (2671)

酚—若 (2652)

酚—王受又 (1143)(2137)(2267)(2324) (2483)

酚—王受又又 (2265)

由以上命辭前後句組的對應觀察，無疑大大豐富了我們對殷

人酚祭的了解。

二、桒

一般對桒字的理解，謂象兩手持農作物，是用為祈求之祭名；參《甲骨文字詁林》第二冊 1533桒字條。但我們單對比《屯南》相關桒字在命辭前後句的用例，就可以掌握如下更周延的知識：

1. 桒祭的對象：有自然神的河、岳、土、四方，有殷先王的夒、上甲、祖丁、父丁、后、高(高祖)、大示、多妣、十示又四等專稱和泛指。祭祀對象比酚祭更廣泛。

　　桒―至河―王受又 /桒―至夒(244)　(「/」示見於同版的相關辭例；下同)

　　桒岳―从用―雨(4513)

　　桒于亳土(59)

　　桒雨 /四方(932)

　　自上甲桒年 /屰自后，桒年，王 ▨(37)

　　桒年―叀祖丁禘用―王受又(2406)

　　桒禾―高眔河(916)

寨于大示 (601)

酯—寨于多妣 (2292)

寨—告十示又四 (601)

2. 寨祭用祭的內容：均屬農作物的禾、年、生。

寨禾 (33)(507)(750)(827)

寨年 (37)

寨生 (750)

細審《屯 750》：「(3)辛卯貞：其寨生于妣庚、妣丙：一牢？ (4)
丁酉貞：寨禾于岳，寮五宰、卯五牛？」相對於其中的(4)辭
「寨禾于岳」指的是用禾來寨祭岳神，第(3)辭的「寨生」自
可理解為用生(初生的中)來寨祭二先妣；但亦可理寨祭以冀求
生產於二妣。細審卜辭「寨生」多見，且都是針對祭祀母妣，
如〈合集 21060〉：「寨生妣己」、〈合集 22100〉：「寨生五妣」、
〈合集 34078〉：「寨生于高妣丙」、〈屯 1089〉：「寨生妣庚」
等；又見〈合集 22099〉：「寨屮生」、〈懷 71〉：「寨王生」、〈合
集 13925〉：「婦好屮受生」例，字似有生產、生育意。字或

用為褒祭的目的；存此備參。

3. 褒祭同時並行的祭儀，有：酚(酉)、煉。而褒固定置於酚祭之後。

　　　褒煉 (417)(4304)

　　　酚褒(1229)(2605)(4233)

　　　酉褒(2626)

4. 在某祭祀活動之後進行褒祭：僅酚祭一種。褒無疑是當日僅次於酚祭的重要祭儀。

　　　酚—褒(2292)

5. 褒祭後接著進行的祭祀活動：只有單純的祭儀酚、寮；復有用牲法沈、俎、卯。

　　　褒—酚—王受又 (2666)

　　　褒禾－寮－沈／褒禾－褒—俎／褒禾－俎 (93)

　　　褒禾－寮－卯 (750)(2322)

　　　　 褒禾 － 尞 － 沈 (830)

　　　　 褒禾 － 沈 (667)(2667)

6. 褒祭冀求的目標：一為求時王受祐，二為問降雨，三為問
　　豐年，四為問收成有所得否。卜辭見褒祭時有同時詢問兩
　　個以上的內容，如「降雨否」和「王受祐否」、「降雨否」
　　和「用豚祭否」。

　　　　 褒年 － 王受又 (37)(2406)

　　　　 褒 － 沈 － 王受又 － 大雨 (667)

　　　　 褒年 － 即日 － 又雨 (2359)

　　　　 褒禾 － 雨 (3083)

　　　　 褒 － 雨 (932)(4362)

　　　　 褒年 － 叀豚 － 又大雨 (2828)

　　　　 褒年 － 雨 － 叀豚 (4579)

　　　　 褒禾 － 受禾 (1110)(3041)

奉禾一得 (2322)

對比以上《屯南》複句的前後句例，對奉字的功能明顯有較全面而真切的理解。

三、用

一般理解用字為殺牲的通稱；參《甲骨文字詁林》第四冊 3338 用字條。核諸《屯南》的複句句例，可以進一步拓大掌握用字的字意如次：

1. 用牲祭拜的對象：主要是殷先公祖妣的專名。

以羌用自上甲 (539)

其用于父丁 (725)

其用由在妣辛升 (2538)

叀祖丁用 (1055)

2. 用的內容：有指人牲 (包括捕捉和進貢的)：羌、伐、執、方國、人首；有指動物：牛、羊、牢、豕、麋；有指祭品：簋、卣、鬲、庑、冊、戉；有指用占卜內容。可見「用」

字並非單純只指殺牲。

　　射羌，以羌其用自上甲盤至于▱ (9)

　　王其用羌方 (567)

　　迣來羌，其用于父丁 (725)

　　用伐 (25)

　　執其用 (489)

　　其用由，在妣辛升至母戊 (2538) (同版有「祏羌由」例)

　　爰以牛其用自上甲盤大示 (9)

　　叀白羊，用于之，又大雨 (2623)

　　弜用黑羊，亡雨 (2623)

　　叀羊用 (36)

　　叀牢用，王受又 (743)

　　叀豕用 (2772)

乙亥阱𡥀七百麋，用𠂤 (2626)

禋用十卣 (110)

叀鼎用祝 (2334)

叀父庚廃用 (1055)

叀新冊用 (1090)

其用茲酉 (253)

叀茲冊用 (4554)

叀戊廃用 (4554)

其用茲卜，受又 (1042)

3. 「用」同時並行的祭祀活動，有：祝、禋。然此二字都只
　是祭祀的動作，並非祭名。

叀鼎用祝，又正，王受又 (2334)

禋用十卣 (110)

祝，為禱告的泛稱。禋，指冊告某祖，〈屯南 2538〉：「其

　用茲祖丁禘」。

4. 在某祭祀儀式後進行「用」的活動：涑、酌、豐、辇、寧
　秋。但用字後不見接任何獨立祭儀。

　　　涑－酌－叀祖丁用 (1055)

　　　又豐－叀祖丁廌用 (1255)

　　　辇年－禘用－王受又 (2406)

　　　至寧，用三大牢 (930)　　（按：同版有「寧秋」例）

5. 用祭冀求的目標：一是求時王受祐，二是求雨，三是問禎
　祥，四是問時王順否。用祭後亦見連接出現二個詢問句。

　　　叀三羊用，又雨 (651)

　　　叀白羊，用于之，又大雨 (2623)

　　　叀牢用，王受又 (743)

　　　叀父庚廌用，隹父甲正，王受又 (1055)

　　　禘用，王受又 (2406)

　　其用在父甲升門，又正 (2334)

　　叀鼎用祝，又正，王受又 (2345)

　　叀乙亥用，又正，王受又 (4415)

　　叀沚或㪔，用，若 (19)

　　叀沚或㪔我，用，若 (63)

　　叀𢎟㪔，用，若 (717)

對應以上《屯南》用字的複合句句例，可以較完整的呈現字
的用法。「用」只是殷祭祀過程中的一種獻祭動作，但並非祭
名。

四、田

　　一般都把田字理解為耕種的田地和打獵的田狩地講；參
《甲骨文字詁林》第三冊 2189 田字條。事實上，審諸《屯南》
田字用法，絕大多數都作為田狩意，明確用為農耕的，只有
〈屯南 2358〉：「蓺田一不冓雨／弜蓺田—其冓雨」一辭。有關
《屯南》田字的相關語境，有：

1. 田字並行的字例：省、狩、擒、往。

田省(2037) ←→ 省田

(272)(621)(888)(2192)(2256)(2257)(2357)

按：〈屯南 2531〉見：「省田/其獸」；〈屯南 2269〉見「省田—亡𢦏/獸—亡𢦏」。二辭見於同版。

田獸(2114)

田𠂢(4033)

往田(48)(420)(941)(2213) (2298)(3202)

往省田(1108)

2. 在某活動後隨即進行田的動作：僅涉字一見。

涉—田(2116)

3. 田的動作後接著進行的活動：絕大部份是與田狩相關的，如：往、入、出、祉从、𠂢、焚、射；一見為征伐卜辭的：伐；二見為祭祀卜辭的：剛。見殷人從事田的活動，除卻單純的田狩外，有與拓張勢力的征伐有關，亦有在田狩後

進行祭拜的習慣。

省田－往－入（2383）

田－出－亡 𢦏（588）

省田－征从－亡 𢦏（2357）

其田－𡑲（557）（1345）（1441）（2325）

往田－𡑲（629）（1094）（1124）（2298）

田－焚－亡 𢦏（722）

王其田－射大象兕，亡 𢦏（1098）

田－伐某方－𡑲－𢦏－不雉眾（873）

其田－其剛于大甲－師又正（199）

王其田－剛于河－王受又（626）

4. 田狩活動冀求的目標：一是無災否，二是擒捕動物否，三是遇雨、遇風否，四是王受祐否，五是師有禎祥否，六是永王否，七是每否，八是若順否。

其田一亡 戋(592)

田一亡 巛/田一亡 巛/田一亡 戋(2172)

田一亡 戋/田 巛(2266)

田一屯日亡 戋(897)

田一湄日亡 戋(898)

田一睪一亡 戋(1441)

田一亡 戋一睪(2610)(3156)

田一雨(117)(217)(2321)

省田一冓 雨(272)(819)(888)(2192)

田一冓 雨(819)(2151)

田一遘 雨(984)

往田一雨(3202)

田一其冓 大雨(42)

田—遘大雨 (335)

田—冓大風 (588)

王其田某地—剛于河—王受又 (626)

其田—其剛于大甲—師又正 (199)

王其田—呼—興王—㞢 (641)

田—亡𢦔—杏王歸—㞢 (699)

田—亡𢦔—永王／田—每—永王 (2542)

田—亡𢦔／田—每 (2325)

田—亡𢦔／焚—亡𢦔— (762)

田—湄日亡𢦔—／田—每 (2706)

田—其每 (2094)

弜田—其每／王其田—亡𢦔 (621)

田—以𠂤—每 (2256)

田─弗每─亡戈─永王(4033)

田─若(395)

對比《屯南》複句句例,見殷商時期「田」的活動,主要是屬於田狩,與耕作意義牽涉不大,反而與殷商師旅的拓張勢力有一定的關連。

以上歸納《屯南》中的酚、羍、用、田四個字例在句與句之間的組合應用,發現可以拓張掌握字例的語境內涵,從而增加解讀的可能性和準確性。這遠比單純的字形分析或單句理解來得深切周延。因此,本文提出的「由句而論字」,明顯的方法有三:(一)由單句上下文句意討論句中待考字,(二)由複句前後句意討論待考字,(三)由同版相類句的句意討論待考字。三者可以交錯互參,對文字考訂將有重要的參考價值。

附:每字考

每,從女或從母,上束髮具簪飾。前人釋作敏、作霧、作晦、作霉、作誨、作悔等用法;參《甲骨文字詁林》第一

冊 432 每字條。復有讀如坶，即牧字；參朱歧祥《甲骨文詞譜》1.404。字意眾說紛紜，迄今仍無定論。我們嘗試由句與句的對比來解決這個問題。統觀《屯南》每字句的前後句語境，見「每」字有用於田狩卜辭，前句接逐、𥃩(擒)、田、往田、省田、射、田牧等動作：

逐－其每 (1152)

𥃩－每 (30)

田－每 (333)(519)(621)(2094)

田－每 /田－亡 𢦏 (2706)(4451)

田－每－亡 𢦏 (736)

田－其每 /省田－亡 𢦏 (2256)

往田－其每 /田－每－永王 (2542)

省田－每 (1240)

省田－冓雨 /冓－每 (272)

省－每 (658)

射－每(495)

田牧離－弗每－亡𢦏－永王(4035)

對比以上句例，每字句有與「亡𢦏」見於同版詢問句的相對應位置，每字句之後復有緊接「亡𢦏」、「永王」等用法。

「每」字有用於出巡卜辭，前句接出、征從、從等動作：

出－弗每(2221)

征從－其每/省田－征從－亡𢦏(2357)

王从犬𠂤－弗每－亡𢦏－不冓雨(2618)

而每字句亦與「亡𢦏」見於同版詢問句的位置，其後亦有接「亡𢦏」。

「每」字有用於征伐卜辭，前句接呼、令、呼伐、呼戍等動作：

啓某方－呼伐－其每－不𡆥𢦏(2613)

呼戍征衛－每/呼戍衛－每/呼衛－每(728)

令－每/呼－若(2311)

而每字句有與「若」見於同版相類詢問句的位置，其後有接詢問無災的「不㞢𢦏」。

「每」字有見於祭祀卜辭，前句接「在某田示」：

在龐田封示－王弗每－洋/在茵田又示－王弗每－洋/在潯田㚻示－王弗每－洋　(2409)

其後接「洋」字句，示投羊於水中以祭，乃用牲法。

「每」字亦見於農業卜辭，句末見卜問「受年」否：

弗每－受年(767)

整理以上《屯南》一坑每字的句例，字分別見用於殷王田狩、出巡、征伐、祭祀、農業句之後，以詢問的語氣卜問「每」否，「每」字顯然為一較廣泛語意的用字。每字句後有緊接「亡𢦏」，故字應與一般詢問吉凶的災否意無涉；其後有接「永王」，故字與祝頌殷王的相關語意無涉；其後接「菁雨」，故字與天文氣象類語意無關；其後接「受年」，故字與農作物豐收相關用字亦無涉。因此，「每」字應與前人所釋的氣象的

霧、晦；行獵的牧、帚等專門用字無關。又細審「每」字句例，在田字句、呼戍字句後絕多都卜問「每」否，並緊接詢問「亡𢦏」否、「不𡆥𢦏」否。「每」字又與「若」字見於同版，用例相當。因此，「每」字應有「安康」「吉祥」類的正面用法，並非一負面語意之詞。前人釋作悔，亦似有可商。特別是在祭祀卜辭的〈屯南 2409〉一版，在選擇不同田地進行祭祀，句中見「王弗每」一陳述分句，接著是用沈羊的祭祀方式來詢問時王的吉凶。整句句意鎖定了「每」字只有正面語意的用法。復衡諸字形，字隸作每，沒有問題；形與西周金文亦相當。西周金文中每字有讀作「敏」，如〈天亡簋〉的「敏揚王休」、〈何尊〉的「順我不敏」；參容庚《金文編》卷一32 頁每字條。《說文》：「每，艸盛上出也。」、「敏，疾也」，見字仍保留：盛出、捷疾等正面用意。甲文分別在田狩、出巡、征伐等句意後詢問「每」否，宜是廣義的卜問諸類事件發生的流程「暢順」否，用意與常見的「若」否相當。字在上述諸類句例中悉可讀為「敏」，理解作敏捷、流暢、明快的用意，都能通讀無訛。

以上是透過「由句而論字」的方法，排比《屯南》中「每」字句的句例，應用語境拓張的綜合分析，理解甲文的每字不

宜釋讀作霧、晦、牧、㚚、悔等負面語意或專門的用法。目

前最合理的釋讀，應是釋作敏，有行事流暢、順利之意。

第七章　　甲骨文研究法(三)：區別號

一

　　2015 年 10 月赴重慶西南大學主持第五屆出土文獻全國博士學術論壇，品評同學文章，其中武漢大學的范雲飛同學發表〈帝字新解〉一文，謂帝的本義是懸於木架的血囊；2015 年 11 月赴河南開封參加第七屆黃河學論壇，主持第一場次論文發表，又聆聽到南京大學的范毓周先生宣讀〈甲骨文中商代的帝〉一文，但對帝的原形卻並沒有確定的看法。顯然，迄今學界對於帝字的來源，依舊是眾說紛紜，未定於一。有關學界前賢的看法，范同學〈帝字新解〉文前有一很好的研究回顧整理，他將帝字本義的說解分作四類：(一)生殖崇拜說：(1)帝象花蒂形、(2)帝為女陰的象徵、(3)帝為女性先祖的形象；(二)宗教祭祀說：(1)象焚柴祭天形、(2)象白茅純束形、(3)帝為廟主、(4)似祭天之壇、(5)象水滴束木形；(三)以外國語文證：(1)梵文、希臘文、拉丁文的讀音與中文之帝同源、(2)古巴比倫文字形與甲文同源、(3)突厥文讀音與中文之帝同源；(四)其他：(1)象木架扎草裝人頭的人偶、(2)象華服冠帽之人形、(3)象薏苡之形、(4)象北天星空八顆星連成之

狀。再加上范同學的木架上血囊形，論說五花八門，真是蔚為大觀。難怪其他專業的學者對於古文字考釋一直採取存疑和不信任的態度。

我無意對以上諸多說法逐一辯駁，本文只擬借此帝字的分析，來談談漢字剛開始發生時的一種務實的現象—區別號。

二

先民發明文字，應用的構字部件並不多，但需要記錄的語言卻十分繁雜。因此，在上古造字過程中，會出現一體多義的現象。意即應用同一個結體，表達不同意義的語言。古人為了要區別這些形同異體，達到書寫清晰無誤的目的，往往利用某些簡略筆畫的增省來作為相同字形之間的區隔符號。如：

日作 ⊡，中間有增一短橫，以與璧、丁、祊、圍等圓形類字分開；

月作 ），中間有增一短豎，以與夕、肉等相類半圓形區別；

舌，象形作 🗶，有增橫畫為言(🗶)，有另在口中增橫畫為音(🗶)，二橫畫的出現並無實意，只有區別的功能；

女作 🗶、母作 🗶，後者所增二虛點也只是作為區別意，甲文中的母字亦有只作女形；

周作 🗶，从田增四點是要與田、甲類字區別，甲文中的周字亦見有省四點者；

白、百作二字同形，而百字有上增一橫畫，只是作為與白字區隔的功能；

史作 🗶，有分叉作 🗶 用為事字，但二字形在甲文復有混同的狀況。

上述例子，都足見古人在書寫時對於筆畫的調整改變，並不是處處要呈現實意的，也不是單僅就一字的形構來考量，反而，他們會考慮到形同形近異體在書寫上的區隔問題。這無疑是上古先民造字用字的一種普遍現象，也是我們分析古代字形需要留意的地方。

回來談談帝字。總括學界前賢的看法，再核對甲文字形和用例，就材料談材料，我認為帝字的部件分析，應是：從

燎從一。

對比甲骨文的帝字和燎字字形,「帝」明顯从束木,與「燎」取象燒木形相當:

《甲骨文編》卷 1.2[1],帝作:

鐵 109.3

掇 2.126

乙 7456

《新甲骨文編》卷一[2],帝作:

合 14312

合 15956

合 10172

合 14159

---

[1] 參中國社科院考古所編《甲骨文編》(北京:中華書局,1965 年 9 月),頁 4。

[2] 參劉釗主編《新甲骨文編》(福州:福建人民出版社,2014 年 12 月),頁 4。

《甲骨文編》卷 10.7，頁 410，燎作：

甲 144

後 1.24.8

甲 2476

佚 928

《新甲骨文編》卷 10，頁 586，燎作：

合 21085

合 32357

合 32329

合 27499

新出武丁早中期的花園莊東地甲骨[3]燎字作：

花 249

---

[3] 參中國社會科學院考古所編《殷墟花園莊東地甲骨》（昆明：雲南人民出版社，2003 年 12 月），第六冊索引。

花 286

小屯南地甲骨[4]的燎字作:

 屯 1030

✳ 屯 4397

又,〈合 22044〉:「辛亥卜,▨羊?」一辭,《類纂》隸作束[5],實即燎字,明顯亦作束木形,與帝字所從全合。字用為祭祀動詞,此卜問燎祭以羊的吉否。

帝字從燎的思路,說始見明義士、葉玉森[6],但二氏說解亦稍有出入。明義士認為帝字從橐「從古文上」,指「橐束柴於上者」;葉玉森則說「帝從一或二,並象天」。陝西考古所的王輝先生在〈殷人火祭說〉一文,亦認同明、葉二人的意見,認為帝字象積柴架薪以祭天之形,並謂:「一指明祭祀的對象,為居於天空的自然神」[7]。我同意帝字形源自燎字的說法,但所從的一並非象天之形。有關燎帝二字之間字用的過渡,理論上是:

---

4 參中國社會科學院考古所編《小屯南地甲骨》(北京:中華書局,1980 年 10 月)。
5 參姚孝遂、肖丁編《殷墟甲骨刻辭類纂》(北京:中華書局,1989 年 1 月)中冊,頁 564。
6 參見周法高主編《金文詁林》(中文出版社,1981 年 10 月),頁 52-54。
7 文見王著《一粟集》(臺北:藝文印書館,2002 年 1 月)上冊,頁 18。

燎象焚柴木形，本用作動詞，示燒柴升烟祭祀泛神的一種祭儀，後因借用為創新的神中之神—上帝的專名，字遂由祭祀眾神祇的動作而專用為祭祀一神的獨有稱呼，動詞轉作名詞，但在書寫上又要與一般習見的燎祭用法加以區隔，故增從一。一，字形本與古文「上」無涉，亦並不象天，或指任可祭祀對象。一在帝字中只單純作為分隔原屬燎字形的區別符號。

如此點線的理解帝字字形，一方面是將燎、帝二字的縱線關係系聯，得以說明帝字發生的出處和經過；一方面得以平實的拆解帝字形的本來面目。

三

本文分析帝字形是從燎從一。其中的一，作為區別號，具區隔專名的帝和泛稱的燎祭祭儀的功能。

經過上文的陳述，明白古人造字不是每一點一畫都有實意，其中若干筆畫只有區別功能。此外，由上述對帝字本形的整理和近代眾說紛紜的意見，今後考釋文字有幾點啟示：

1. 古人造字，並沒有太多深奧的想法。文字的發明，基本上

都是「視而可識，察而見意」。如何平實的了解古人，先由尋常的、習見的角度思考，恐怕是學界應有的共識。

2. 盡量避免用晚出文獻來推測古人。論文的關鍵論証仍是要建立在原材料上。由原材料論述原材料，理論上是最可靠的。不能只用晚出材料論證早出的未知，或者單以文獻為主要論據來比附字形。

3. 外國古代語文資料的對比研究，固然有參考價值，但都不能作為主證來論述古文字。

4. 不能只就形近、形似的字形成為主證，文字考釋必須結合在字的形體和字的應用兩條系聯復交錯對比的線上。

5. 文字部件的拆解分析，只能站在同一時期的字例串連觀察。

6. 文字的文化背景可以供作旁證參考，但不能成為主證。先入為主的文化背景的比附，容易讓論述陷入主觀的認知。

7. 重視闕疑精神。如果對字形暫無實證判別，寧可從闕以待來者。

第八章　域外漢字的研究潛力

──以韓國石刻漢字為例

一

　　2016 年 10 月底上海交通大學成立海外漢字文化研究中心。該中心收藏韓國、越南、歐陸等多宗罕見的域外漢字資料，對於了解中古漢字、漢文化有重要的貢獻。

　　以下，僅就中心所藏的韓國石刻資料提供一些初步觀察。中心相關韓國漢字資料，主要有兩大套拓本資料庫：(一)《韓國金石文大系》二卷，趙東元編，圓光大學校出版，1979 年 7 月。(二)《韓國金石文集成》(簡稱《集成》)卅五冊，任世權、李宇泰編，韓國國學振興院出版。本文只選取後者字例作為介紹，冀讓學界對於一直遭忽略的韓國石刻漢字的內容有較清晰的了解。

二

　　近代研究漢字雖說成為顯學，但都集中在上古秦漢時期的研究，逐漸形成甲骨學、金文學、竹帛學、說文學等不同分支，但對於隋唐以迄明清以來的石刻、隸楷、俗字等的整

理和關注,卻是遠遠不夠的。目前所見的韓國石刻漢字,大致上涵蓋時限是由隋唐以至近代的漢字書寫,這階段正好填補對中古漢字研究的空白。石刻材料保存了大量韓國在高麗、新羅時期的漢字字形和用語,對韓國古代歷史社會、中韓文化交流,甚至漢字書法藝術,都有重要的參考價值。當日韓國民族掌握漢字漢語的水平,以至對於中國古代經籍的了解和中國文化的身體力行,較諸中土都是不惶多讓的。這對於漢字學史而言,無疑是提供了一批絕佳的「出土文獻」,成為今後漢字研究的一個熱點。

韓國石刻漢字的特色和研究方向,可分項簡述如次:

一、保留篆體字形。

現存韓國石刻漢字的刻寫水平,一般都很高。大量字形與目前中國保存的隸楷、敦煌寫本、石刻字形相同。因此,當日的韓國,在漢字書寫上應是整個漢字文化圈中的佼者。其中若干字形仍持續掌握篆書的結構,有仿古書寫的味道。如:

肴:肴9.69(字例見於《集成》,附見數字前者表冊數,

後者表該冊圖錄篇的頁數;下同。)

臂 ： 臂18.51

去 ： 厺12.203

年 ： 秊17.30

虛 ： 虗17.113

夢 ： 夣18.53

善 ： 譱18.33

舉 ： 擧18.37

法 ： 灋18.127

災 ： 灾18.130

並 ： 竝20.12

光 ： 兊20.155

明 ： 朙23.81

朝 ： 朝26.6

二、呈現草書字體。若干石刻有全部或局部應用草書刻寫，
　　反映石刻的時代意義和藝術水平，如：

　　　堅：堅 18.165

　　　監：監 30.9

　　　燒：燒 20.39

　　　開：開 25.13

　　　敬：敬 25.14

　　　讀：讀 25.13

三、獨特具創意的字形。字形與一般所見的隸楷行草都不相
　　　同，如：

　　　風：風 27.196　　字從云，似是由雲的移動而聯想風吹的

組合。

　　　賢：賢 24.67　　字從忠，賢良即是指忠臣的推論。

　　　鼓：鼓 20.15 字從皮，鼓為動物的皮甲所製成。

窺：窺 18.104　字從視，窺探有用目視的意思。

醫：毉 15.214　字從巫，古代巫、醫的功能有重疊。《說文》已稱「古者巫彭初作醫」。

出：岀 9.16　字從二山，強調山外有山，表示由山中離開。

倦：劵 17.89　字從力，因倦有乏力意。

照：燳 15.122　字從火，夜中照明多用火把。

麓：嵓 30.78　字從山，麓一般都在山林之中。

羇：羈 29.111　字從商，羇旅在外，強調商人的活動。

葬：塟 28.104　字從土，死人埋葬於土中。

體：躰 10.8　字從身，身體與身之本有關。

國：圀 3.52　字從八方，國境涵蓋四面八方意。

　　囯 12.239　字從王，示王在國中。

後：後10.26　　字从不及，強調追趕不及意。

以上字例，基本上也是參考中國中古時期的俗字字形而來，這足見俗字的普及書寫和擴散，影響深遠。如：莽字从土，字見於敦煌《董永變文》；窺字从視，字見於《干祿字書》；國字从王，字見於《龍龕手鑑》口部和敦煌《拜新月》詞；鼓字从皮、出字从二山，字皆見於《正字通》；賢字从忠、醫字从巫，字皆見於《集韻》。字形的組合，具一時代獨特開創的新意和想像，但不見得合乎客觀文字發生時的原來意思。

四、避聖人諱而缺筆。這和大量墓誌銘中習慣對儒、佛思想的強調和推崇，可以對比來看。如：

　　丘：丘 9.42；22.78

五、石刻漢字的異體類型：

1. 偏旁形近改換。

這類部件形近混用和同化的字例十分普遍。甚至在同版刻石中的同一字亦會出現不一致的寫法，足見當日書寫字體的

靈活性和刻手求美求變化的主觀心態。如：

(1) 用／田／日／月／口／目／四。例：

　　備：俻9.43　　　　　勇：勈23.55　　譚：譚18.8

　　漕：漕 18.11　　　　謂：謂18.58　　冒：冐20.58

　　唇：脣 18.117　　　置：置19.43

(2) 非／北／比／此。例：

　　輩：輩3.96　　背：背26.139　　皆：皆15.112

(3) 与／爻。例：

　　與：與30.90　　　　舉：舉10.51　　　學：學10.15

(4) 宀／穴。例：

寢：寢7.157　官：官10.12

(5) 耳／身。例：

職：職7.164

(6) 力／刀。例：

幼：幼3.54　功：功3.54

(7) 山／止。例：

豈：豈17.49

(8) 火／大。例：

　　焚 ：焚79.114

(9) 舟／月。例：

　　槃：槃12.61

(10)　　辛／羊。例：

　　辜：辜17.17

(11)　　冫／氵。例：

　　滅 ：滅15.118　　　衍 ：衍17.7　　　洞 ：洞20.23

　　潔 ：潔30.35　　　盜 ：盜26.139　　　準 ：準25.71

2. 偏旁簡省。包括筆畫和部件的省略。如：

武：正10.67　　賦：䏽27.197

創：倉 28.62

覽：覧10.45

歸：婦16.51　　歸17.20

曹：曺17.34

賀：賀20.52

3. 偏旁筆序調整。相對於常態的筆順組合，刻手偶會呈現一

些特殊筆畫順序的字形。如：

本：夲 10.6

每：毎 28.129

歸：歸 18.66

4. 偏旁組合結構調整。字有由左右式改為上下式，上下式調

整為左右式的結構。如：

幼：幻 22.63

節：卽 31.88

5. 偏旁增飾筆。飾筆一般見於起筆或收筆，並無實義，只有

美觀的功能。如：

血：血15.290

兗：兗17.21

土：土17.51

氏：氏17.26

私：私27.98

6. 漏刻。單純屬於刻手的疏忽，這與字的區別義無涉。如：

媚 ： 媚17.50

曉 ： 曉23.45

講 ： 講23.75

畢 ： 畢24.116

幼 ： 幻 31.81

7． 部件改為音符。如：

寇 ： 寇20.30　　　　字意符攴改从久聲

粵 ： 粵17.18　　　　字意符丂改从篆體的于聲

聰 ： 聰24.69　　　　字音符改从公聲

　　　聰29.123　　　字音符改从匆聲

江 ： 淞17.31　　　　字音符改从公聲

吟 ： 唫9.37　　　　　字音符改从金聲

8. 大量簡化字的出現。如：

　　弃、与、継、尔、拶、号、栖、洒、庙、学、体、无、粮、寓、听、痒、氷、礼、恶、寻、万、机、个、涌、随、挂、飢、争、献、朴、声 等簡體字形，都普遍見於韓國石刻漢字中。這和上文提及若干中土的俗字有影響韓國石刻字形的寫法，可以等量齊觀。這些特別字形無疑的可以印證中古時期漢字文化圈中已存在大量的簡省現象，復為現今通行的簡化字提供一寶貴的歷史線索。

三

　　韓國石刻漢字不但在字形上提供中古漢字一批有價值的資料，也由於書手的文化水平頗高，對中古漢語和古文獻有深厚的造詣，因此，這批材料亦能以「美文」的姿態，提供許多優秀漢文的範例和足資與中土中古漢語相互比較、傳誦的用語，並作為研治韓國古代社會歷史的客觀材料。

1. 特別和洗練的用語。如：

「合璧珠聯」14.202

「定惠俱圓」20.177

「萬法皆空」20.179

「後發前至」21.32

「高山仰止，何日忘之」21.52

「靈羊掛角，難可追尋」21.144

「博覽強記而無常師，道之所在，則從而學之」23.16

「橫截眾流，吸盡西江之流」24.86

「視身世如浮雲，棄名利若弊屣」24.91

「這箇是痛痒底不痛痒底」25.21

「學不厭，教不倦」25.83

「誘掖後進，雲從霧集」25.84

「萬法歸一」26.77

「大道無外，何有古今」26.149

「堯至仁而理天下，舜大孝而化城中」27.9

「嗟歎之不足，故詠謌之；詠謌之不足，故舞之蹈之」27.116

「山林皐壤，適我平生」27.201

「伯夷遺址，箕子故閭…仲尼何陋，徐福不還。」28.14

「天生德仲尼」28.23

「尺寸伊皐，錙銖稷契，致君如堯舜，致俗若成康，終身不辱，守道甚夷。為物外之清珠，作風前之勁草。略銘行錄，永示將來。」28.65

「嘗笑語人曰：吾念平生百為，乃一夢也」28.91

「風蕭蕭兮天蒼蒼」28.114

「懷黃金之印，結紫綬魚腰，揖讓人主之前」28.171

「拜手稽首…坐而論道，燮理陰陽」29.20

「不幸短命，何其與顏回不相異也」29.32

「《易》稱積善，必有餘慶」29.106

「隣國聞而喪膽。或邊國子祭酒，循循然誘人，諸生仰之，如泰山北斗」29.143

「夫春秋以變物之態，朝夕以改人之心。公之為人，公正廉儉，忠毅孝恭，終始一節者，千古一人而已。」29.183

「以論語、孟子、尚書進讀，并進書法」30.6

「夙夜憂勤靡懈，不覺疾之在體」30.21

「為人聰明正直，廉恥自守，游心於淡，物我兩忘，學佛精進，真方外之人也。…忘筌忘蹄，得魚得兔」30.66

「天長地久兮有時盡，此恨綿綿兮無絕期」30.132

「昔范雎出簣中，卒為秦相；季布髡鉗作酒家保，終為名將。夫士之處世也，備嘗艱險，益勵其志，凜然後達，則可以成不世之功。」31.69。刻文參《史記·范雎列傳第十九》:「雎從簣中謂守者曰:公能出我，我必厚謝公。」《史記·季布列傳第四十》:「髡鉗季布，…為酒人保。」等用語。

「古語有之，貧賤不能辱身。」31.72

「由是群心頗慴伏，莫敢枝梧，遂得大捷。」31.74。參《史記‧項羽本紀》用語。

「仕不階於科第，赫矣文章；名不登於將帥，掃盡強梁。窮而不易節，凜凜秋霜；達則思濟斯物，熙熙春陽。」31.77

「嗚呼哀哉！」32.27

「洒然相喜，...慨然有憂天下志」33.29

「故馬遷論顏、跖短長而因曰：天之報施善人，其如何哉！則不可謂不怨也。」33.30。參《史記‧伯夷列傳》用語。

「飢來即飯，困來即眠」33.93

「公即扼腕直進」33.126

　　以上用語，率多保留先秦兩漢以至唐宋文章的痕迹，復有許多通俗用詞、口語、用典和警句。行文遣字，雅俗共賞，出口成章，有遊走於思辨藝術之間，亦見徵引經史典籍而勵志，皆可傳誦千古，留傳後世，其文學價值足與中土之中古文壇相匹敵。中韓雙方在中古用語的對比觀察及相互影響的狀況，最值得今後關注。

2. 韓國歷史材料。石刻史料和墓誌保存大量韓國古代紀年、朝政、社會和對外關係的實錄，特別是宋元一段時期有關中韓和韓國國內朝野互動的記載，尤為珍貴。韓國研究文史的朋友更應特別注意這一批材料。如：

「亂甚於劉曹之代」19.87

「仁睿太后夢感黃龍以娠焉。」28.67

「大宋建中靖國元年，大遼乾統元年十一月四日刻」28.73

「大宋大觀四年，本朝乾統十年」28.75

「大宋紹興三年，大金天會十年」29.6

「大金全盛，欲使我朝稱臣」29.26

「乾統七年...大金勒兵圖我而內亂大作」29.27

「大金乘間用事，...仁宗命公告奏大宋」29.30

「大宋尚書楊公應城以請路事來朝仁宗」29.30

「公與士卒同甘苦，日夜堅守，...眾皆失色，公顏色自若，益勵士卒，眾乃安定，咸服義勇」29.87

「隣敵聞而喪膽」29.143

「以文章名世。...奉使于中國,華人聳動。每一篇出,刻
鏤盛傳至今。大宋篇集中,往往有文烈公所撰,一何偉哉!」
29.166

　　以上以《集成》為例,扼要的介紹韓國石刻漢字的字形
和字用。今後如能透過分期分域的觀念,進一步就字形、用
語、史料的角度來對比分析這批材料,相信對於中古漢字漢
文的研究和了解韓國石刻在漢字文化圈中的意義,會有更多
更有價值的發現。

後記:

　　文章的完成,要感謝韓國慶星大學的河永三學兄無私的
提供韓國石刻數位資料。其次要感謝交通大學海外漢字文化
研究中心的王平教授和劉元春老師,沒有他們的邀訪,我就
沒有機緣看到這批珍貴的材料。返台後我窮三月之力,完成
了韓國石刻 35 巨冊的異體字譜整理,並撰畢此文。對於韓國
石刻中古漢字研究,這篇文章只是一個介紹;作為中韓友好
合作的研究,也未嘗不是一個很好的緣起。

第九章　　論《說文解字》中的陰陽家之言

一

　　東漢許慎《說文解字》中的一般釋字體例，多作「某，某也」，復偶引通人說解釋字義，此屬許慎交代篆體字義的通則。然而漢儒深受陰陽五行的影響，學究通人如許慎亦難例外。《說文》中若干釋字的「某也」處，不全然是針對文字部件分析或字義功能來看，反而是在傳達某種特殊的哲思，純屬是借題發揮的陰陽五行的看法。這類轉引陰陽家之言的字例，實與單純的釋字考義無涉，應置於許慎釋字內容之外分別觀之。而這批所謂陰陽家之言的字例往往成組排列，又或可相互參看，故宜宏觀的串連統合來理解。

二

　　以下，區分九類來觀察《說文》中的這些陰陽家之言的字例。

(一) 數目字的一、二、三、四、五、六、七、八、九、十。

　　一　惟初太極，道立於一。造分天地，化成萬物。(一篇上 1 頁。《說文解字段注》，藝文印書館。)

按：一，作為單純抽象數目字的開始。段玉裁注引《漢書》的「元元本本，數始於一」，以較平實的字用來理解「一」意，固然比較接近「一」字發生初期的用意。但許慎所言太極、言道、言生天生地和衍生萬事萬物，卻都是想像宇宙整體發生的哲思，與「一」字的本形本義無關。

二　　地之數也。从耦一。（十三篇下 687 頁）

按：許慎的「从耦一」，分析無誤，但所謂「地之數」，則與字義無涉。段注：「易曰：天一地二，惟初太始，道立於一，有一而後有二。元气初分，輕陽爲天，重濁陰爲地。」此承許說言陰陽家的天地生成過程，亦與「二」的本形本義無涉。

三　　數名。天地人之道也。於文一耦二為三，成數也。（一篇上 9 頁）

按：許慎言「數名」、「於文一耦二為三，成數也」，諸言皆平實之詞，權釋字形字義無誤，唯獨「天地人之道也」一句，則另屬陰陽家之言。段注謂「此釋三之義，下釋三之形」，然而「天地人之道也」實非「三之義」，此乃戰國以降陰陽家獨特賦予「三」字的哲思新義，與「三」字的本形本義無涉。以上的「一」「二」「三」，只是單純的硬性規定積畫，陰陽家

分別對應理解為天地人三才，獨立成數字中緊密相關連的一組。

四　　亖數也。象四分之形。（十四篇下 744 頁）

按：「亖數也」一句與「四」字的原形義無涉，乃純屬陰陽家之言。

五　　五行也。从二。会易在天地之間交午也。（十四篇下 745 頁）

按：段注：「古之聖人知有水火木金土五者，而後造此字也。水火木金土相尅相生。陰陽交午也。」許慎釋五，以「五行」比附「五」字，中間的ㄨ謂「陰陽交午」之狀，皆非字形義的本源。許慎言「四」「五」一分一交午，自成數字中的一組。

六　　易之數，会變於六，正於八。从入八。（十四篇下 745 頁）

按：段玉裁注：「此謂六為陰之變，八為陰之正也。…六為陰之變，九為陽之變。聖人以九六繫爻，而不以七八。」許慎以易術數的陰之變來形容「六」字，此顯非六字造字之本源。

七　易之正也。从一。微会從中衺出也。（十四篇下 745
頁）

按：段玉裁注：「易用九不用七，亦用變不用正也。然則凡筮
陽不變者，當爲七。但左傳、國語未之見。」許慎言「陽之
正」與「微陰邪出」，皆陰陽家的說法，亦非「七」字造字之
本。

八　別也。象分別相背之形。（二篇上 49 頁）

按：許慎在八部尔字條下言：「八，象氣之分散。」以氣的分
合言字，屬陰陽家之言，與八字原抽象意不同。

九　易之變也。象其屈曲究盡之形。（十四篇下 745 頁）

按：許慎言「陽之變」，並非造字之本，所謂「屈曲究盡」指
陽氣的伸展，亦不全然由字形出發言。

十　數之具也。一為東西，｜為南北，則四方中央備矣。
（三篇上 89 頁）

按：「十」的古文字是一直豎筆，後增虛點，復化點為橫畫。
許慎統言「數之具也」，指以十為數數的一完整單位，基本上

並沒有問題。但析言字有四方中央的觀念,則貫注陰陽家的想法,並不是字的原義。

以上許慎所言的數目字,一、二、三為一組,強調天地人三才;四、五為一組,示陰陽一分一合;六、七、八、九為一組,言易數陰陽移動的正變,其中六、八為陰之變與正,九、七為陽之變與正;十為一組,呈現四方中央的組合。許慎對這些數字的理解都與單純字的形義無關,整組字所呈現的,是連串的陰陽五行的觀念,閱讀時亦需統觀的整組一起對應理解彼此的關係。

(二)十天干的甲、乙、丙、丁、戊、己、庚、辛、壬、癸。

甲 東方之孟,易气萌動。从木戴孚甲之象。大一經曰:「人頭空為甲。」(十四篇下 747 頁)

按:段玉裁注:「下象木之有莖,上象孚甲下覆也。…考藝文志:陰陽家有大壹兵法一篇;五行家有泰一陰陽二十三卷、泰一二十九卷。然則許偁大一經者,葢此類。…人頭空,謂髑髏也。」可見段注明顯是站在篆文字形和《大一經》所引來理解甲字結構的本義。然許慎本身言字「从木」,也是依據「陽氣萌動」而艸木滋生來附會字形,並不正確。許慎徵引

《大一經》的內容，更是與字的本形本義無關。十天干字義的理解，許慎說解分兩部分，前者據篆體字形附會字義，接受陰陽五行說法的影響；後者引用《大一經》，據「承」和「象」二字串連。所謂「象」，是取想像之義，乃硬性對照人體由上而下各部位而言。下同。

乙　象春艸木冤曲而出，会气尚彊。其出乙乙也。與丨同意。乙承甲，象人頸。（十四篇下 747 頁）

丙　位南方。萬物成炳然。会气初起，易气將虧。从一入门。一者，易也。丙承乙，象人肩。（十四篇下 747 頁）

丁　夏時萬物皆丁實。象形。丁承丙，象人心。（十四篇下 747 頁）

戊　中宮也。象六甲五龍相拘絞也。戊承丁，象人脅。（十四篇下 748 頁）

按：段注：「戊之言茂也。萬物皆枝葉茂盛。…戊己皆中宮，故中央土，其日戊己。」許慎前段仍以陰陽五行來比附字形。戊象人脅，更與字的形義並不相當。

己　中宮也。象萬物辟藏詘形也。己承戊，象人腹。（十

四篇下　748 頁)

庚　　位西方。象秋時萬物庚庚有實也。庚承己，象人齎。」
(十四篇下　748 頁)

按：段注：「中凵者，象人齎。」段玉裁不察許慎引用《大一
經》的用意，仍據字形部件分析來比附許說。

辛　　秋時萬物成而孰。金剛味辛，辛痛則泣出。从一辛。
辛，罪也。辛承庚，象人股。(十四篇下　748 頁)

壬　　位北方也。会極昜生，故易曰：龍戰于野。戰者，
接也，象人裹妊之形。承亥壬以子生之叙也。壬與巫同意。
壬承辛，象人脛。脛，任體也。(十四篇下　749 頁)

癸　　冬時水土平，可揆度也。象水從四方流入地中之形。
癸承壬，象人足。(十四篇下　749 頁)

以上十天干，許慎先將此十字分別比附四方、四季時陰陽五
行的消長流動，並引用《大一經》將十天干逐一和人體由頭
而足、依上而下的順序特定的配對敘述：甲—人頭，乙—人
頸，丙—人肩，丁—人心，戊—人脅，己—人腹，庚—人臍，
辛—人股，壬—人脛，癸—人足。《大一經》這種一套配接一

套的依序對應且硬性規定的比附說法，自然與單純的個別字的形義無涉。後人將個別身體部位強作解釋字的形義，明顯不了解許慎羅列《大一經》於此的意思。許慎將十天干作為橋梁，與陰陽五行、四方四時相接，再和人體器官逐一比對系聯，應是反映漢儒將上古外在的宇宙觀知識內化於人身的一種思辯突破。

(三) 十二地支的子、丑、寅、卯、辰、巳、午、未、申、酉、
　　戌、亥。

　　子　十一月，昜气動，萬物滋。人以爲偁。象形。(十四篇下 749 頁)

　　丑　紐也。十二月萬物動用事。象手之形。日加丑，亦舉手時也。(十四篇下 751 頁)

　　寅　髕也。正月昜气動，去黃泉欲上出。会尚強也，象宀不達髕寅於下也。(十四篇下 752 頁)

　　卯　冒也。二月萬物冒地而出。象開門之形。故二月爲天門。(十四篇下 752 頁)

按：段注引酉字條：「卯爲春門。萬物已出」，是認爲許慎是

將陰陽四時和字形混在一起，作此釋讀。

辰　震也。三月昜气動，雷電振。民農時也，物皆生。从乙匕。匕象芒達。厂聲。辰，房星，天時也。从二。(十四篇下 752 頁)

巳　巳也。四月昜气巳出，陰气巳臧，萬物見，成彣彰。故巳爲它，象形。(十四篇下 753 頁)

午　啎也。五月侌气啎屰昜，冒地而出也，象形。此與矢同意。(十四篇下 753 頁)

按：段注：「四月純陽，五月一陰屰陽，冒地而出。…一縱一橫曰午。」段玉裁比附字形，助許釋讀陰氣冒出之意。

未　味也。六月滋味也。五行木老於未。象木重枝葉也。(十四篇下 753 頁)

申　神也。七月侌气成自申束。从臼自持也。吏以餔時聽事，申旦政也。(十四篇下 753 頁)

按：段注：「侌气成謂三陰成爲否卦也。」

酉　就也。八月黍成，可爲酎酒。象古文酉之形也。(十

四篇下 754 頁)

戌　威也。九月昜气微，萬物畢成。昜下入地也。五行土生於戊，盛於戊。从戊一，一亦聲。(十四篇下 759 頁)

按：段注:「戊午合德。天文訓曰：土生於午，壯於戌，死於寅。」

亥　荄也。十月微昜起接盛陰。从二。二，古文上字也。一人男，一人女也。从乚，象裹子咳咳之形。春秋傳曰：亥有二首六身。亥為豕，與豕同。亥而生子，復從一起。(十四篇下 759 頁)

以上十二地支，許慎體例先以聲訓，串連解釋字例。其後逐一與十二月順序對應相接，明白點出陰陽五行在每月相生消長的流程：由子至巳，陽盛出而陰藏；由午至酉，陰冒出而陽退；由戌至亥，微陽復出。因此，《說文》的十二地支與十二月份中的陰陽循環變化是站在一套配一套的方式呈現，許慎明顯並沒有以陰陽盛衰的狀況來解釋個別字形部件或用義的意思。

(四) 五臟的腎、肺、脾、肝、心

腎　水臧也。从肉臤聲。(四篇下 170 頁)

肺　金臧也。从肉市聲。(四篇下 170 頁)

脾　土臧也。从肉卑聲。(四篇下 170 頁)

肝　木臧也。从肉干聲。(四篇下 170 頁)

心　人心，土臧也。在身之中。象形。博士說以爲火臧。
(十篇下 506 頁)

按：段玉裁注：「土臧者，古文尚書說。火臧者，今文家說。」

以上言人體內五臟，許慎卻將五種器官逐一的與五行：水、
金、土、木、火的性質相接言，明顯此非就字的本形本義具
體描述。而且，《說文》這五字需統合成組而觀之，才能了解
彼此的關係。

(五) 五色的青、白、黑、赤、黃

青　東方色也。木生火。从生丹。丹青之信言必然。(五
篇下 218 頁)

按：許慎以方位解釋顏色，又以五行相生的說法來理解方位。此皆與字的形義無涉。段注：「丹，赤石也。赤，南方之色也。」

白　西方色也。会用事，物色白。从入合二。二，会數。（七篇下 367 頁）

按：段注：「出者，陽也；入者，陰也。故从入。」見段玉裁仍嘗試以字形的部件分析比附陽陰來理解顏色，似乎並未了解許慎是強調成組對應的觀念。

黑　北方色也。火所熏之色也。从炎，上出囧。（十篇上 492 頁）

按：段注：「青赤白三部下云：東方色、南方色、西方色。黃下亦云：地之色也。」

赤　南方色也。从大火。（十篇下 496 頁）

按：段注：「火者，南方之行。故赤為南方之色。」

黃　地之色也。从田芡聲。炗，古文光。（十三篇下 704 頁）

按：段注：「玄者，幽遠也，則為天之色可知。易曰：夫玄黃

者，天地之雜也。天玄而地黃。」

以上五色，許慎相對應的用四方天地的位置來形容，此自然
與字的本形本義無涉。

(六) 植物類的木、禾、麥

　　木　冒也。冒地而生，東方之行。从屮，下象其根。(六
篇上 241 頁)

按：許慎言「東方之行」，乃泛指植物為東方向陽所出之物，
此與木字的形義無關。

　　禾　嘉穀也。以二月始生，八月而孰。得之中和，故謂
之禾。禾，木也。木王而生，金王而死。从木。象其穗。(七
篇上 323 頁)

按：段注「木生金死」一句：「謂二月生，八月孰也。」許慎
言禾字，其中的生熟中和，木生金死，均與字的形義無關。

　　麥　芒穀。秋種厚薶，故謂之麥。麥，金也。金王而生，
火王而死。从來，有穗者。从夊。(五篇下 234 頁)

按：段注：「程氏瑤田曰：素問云：升明之紀，其類火，其藏

心，其穀麥。鄭注月令云：麥實有孚甲屬木。許以時，鄭以形，而素問以功性，故不同耳。」許慎加插「麥，金也。金王而生，火王而死」一句，純屬五行之言，與字形無涉。

以上植物諸字，見許慎附會以方位和五行流變之言，此皆與單純的釋字無涉。

(七) 自然類的山、火、水、金、地

　　山　宣也。謂能宣散氣，生萬物也。有石而高。象形。(九篇下 442 頁)

按：「謂能宣散氣，生萬物也」一句，純屬借題發揮之語。山字的形義，與宣氣生高無涉。段注：「九字依莊子釋文訂。」

　　火　燬也。南方之行，炎而上。象形。(十篇上 484 頁)

按：許慎以五行方位言火，此與字的形義無涉。段注：「與木曰：東方之行，金曰：西方之行，水曰：北方之行，相儷成文。」

　　水　準也。北方之行。象眾水並流，中有微陽之氣也。(十一篇上 521 頁)

按：許慎謂「北方之行」和「中有微陽之氣」，是以五行方位和陰陽消長言字，此與水字本形本義無涉。

　　　金　五色金也。黃為之長，久薶不生衣，百鍊不輕，從革不韋。西方之行，生於土，從土。广又注，象金在土中形。今聲。(十四篇上 709 頁)

按：「西方之行，生於土」一句，見許慎以五行方位附會金字。

　　　地　元气初分，輕清易為天，重濁会為地，萬物所敶列也。从土也聲。(十三篇下 688 頁)

按：許慎以元氣陰陽清濁附會地字，與字的形義無涉。

　　　以上自然類諸字的理解，都是以元氣陰陽和五行方位來比附，與字的形義全然無關。

(八) 人類的人、大、包、羌、王、士

　　　人　天地之性最貴者也。此籀文，象臂脛之形。(八篇上 369 頁)

按：段注：「禮運曰：人者，其天地之德，陰陽之交，鬼神之會，五行之秀氣也。又曰：人者，天地之心也，五行之端也。

按禽獸艸木皆天地所生，而不得為天地之心，惟人為天地之心，故天地之生此為極貴。」許慎以「天地之性(生)最貴者」來形容「人」，但此與「人」字的原始形義無涉。

　　大　天大、地大、人亦大焉。象人形。(十篇下 496 頁)

按：段注：「老子曰：道大、天大、地大、人亦大。…大文則首手足皆具，而可以參天地，是為大。」此亦以天地間最珍貴的生物來形容「人」，但以天、地對比言人，並非人字的原義。

　　包　妊也。象人裹妊，♁在中，象子未成形也。元气起於子。子，人所生也。男左行三十，女右行二十，俱立於巳，爲夫婦。裹妊於巳，巳爲子，十月而生。男起巳至寅，女起巳至申。故男年始寅，女年始申也。(九篇上 438 頁)

按：許慎言「元气起於子」、「男左行三十，女右行二十」、「男起巳至寅，女起巳至申」等句，均屬陰陽家之言，與包字形義無涉。段注：「男子數從寅起，女子數從申起。神仙傳王綱云：陽生立於寅，純木之精。陰生立於申，純金之精。夫以木投金，無往不傷，是以金不為木屈，而木常畏於金。」此亦屬就許慎的陰陽五行意思拓大解釋。

　　羌　　西戎，羊種也。从羊儿，羊亦聲。南方蠻閩从虫，北方狄从犬，東方貉从豸，西方羌从羊。此六種也。西南僰人、焦僥从人。蓋在坤地，頗有順理之性。唯東夷从大。大，人也。夷俗仁，仁者壽，有君子不死之國。孔子曰：道不行，欲之九夷，乘桴浮於海。有以也。(四篇上 148 頁)

　　按：許慎以漢族居中的眼光敘述四夷字例，分屬从虫、从犬、从豸、从羊諸異種，語帶卑視。其中言僰人的處西南，介定為坤地，是將方位與八卦系聯比附。又言夷人仁而壽，與處於東方有對應關係，又是將方位與德目相連接。此皆陰陽五行衍生的觀念，與字的本身形義無關。

　　王　　天下所歸往也。董仲舒曰：古之造文者，三畫而連其中謂之王。三者，天地人也。而參通之者，王也。孔子曰：一貫三爲王。(一篇上 9 頁)

　　按：許慎以「天下所歸往」的對象稱「王」，亦算平實，勉強可從。唯徵引董仲舒所言「三者，天地人」，而「參通」天地人之人則為王，卻純屬陰陽家比附之言。此與字形義無涉。許慎復引通人說分析字形為「三」和「丨」的組合，亦是錯誤的。

　　士　　事也。數始一，終於十。从一十。孔子曰：推十合一為士。（一篇上 20 頁）

按：士的古文字形並不从一十。許慎引通人說謂字為一和十「終始」「推合」的關係，此宜屬陰陽術數的概念，與字的具體形義無關。

以上人類諸字例，許慎率比附天地陰陽術數、八卦四方的說法，與字的本形本義亦無必然關係。

(九) 鳥類的鳳、焉

　　鳳　　神鳥也。天老曰：鳳之像也，麐前鹿後，蛇頸魚尾，龍文龜背，燕頷雞喙，五色備舉，出於東方君子之國，翱翔四海之外，過崐崘，飲砥柱，濯羽弱水，莫宿風穴，見則天下大安寧。从鳥凡聲。（四篇上 149 頁）

按：段注：「天老對黃帝之言，見韓詩外傳。…郭氏山海經圖讚曰：八象其體，五德其文。…五德其文者，首文曰德，翼文曰順，背文曰義，腹文曰信，膺文曰仁也。見山海經。」許慎形容神鳥具五色五德，並將鳳鳥所出與東方君子國相連，此屬陰陽術士之言。

　　焉　焉鳥。黃色，出於江淮。象形。凡字，朋者羽蟲之長；烏者日中之禽，舄者知太歲之所在，燕者請子之侯，作巢避戊己。所貴者故皆象形，焉亦是也。(四篇上 159 頁)

按：許慎言鳥禽中的䳜知「太歲之所」、燕「作巢避戊己」，均純屬陰陽家之言。

以上鳥禽諸字例，見許慎貫之以五德終始、陰陽家的附會之詞。這些和單純字的形意理解亦無關。

三

　　以上九類字例，包括數目字、十天干、十二地支、五臟、五色、植物類、自然類、人類、鳥類的字。許慎解釋這些字例，都是直接借用陰陽五行的說法，與字的形義並沒有必然關係。其中的數目字對應三才和陰陽正變分合、天干對應四方四時及陰陽互動和人體器官、地支對應月份和陰陽消長、五臟對應五行、五色對應四方天地和陰陽五行，皆屬比較一致的成組配對。閱讀《說文》，這些特殊字例宜成組對應觀察，才能了解許慎徵引內容的深意。由此，可以反映漢儒吸收陰陽五行的思辯態度。特別是對於陰陽五行直接與人體之間的相感應關係，可以清楚觀照漢儒企圖將外在客體的宇宙變化

內化於人體內部的操作過程。漢儒天人合一的思路，成就了兩漢外儒內陰陽的時代特色，在許慎《說文解字》這些特別字例中亦表露無遺。而《說文》所謂「形書也」的單純釋字功能，透過上述引用陰陽家之言的字例觀察，顯然並不完全是事實。

第十章　質疑《清華簡》的一些特殊字詞

一、前言

　　近世簡牘陸續被發現出土，成為目前研治古文字中的顯學。遺憾的是，除了早期發表的包山、郭店、望山、九店、曾侯乙墓、葛陵等具有較清楚的考古發掘資料外，其他重要的簡牘如上博簡、清華簡、浙大簡、北大簡、中文大學簡，都是屬於來歷不明的。這些簡牘的可靠性如何，迄今仍是學界的一個疑團。

　　2009 年由香港回歸入藏浙江大學的浙大簡，首先遭受到質疑其可靠性。這批竹簡本已是通過北京大學科技考古與文物保護實驗室進行碳十四的測試，確認無訛，且明確定為公元前 340 年戰國時期的文物[1]。但可惜的是，簡牘上的文字基本上在學界已論定為近人偽書。我曾在〈由字形、文句通讀評估浙江大學《左傳》簡〉一文[2]，也提出幾點簡文可疑的地

---

[1] 參見曹錦炎編《浙江大學藏戰國竹簡》前言。浙江大學出版社，2001年 12 月。

[2] 參拙稿《釋古疑今——甲骨文、金文、陶文、簡文存疑論叢》第七章。里仁書局，2015 年 5 月。

方：

（一）、簡文有濃厚的行艸味道。

（二）、簡文有與宋元以後的簡體，甚至和目前大陸流通的簡化字相同。

（三）、簡文結構有大量繁省字形，復有若干部件組合怪異的現象，這與常態的楚簡文字形構並不相同。

（四）、簡文文句出現顛倒、誤書、殘漏、寫別字的特殊現象，這與習見的《左傳》傳世本內容並不相同。

特別的是，浙大簡文中的朝字有從舟，武字上有增短橫，字形罕見；但居然與另一批同樣是來歷不明而又是經過香港回流的清華簡卻巧合的相似。這自然引起我對近出清華簡的字形產生好奇。細審目前所公布的《清華簡》（一）至（五）冊中，亦發現若干異體字和特別用語有值得探討的空間。

以下，分別就文字流變、字形和語言用法三者作點、線、面綜合觀察，歸納論證《清華簡》（一）至（五）冊的內容恐非常態的戰國材料。

二、由文字流變檢核《清華簡》的特殊筆畫

我們嘗試先由文字發展的縱線來觀察《清華簡》一些特殊字例。這些字例明顯不在戰國中晚期的字形縱線正常的時間點上，亦與習見的楚系文字並不相同。

（一）、　康

有關康字的字形流變，就一般古文字形用書先表列如下：

1、徐中舒《漢語古文字字形表》卷 7.12[3]，279 頁康字條：

甲骨文作　〈前 1.37.1〉　　〈後上 20.5〉

西周金文作　〈矢方彝〉　　〈毛公鼎〉

東周金文作　〈蔡侯盤〉　　〈齊陳曼簠〉

石鼓文作

詛楚文作

2、考古所《甲骨文編》卷 7.14[4]，309 頁穅字：

---

[3] 文史哲出版社影印，1982 年 4 月。
[4] 中華書局，1965 年 9 月。

〈乙 817〉　　〈前 1.10.3〉

〈粹 345〉　　〈京津 5052〉

3、容庚《金文編》卷 14[5]，971 頁康字：

〈女康丁簋〉　　〈康侯鼎〉

〈伯康簋〉　　〈命瓜君壺〉

4、張光裕《郭店楚簡研究‧第一卷文字編》[6]正文 446

康字：

〈3.28〉　　〈9.38〉

5、劉信芳《睡虎地秦簡文字編》[7]58 頁康字：

康〈日書 837 反〉

6、許慎《說文解字》[8]卷七上穅字篆文作：「穀之皮

也。從禾米，庚聲。或省作。」段注：「穀猶粟也。今人

謂已脫於米者為穅。穅之言空也。空其中以含米也。凡康

寧、康樂，皆本義空中之引伸。」

---

[5] 中華書局，1985 年 7 月。
[6] 藝文印書館，1999 年 1 月。
[7] 湖北人民出版社，1993 年 12 月。
[8] 藝文印書館，2007 年 8 月。

7、張顯成《尹灣漢墓簡牘校理》[9]270 頁康字條，字
作：

康

8、毛遠明《漢魏六朝碑刻異體字典》上冊[10]471 頁康
字有仍從米，有從四點作似水狀。而字的中豎筆都是由上
而下緊密相連，豎筆末偶有帶鉤的寫法，作：

康　康　康

綜上表字形，康字的來源，上承庚字，獨體，象鐘形。
殷商甲文引錄的先公「庚丁」，即相當文獻的「康丁」是；晚
期甲文見後增數小點，以與庚字區隔，唯字形主體從庚，中
豎畢直而下自始沒有改變。諸小點只有區別意功能，點數和
形態都不固定，至西周金文後才習慣的寫作平衡的四點或四
小斜筆。東周金文後四小斜筆復固定往兩旁靠攏，中豎筆的
中間偶附一小虛點，用為飾筆。戰國簡牘有仍作下垂四短斜
筆，有譌從米。篆文和《說文》或體亦都譌從米，復由從米
而理解為米糠之糠。這個字的形構分析如謂從水，恐怕是要
根據漢簡或漢碑石以降的字形，才會有此誤解。而漢簡、漢

碑石字形所從的中豎，都是由字的頂端畢直而下，其間罕見分書，而四點筆勢分離，亦並非常態的水字字形。

然而，《清華簡》（一）〈保訓〉篇的康字獨作，下部居然從篆體的水形，中豎呈斜出水波狀，且與庚部件分書；此與上文字表康字字形演變縱線不合，亦與正規出土的楚系字形絕不相同。此字形恐是經由草書、楷書的字形誤導切割再逆推而成。書手如定為戰國中晚期的人，未審如何會懂得康字可作從水的寫法。

（二）、 從「幺」、「糸」部件的筆勢

從「幺」、「糸」類字形的演變，先列表如下：

1、 徐中舒《漢語古文字字形表》卷 13.6，506 頁絲字：

甲骨文作 〈燕 51〉　〈後下 8.7〉
金文作 〈昌鼎〉

2、 考古所《甲骨文編》卷 13，505 頁糸字：

〈粹 816〉　〈乙 6733〉
〈京津 4487〉　〈乙 124〉

507 頁絲字：〔字形〕〈後 2.8.7〉

508 頁蠿字：〔字形〕〈粹 1125〉　　〔字形〕〈京津 1568〉

3、　容庚《金文編》卷 13，873 頁絲字：

〔字形〕〈商尊〉　　〔字形〕〈辛伯鼎〉　　〔字形〕〈旨鼎〉

綘字：〔字形〕〈師艅鼎〉　　〔字形〕〈瀪簋〉

繼字：〔字形〕〈公貿鼎〉

率字：〔字形〕〈孟鼎〉　　〔字形〕〈毛公鼎〉

4、　張光裕《郭店楚簡研究》171～172 頁：

茲字：〔字形〕〈7.23〉

樂字：〔字形〕〈1.1.4〉

慈字：〔字形〕〈1.1.31〉

幻（嗣）字：〔字形〕〈7.23〉

孳字：〔字形〕〈1.1.21〉

茲字：〔字形〕〈3.1〉

幾字：〔字形〕〈1.1.25〉

5、　張光裕《包山楚簡文字編》[11]296～305 頁：

11　藝文印書館，1992 年 11 月。

　　絰字：〈184〉

　　纙字：〈164〉

　　絑字：〈130〉

　　紳字：〈牘 1〉

　　紛字：〈260〉

6、　方勇《秦簡牘文字編》[12]364 頁：

　　絕字：〈嶽為 76〉

　　縱字：〈睡律 5〉

　　細字：〈睡乙 57〉

　　結字：〈睡封 65〉

　　絲字：〈睡答 11〉

7、　郭忠恕《汗簡》[13]下之一，70～71 頁：

　　糸字：

　　純字：

　　絫字：

　　素字：

[12]　福建人民出版社，2012 年 12 月。

[13]　中華書局，1983 年 12 月。

8、　許慎《說文解字》卷十三上，650～669 頁篆文：

糸字：🔣

純字：🔣

絲字：🔣

率字：🔣

9、　駢宇騫《銀雀山漢簡文字編》[14]卷 13，414 頁：

結字：🔣〈404〉

繞字：🔣〈409〉

絜字：🔣〈393〉

410 頁孫字：🔣〈323〉

10、　毛遠明《漢魏六朝碑刻異體字典》下冊，1207

頁：

織字：織、織

784 頁紳字：紳、紳

1259 頁縱字：縱、縱

　綜上表字形，「幺」「糸」部件的筆順，由甲骨而金文，

[14] 文物出版社，2001 年 7 月。同書卷 6，235 頁鄉字：鄉〈151〉，見「乡」旁下有作撇形。

都是作二圓圈相連接，密口書寫。戰國文字，無論是秦簡抑楚簡，所從二圓一般亦都是密合狀，偶爾在第二圓回筆處稍有疏離成缺口，但筆勢末端仍是回旋彎向起筆的地方，並沒有例外。篆文和汗簡從糸的字例，多以小豎起筆，二圓圈亦作密口的寫法。一直至漢簡和漢魏石刻，才有見糸所從的「幺」末筆分書作撇筆或頓筆的書寫形式。

然而，清華簡的「幺」部件卻已有寫作「彡」的風格，末筆斜向撇出，如：《清華》（一）〈耆夜〉的藥字作 ，字單從中，結構奇特。《清華》（三）〈說命〉中的孿字作 。《清華》（五）〈三壽〉的後字作 。《清華》（五）〈命訓〉的樂字作 。以上諸字例從幺部件，末筆都見作撇狀的寫法，儘管區別細微，但由「糸」、「幺」部件的流變觀察，恐怕亦只有入漢以後的隸楷字形才會有機會出現這種撇狀寫法，未審清華簡的戰國時期書手如何能掌握這一筆勢。這種特殊的筆勢，目前又只巧合的見於同屬出處不詳的《上博簡》中。

（三）、 母與從母字例

有關母字的字形流變，先列表如下：

1、考古所《甲骨文編》卷 12.5，471 頁母字：

〈甲 230〉　　〈粹 850〉

〈甲 2316〉

2、容庚《金文編》卷 12，796 頁母字：

〈司母戊鼎〉　　〈母戊觶〉

〈母辛卣〉　　〈夨方鼎〉

〈繛鎛〉　　〈盗壺〉

〈鄂君啟車節〉

3、張光裕《郭店楚簡研究》264 頁母字：

〈1.121〉　　〈16.6〉

4、張光裕《包山楚簡文字編》229 頁母字：

〈202〉　　〈169〉

5、方勇《秦簡牘文字編》卷 12，348 頁母字：

〈睡殘 9〉

6、許慎《說文解字》卷十二下女部 620 頁母字篆文：

從女，象裹子形。一曰：象乳子也。

7、駢宇騫《銀雀山漢簡文字編》卷 12，382 頁母字：

母〈433〉

8、毛遠明《漢魏六朝碑刻異體字典》上冊，629 頁母
字：

母　母

綜上表字形，母字由甲骨金文，再經楚簡、秦簡，以至
秦一統後的篆文、漢魏石刻，字形基本上都屬一致。字形从
女，象婦人的坐姿；復增二虛點，分置於女身兩旁，一般指
的是女性的乳房，我認為是屬於區別符號，與形近的女字字
形加以區隔。甲文中的「母庚」，有作
〈乙 6062〉、「母辛」
有作
〈乙 5384〉、「母壬」有作
〈前 1.30.8〉、「母癸」有
作
〈前 1.31.3〉等是，可見甲文中的母、女二字本多混用，
兩點的功能是強調母和女字間的差別。周金文後，字形多作
站姿，主要部件不變。

然而，清華簡的母字卻有誤書作
，分別見於《清華》
（一）〈耆夜〉、〈金縢〉、〈祭公〉，《清華》（三）〈說命〉下、
〈琴舞〉、〈芮良夫〉諸篇，明顯又不是偶一的疏失。懋字有

作，見《清華》（一）〈祭公〉和《清華》（五）〈三壽〉。睯字有作，見《清華》（三）的〈說命〉上和〈赤鵠〉。以上字例可怪，書手顯然是不全然了解母字本身的結構，又或故意的標奇立異，將二虛點並排在一起。這種特殊寫法，不見於古文字流變，亦不見於經正常考古挖掘的戰國文字；但巧合的又卻出現於同屬由香港回流的《上博簡》中。

（四）、　弌

有關弌字的字形流變，先列表如下：

1、　考古所《甲骨文編》卷一，1頁一字：

一〈鐵 148.1〉

2、　容庚《金文編》卷一，1頁一字：

一〈我鼎〉

3、　張光裕《郭店楚簡研究》2頁一字：

一〈1.1.22〉　　弌〈3.17〉

4、 張光裕《包山楚簡文字編》1頁一字：

一〈10〉

5、 方勇《秦簡牘文字編》卷一，1頁一字：

一〈青牘1〉　弍〈關牘367〉从弋

6、 郭忠恕《汗簡》卷上之一，2頁一字：

弍

7、 許慎《說文解字》卷一上，1頁一字篆文：

一　古文作弌

8、 駢宇騫《銀雀山漢簡文字編》卷一，1頁一字：

一〈1〉

綜上表字形，古文字的一字，形體單純，只作一硬性規定的橫畫，指事。戰國簡牘和《說文》古文有增从戈、从弋，強調數數的工具；而將原有橫畫固定置於戈弋部件左下方的空位處，並無例外。

然而,《清華》(四)的一字 10 見,3 見作 ━,5 見作 ✦,

2 見卻作 ✦。後者字形,很可怪異。這種獨特的將橫畫書於

戈部件的左上角,似乎是受了銀雀山漢簡以來隸楷的武字左

上增橫畫寫法的影響,但絕不見於任何類別的古文字「一」

字中,在習見的楚系字形中亦未見有這種寫法。

(五)、　武

　　有關武字的字形流變,先列表如下:

　　1、　考古所《甲骨文編》卷 12,492 頁武字:

　　　✦〈甲 3339〉　　✦〈甲 3946〉

　　2、　容庚《金文編》卷 12,827 頁武字:

　　　✦〈作冊大鼎〉　　✦〈牆盤〉

　　　✦〈中山王響鼎〉

　　3、　張光裕《包山楚簡文字編》222 頁武字:

　　　✦

　　4、　張光裕《郭店楚簡研究》260 頁武字:

武〈11.28〉　　武〈5.4〉

5、　方勇《秦簡牘文字編》356 頁武字：

武

6、　許慎《說文解字》卷十二下戈部 638 頁武字篆文：

武

7、　駢宇騫《銀雀山漢簡文字編》卷 12，401 頁武字：

武〈256〉　　武〈327〉　　武〈407〉

綜上表字形，由甲骨、金文，以至楚、秦簡牘，武字都固定從戈從止，字形部件並沒有任何變化。唯獨書於漢武帝時期的山東臨沂銀雀山漢簡，武字字形在左上角始增一橫畫。

然而，《清華》（二）〈繫年〉武字多達 5 見作武，10 見作武。前者仍從戈從止，但戈形一貫的斜筆卻誤書作橫筆，與銀雀山漢簡的〈327〉、〈407〉字形相約。後者明顯是從戈處誤增一橫筆，且多至 10 例，並非偶一失誤之作。這兩種字形一屬筆勢的改變，一屬誤書，都不見於習見的戰國簡帛之

中。後者字形從二橫筆，與《浙江大學藏左傳簡》的武字作 ![字形]〈左 7〉字形更是相似，書手對此字形的靈感似由隸楷類結構反推而來。近出《清華》（六）武字 11 見，一般從止戈，唯其中〈管仲 21〉居然已有上增短橫的 ![字形]字，與《浙大簡》全同；字形不可能是戰國時期的寫法，更應是鐵證。

（六）、　戎

　　有關戎字的字形流變，先列表如下：

　　1、考古所《甲骨文編》卷 12.15，489 頁戎字：

　　![字形]〈前 8.11.3〉

　　2、容庚《金文編》卷 12，823 頁戎字：

　　![字形]〈致鼎〉　　![字形]〈不𩣸簋〉

　　3、張光裕《郭店楚簡研究》212 頁戎字：

　　![字形]〈3.35〉　　![字形]〈9.13〉

　　4、方勇《秦簡牘文字編》卷 12，355 頁戎字：

　　![字形]〈關簡 132〉

5、郭忠恕《汗簡》下之一，68 頁戎字；下之二，79

頁戎字：

戎 戎

6、許慎《說文解字》卷十二下戈部戎字篆文：

戎，从戈甲

7、駢宇騫《銀雀山漢簡文字編》卷 12，398 頁戎字：

戎〈255〉

8、毛遠明《漢魏六朝碑刻異體字典》下冊，750 頁戎

字：

戎 戎

綜上表字形，戎字自甲骨文始从戈从十；十示防衛的盾

狀。字的部件結構由甲骨、金文、楚簡、秦簡，一直都沒有

變動。直至汗簡和《說文》字形才改从甲，但到漢簡和漢魏

石刻又改回十形；其中在漢石碑中只有一見例外，从戈改為

二橫一捺的特殊寫法。

　　反觀《清華》（三）戎字 5 見，其中 1 見作 〈祝辭〉，4 見作 〈說命〉、〈芮良夫〉。前者屬習見的寫法，後者字在左上方增橫筆，結構奇特，與一般楚簡文字不同，但又巧合的見於《上博簡》之中。此字形的誤書，明顯與前面討論的弍字、武字獨特形態相類。

　　歸納以上諸字例，康字從水，幺旁從撇筆，母字從兩點並列，弍字、武字和戎字的左上角增橫畫，都不見於常態文字流變中合理的位置，也不是戰國楚系文字應有的結構。[15]特別是康字和幺旁，都應該是漢以後的書體，清華簡書手如何能產出這種字形，古文字研究工作者似宜審慎評估。

三、《清華簡》不屬於楚系文字風格的字形舉隅

　　首先，觀察清華簡（一）冊的簡文，發現許多特殊部件結構，有與另一時期或類別的獨特字體相合，但卻與常態的戰國楚文字不同。如：

---

[15] 清華簡（六）的伐字作 〈太伯乙〉07，寇字作 〈孺子〉09，武字作 〈管仲〉21；2008 年由張光裕首發的新見楚式青銅器中的戎字作 ，左上增短橫，明顯都是可疑的寫法。

1、《清華》（一）隹字一般都作習見的 ![字形] 形，分作二部件書寫，唯獨〈保訓〉篇 3 見，都作 ![字形]，獨體，字形圓融，圖畫味濃厚，隹身與春秋金文形同，如〈陳侯午錞〉的 ![字形] 是；隹首具目，則只見殷商金文，如〈帝嚳商方鼎〉的 ![字形]、〈父癸爵〉的 ![字形]。這種寫法似是殷商金文和東周金文的綜合體，與戰國楚簡隹字形全不合。

2、《清華》（一）母字一般作 ![字形]，有誤書作 ![字形]，然在〈保訓〉篇 2 見卻都作 ![字形]，中間从二圓點，筆調混圓。這種字形與周金文相同，如〈頌鼎〉作 ![字形]、〈㝰方鼎〉作 ![字形]，但卻不見於戰國楚簡文字之中。

3、《清華》（一）茲字有作常態的 ![字形]，二幺形的第一刀斜出再包回，但在〈保訓〉篇 2 見卻都書作 ![字形]，二幺起筆由上而下作短豎，幺呈密口正圓形。這種寫法見於篆文，但明顯並非楚簡文字的風格。

4、《清華》（一）于字 45 見，其中 39 見都作習見的 ![字形]，二橫筆由左而右斜上，起筆處有輕頓壓而呈大其首狀。唯獨 6 見於〈保訓〉，字作 ![字形]，二橫畫平齊，起筆處稍有回筆味道，未見大首形，字形與篆文寫法相同。

5、《清華》（一）昔字 2 見作 ✦〈皇門〉〈祭公〉；1 見作 ✦〈金縢〉，從田；3 見作 ✦〈保訓〉。其中第二形從田，金文中僅一見於獨特的〈中山王響鼎〉，第三形上半部人形筆順先內而外，筆法與篆文全同，但與一般楚簡結構相異。書手明顯懂得中山國的字形，並已掌握篆體的寫法。

6、《清華》（一）身字作 ✦、作 ✦〈保訓〉，後者形體獨特，在身背後有一斜筆，而身下有增一短橫。這種字形，金文中只單獨見於七〇年代河北出土的中山國器銘，如：✦〈中山王響鼎〉、✦〈中山王響壺〉，但卻不見於楚簡文字。

7、《清華》（一）大字 32 見，其中 30 見作常態楚簡的 ✦形，人形上下分書；唯獨〈保訓〉篇 2 見作 ✦，獨體，保留人正立之形，與篆文全同。審視目前已發表的《清華》（二）至（五）諸冊，亦都沒有這種寫法。

8、《清華》（一）立字 8 見，其中 7 見作常態的 ✦形，唯獨〈保訓〉篇 1 見卻作 ✦，象人正立於橫線上，字與篆文全同。審視《清華》（二）至（五），亦沒有這種寫法。〈保訓〉篇書手的寫法，明顯與其他篇章不同。

9、《清華》（一）命字 18 見，一般作 ✦、✦、✦，從卩

部件呈扁平下壓狀，書寫順序應是由亼而卩而口。對應《清華》（二）至（五）的命字寫法亦如是，與包山楚簡、郭店楚簡字形也相一致。唯獨〈保訓〉一篇 3 見字例作 ，從卩的字形圓融方正，書寫順序宜是由亼而口而卩，與篆文風格完全相同。

10、《清華》（一）止字 78 見，其中 70 見都作 ，是楚簡常態寫法，相對《清華》（二）至（五）的止字都是這種扁壓斜出的字形，唯獨〈保訓〉篇 8 見，卻書作畢直方正的 ，與篆體風格明顯相同。

11、《清華》（一）志字 7 見，其中 6 見都作 ，從止斜筆，從心中間穿連。核對《清華》（三）至（五），和郭店、包山簡的寫法，基本上都完全一致。唯獨〈保訓〉篇 1 見作 ，從止和從心的字形風格與篆文相同。

12、《清華》（一）悳字 13 見，其中 12 見都作 ，從心中間一弧筆串連，字例與《清華》（三）和（五）所見相同。唯獨〈保訓〉1 見作 ，下從心形張開，兩旁分書，與篆文寫法相同。

13、《清華》（一）念字 4 見，其中 2 見都作 ，字形亦

見《清華》（二）和（五），唯獨〈保訓〉2 見作🖼️，从心的寫法與篆文同（但上从今的部件寫法卻又與篆文相差甚遠）。

14、《清華》（一）忘字 4 見，其中 3 見作🖼️，字形與《清華》（三）和（五）的忘字相同，唯獨〈保訓〉1 見作🖼️，从亡形體獨特，从心的寫法與篆文同。

15、《清華》（一）及字 9 見，其中 7 見都作🖼️，从人形已屬變形書體，但卻是楚簡文字的寫法，唯獨〈保訓〉2 見作🖼️、作🖼️，从手捕人，其中仍清楚見人形，字的結構與篆文相合。而从人身背後增一斜筆卻見於中山國器銘。

16、《清華》（一）又字 43 見，其中 39 見起筆都是作平書狀的🖼️，相對看《清華》（五）33 見，字例亦全同。唯獨〈保訓〉篇 4 見，作🖼️，手形固定略朝上，字的風格與篆文同。

17、《清華》（一）寺字 9 見，其中 8 見作🖼️，作常態的楚簡字形，唯獨〈保訓〉1 見作🖼️，从止形態方正，从又向上，風格與篆文相同。

18、《清華》（一）萬字 5 見，其中 4 見作🖼️，屬常態字

例，唯獨〈保訓〉1 見作 ![字形]，从人，字形與春秋金文作 ![字形]〈杞伯壺〉、![字形]〈邾王子鐘〉相約。

19、《清華》（一）以字 47 見，其中 45 見作 ![字形]，都是斜筆入刀，唯獨〈保訓〉2 見作 ![字形]，起筆作一直豎，形與篆文相同。字形亦見《清華》三的〈良臣〉和〈祝辭〉篇。

20、《清華》（一）勿字 9 見，其中 4 見作 ![字形]，3 見作 ![字形]，屬一般的楚簡字形，唯獨〈保訓〉2 見作 ![字形]，起筆有一短豎。字形在金文中亦只見於〈中山王𧊟鼎〉一器。

以上所舉《清華簡》（一）20 個字例的特殊字形，或見於殷周金文，或出現於秦一統的小篆，無論如何，都不是正規的戰國楚簡文字寫法。如何會在這批清華簡中出現，特別是刻意混雜在〈保訓〉一篇，其書手的書寫複雜、故意標奇立異的特色明顯與他篇的書手不同。這種特殊現象的原因為何？單獨一篇的書手復能博學多姿如此，實在很難理解。

同時，《清華簡》（一）冊中若干字形明顯是書寫筆畫有誤，而且又都是混在常態字形中的特例。如：

1、《清華》（一）於字 28 見，其中 26 見作 ![字形]、作 ![字形]，唯獨〈保訓〉2 見作 ![字形]，右旁譌作三橫畫。這種字形在清華

簡抑或楚系文字中均屬特例，自然亦不見於古文字的其他字形中。

2、《清華》（一）才字 30 見，一般作 中、作 中，唯獨〈保訓〉4 見作 ，字形只書寫一半，中豎曲尾，形構奇特。這種書寫一半的字形，金文只單獨見於〈曾侯乙鐘〉的 形。

3、《清華》（一）允字 4 見，其中 2 見作 ，下從女，另 2 見在〈保訓〉，作 ，似從反止，字形奇特。與〈保訓〉相同的誤書字形，又見《清華》（三）的〈琴舞〉、《清華》（五）的〈湯丘〉。

此外，《清華》（二）至（五）冊中亦多見結構特殊的字例，明顯與一般楚系文字不同。如：

1、《清華》（二）朝字 8 見，都作 ，從舟。字與金文的〈朝訶右庫戈〉作 相同，且與浙江大學藏簡〈左 24〉的 亦完全相同。篆文作 ，也從舟。反觀包山、郭店簡字作 ，與此不合。

2、《清華》（二）敗字，作 、作 ，復作 〈繫年 121〉。目前所見的包山、郭店等楚簡文字僅見第一形。末一敗字從

戈，更是特例，也不見於其他的楚簡文字，字形疑是受包山楚簡、中山王響壺鼎的救字從戈作我的影響。

3、《清華》（三）與字 8 見，其中的 7 見作 ![字形]，算屬正常的楚簡文字字形，唯獨〈良臣〉篇 1 見作 ![字形]，寫法草率，書手明顯不了解中間部件從牙的結構，混同作包狀的寫法。特別的是，這個字形與可疑的浙大簡 10 見與字都作 ![字形] 的結構卻相約。

4、《清華》（三）為字 10 見，其中 7 見作 ![字形]，寫法正常，唯是〈良臣〉1 見作 ![字形]、〈祝辭〉2 見作 ![字形]；寫法草率，結構不清，並非常態的楚系文字。

5、《清華》（三）又字 82 見，其中的 34 字作 ![字形]，為常態楚簡字形；然而 48 字（〈良臣〉46 見、〈祝辭〉2 見）作 ![字形]，三刀成文，手固定朝上，〈良臣〉和〈祝辭〉的書手明顯與其他篇章書手不同。

6、《清華》（三）陽字 4 見，均作 ![字形]〈祝辭〉，從易中間增橫畫，部件可怪，不見於其他楚簡之中，但單獨與金文的〈蔡侯殘鐘〉作 ![字形] 相約。

7、《清華》（三）禽字 1 見，作 ⟨圖⟩〈祝辭〉，上半從今，結構錯誤；下半從其，字形可怪，應屬畢字之省。字不見於其他楚簡之中。

8、《清華》（四）屯字 6 見，都作 ⟨圖⟩，從複中形，中豎作回彎狀，字形可怪，不見於古文字或其他楚簡之中。《清華》（四）的旾字作 ⟨圖⟩，形變與此字同。

9、《清華》（五）折字 3 見，其中 2 見〈厚父〉篇作 ⟨圖⟩，從刀，原釋文謂「形符斤、刀互換」；1 見〈三壽〉篇作 ⟨圖⟩，從介，恐是所謂刀形訛變。二字形均屬特例，相對的郭店楚簡字作 ⟨圖⟩〈9.31〉，金文字作 ⟨圖⟩〈盂鼎〉、⟨圖⟩〈兮甲盤〉，都固定從斤；字形均不相當。

10、《清華》（五）受字 5 見，其中 1 見作 ⟨圖⟩〈三壽〉，從楚文的舟形；2 見作 ⟨圖⟩〈湯丘〉，從篆文舟省；2 見作 ⟨圖⟩〈封許〉，從爪，下訛從及形，結構怪異。末一字形明顯不見於一般的楚系文字。

11、《清華》（五）厚字 6 見，其中 5 見於〈厚父〉，作 ⟨圖⟩、⟨圖⟩、⟨圖⟩；1 見於〈封許〉，作 ⟨圖⟩。字下半有訛從子、從本，很可怪異。字金文作 ⟨圖⟩〈牆盤〉、⟨圖⟩〈趠鼎〉、⟨圖⟩〈厚氏匜〉，篆文

作🔲；都不从子。从子部件恐是書手抄寫時取法隸楷書體的靈感逆推而來。

12、《清華》（五）時字 8 見，其中 1 見〈命訓〉作🔲，7 見〈湯丘〉與〈帝門〉作🔲。前者字形見於《說文》古文和金文的〈中山王譻壺〉，後者則屬特例。篆文作🔲，秦簡牘作🔲〈睡雜 32〉，均固定作左右位置的經營，並無上下式的排列寫法。

13、《清華》（五）敬字 10 見，其中 5 見作🔲〈封許〉〈三壽〉，2 見作🔲〈命訓〉，1 見作🔲〈湯丘〉，2 見作🔲、🔲〈厚父〉。字例有从戈，形構奇特。〈厚父〉篇 2 見字例，上二刀交錯成圓弧形，核諸金文，竟又單獨與戰國中山國器銘相合。敬字〈中山王譻鼎〉作🔲，〈中山王譻壺〉作🔲，〈盉壺〉作🔲。

透過以上字例的逐字分析，明顯看到《清華簡》有許多文字屬特例和誤書，與可靠的楚系文字結構全然不同。其中復有若干字形可上推類同於殷周金文，又或單獨的與 70 年代才出土的中山國特殊的彝器銘文相接；另有若干字形又往下靠接近於篆文，甚至是只與隸楷部件相重疊。由此可見，《清華簡》中收錄字形流變的線非常的長，有由殷商一直漫延到

近代，就常態觀察，不應該是在同一段時間能產生出來的作品。這些書手如何能或為何會作這樣廣泛字形的書寫？目前似乎沒有一個很合理的解釋。另外，《清華簡》書手眾多，其中的〈保訓〉字形多樣化，獨異於其他簡文，無疑是一奇特書手所為；〈良臣〉、〈祝辭〉二篇又是同一書手所為，誤書特多，與他篇不同；〈厚父〉的書手另有異於他人的獨特字例。這些互有異同風格的字例如何能在同一批的《清華簡》中同時發生？其背景為何？恐怕持續是一個歷史之謎。

四、《清華簡》的罕見語詞舉隅

清華簡中除了出現不少獨特的字形，亦有若干特別的用詞，與一般戰國文字寫法和用法皆不相同。這些用詞可粗略的分為二類：

（一）、　專有名詞。

一般所見的篇章名、私名、稱號等專有名詞，都應該屬於較嚴肅、固定書寫的用字，但在清華簡中若干專有名詞的寫法卻都異於正常的結構，這現象很可怪異。如：

1、〈金縢〉篇「成王」一詞的成字作，增从土，與一般固定作「成」的寫法相違。

2、〈祭公之顧命〉篇「成康」一詞的成王字作，亦增从土。

3、〈金縢〉篇「不若但（旦）也」一句，見書手抄錄周公旦的私名竟作「但」，增从人，與其他楚簡和文獻僅書作「旦」不同。

4、〈保訓〉篇「恐墜保訓」一句，「保訓」二字在本篇亦視為篇名，其中的保字作，从匕而不从人，从子的寫法與篆文的筆順和增从二斜飾筆相同。一般楚簡的子字卻作，而同篇的「昔前人傳保」一句的保字左旁仍从匕，右旁的子形已作，从子主要部件的筆順又與楚簡文字相同，此部件無疑是半簡文半篆文的併接。訓字右旁从二豎筆的而不从常態的川。

5、〈保訓〉篇「傳貽子孫，至于成康（湯）」句，其中的殷先王成湯專名，此處誤書作「成康」，實不可解。近人有謂「康」亦可為「湯」字的通假，以圖圓此王號的誤字例。

6、〈保訓〉篇「昔兒（微）假中于河，以復有易」

句，其中的微字，屬殷先公報甲的私名，但字作：

長

明顯是長字。書手似乎已知道近人討論傳統甲文作𠂤的長字

有改釋作兒的研究成果，而將此形用為殷先公微的專門用字。

書手的觀念，無疑是將𠂤、𠂤二字形混同。然而，此字從人，

實是長字的結構，示人首有長髮形，絕非象刀形具柄的兒字。

7、〈金縢〉篇「周公乃遺王志（詩）曰：《周（雕）

鴞》」句，其中的雕字原文作雕，此詩篇文獻本作〈鴟鴞〉。

鴟鴞原屬一詞，為惡鳥名，形體細小如雀。《詩經·豳風·

鴟鴞》鄭玄箋：「鴟鴞，䳭鳩也。……䳭鳩，似黃雀而小，俗

呼之巧婦。」孔穎達疏：「方言云：自關而東謂桑飛曰䳭

鳩，或曰巧婦，或曰女匠，關東謂之工雀。」朱熹傳：「鴟鴞，

鵺鶹，惡鳥，攫鳥子而食者也。以比武庚既敗管蔡，不可更

毀我王室也。」詩是借鴟鴞以喻管蔡流言惡毒之作。清華簡

書作《周（雕）鴞》，然雕與鴞本分屬二種不同鳥類，於此

並列，文意自然無法通讀。並列原因不詳。

（二）、　一般用詞。

　　清華簡中若干成組的語詞，其中書寫的字形結構可怪，與一般戰國簡牘用法亦相違。這些語詞的發生時間背景，亦宜從嚴審核。如：

　　1、　《清華簡》（一）〈尹誥〉篇有「戠（捷）烕（滅）」一詞，用語組合奇特。古文獻中並無相關的「捷滅」或「災滅」用例。且其中戠的字作 ，从中的筆畫重複，屬特例，此與《清華簡》（四）的屯字作 、旾字作 ，可互參。烕字作 ，作上下式的鮮見位置經營，不从火，用為滅字，也不見於一般的戰國文字。

　　2、　《清華簡》（一）〈程寤〉篇有「隹王元祀正月既生朙（霸）」一句，其中的「既生魄」一詞的「魄」字从月白聲，作 ，字形罕見。字的聲符應是由源自讀作月生光的魄字而省作白，形符則是由原作霸字而省作月。如此，字居然是魄、霸二字個別部件的混合體，不見於一般戰國文字和用法。書手為何要如此曲折刻意的併合成一新字，原因不詳。

　　3、　《清華簡》（一）〈程寤〉篇有「杜（社）禝（稷）」

一詞，字形罕見，其中的社字作🔲，應是由祇字省示旁而來，稷字從示，從畟聲處卻省人，作🔲。〈中山王響鼎〉已見「社稷」一詞作🔲，似是〈程寤〉篇原參考復省略的字例來源。

4、《清華簡》（一）〈程寤〉篇有「王及大子發並拜吉夢」一句，行文與《太平御覽》引《帝王世紀》、《藝文類聚》引《周書》等晚出文獻同。其中的「並拜」一詞字作🔲，前者下增一橫畫，後者從二手的古文，字形罕見，不見於他書。唯同冊〈金縢〉篇的捕字作🔲，亦從古文手，可互參。手字應屬《說文》的古文俗寫，宜列作奇字一類，字已甚冷僻，特例是「拜」字從二古文手並排而出的組合，更是僅見。

5、《清華簡》（一）〈耆夜〉篇有「周公叔旦」句，其中「公」、「叔」二字連接，自可理解前者為爵稱，後者屬行次，但二者罕見並列使用。一般行文亦只固定見「周公旦」的用法。同時，叔字作🔲，寫法獨特。

6、《清華簡》（一）〈耆夜〉篇有「萬壽無彊」句，用語文獻始見《詩經·小雅·天保》篇。彊字作🔲，從中

田土的部件組合怪異。特別是從土的位置，應是特例。

7、《清華簡》（一）〈耆夜〉篇有「不憙（喜）不藥（樂）」句，其中的喜字增從心，樂字增從中，都是獨特的寫法；將本屬單純的「喜樂」一詞書寫成複雜不可解的結構，書手的書寫心態叵測。「不喜不樂」一句，文獻一般用為佛家語，見於《大藏經》〈遊戲觀矚品〉、〈精進苦行品〉等釋家書籍。

8、《清華簡》（一）〈金縢〉篇有「其親逆公」一句，其中的親字作，與常態字形左右移位。且見字從人朝外，更不是一般會意字慣常的組合。「親逆」一詞，文獻最早見於《春秋穀梁傳》文公四年的「親逆而稱婦」。

9、《清華簡》（一）〈金縢〉篇有「我邦家豐（禮）亦宜之」一句，文獻本都作「國家禮」。其中的豐字作，從單玉，與一般豐字都從雙玉的寫法不同。金文中也從雙玉，作單玉的禮字亦僅見〈中山王𣉉壺〉一器。新見2016年4月出版的《清華簡》（六），見禮字四例，其中的〈子儀〉04、05「豐（禮）子義（儀），亡（無）豐（禮）隋貨」的兩個「禮」字，都作，上居然從曲。而「曲」

的中豎作八形，明顯該書手並不了解字上本屬從二玉形
的原意。對比字至篆文仍固定上從二玉形，翻查銀雀山
漢簡和張家山漢簡的禮字都只作單玉形，亦不從曲。因
此，禮從曲應是隸楷以後才出現的訛誤。可見此二條戰
國竹簡字形出現時間的矛盾，恐應是近人才會書寫的字
體。

10、　《清華簡》（一）〈金縢〉篇有「尔之谻（許）
我」一句，其中的許字作，作左一右二的組合。許字如
何會從卻省？而卻字又分別寫成上下式的結構，都是非常
奇特的寫法。《說文》：「許，聽言也。從言午聲。」段玉
裁注：「或假為御。」此似是清華簡書手對許字異書的靈
感來源依據。

11、　《清華簡》（二）〈繫年〉篇有「以戰（守）周
之垒（墳）蘷（墓）」句，其中的戰字借讀為守、墳墓一詞
的形構和使用的時間背景，都屬特例。文獻所見，墳墓
一詞一般屬漢以後的習見用語，最早亦僅見於秦朝的《呂
氏春秋・孟秋紀・懷寵》：「不掘墳墓」一句。

12、　《清華簡》（二）〈繫年〉篇有「乃呂（追）念顯

（夏）商之亡由」句，其中的「追念」、「亡由」的用詞，和追字從中從自的組合，都極罕見。金文中僅一見〈徲兒鐘〉追字從中。

13、《清華簡》（三）〈說命〉（上）有「笁（築）壂（城）」一詞，築字從土竹聲，寫法特殊，同屬《清華簡》（三）的〈周公之琴舞〉篇另有篤字字形卻與此同。城字從土成聲，但卻作上下式的書寫，刻意與一般正常左右式結構作區別，很是怪異。

14、《清華簡》（三）〈說命〉（中）有「隹（惟）戕（干）戈生（眚）氒（厥）身」句，與《禮記·緇衣》引錄〈說命〉篇作「惟干戈省厥躬」相同。「干戈」一詞中的干字作 ，從干戈，寫法奇特。

15、《清華簡》（三）〈說命〉（下）有「余脜（柔）遠能逐（邇）」句，語見《尚書·堯典》。其中的邇字竟誤書作逐，字應是由從簡寫的尔誤作從豕；柔字從肉頁，寫法亦獨特。

16、《清華簡》（三）〈說命〉（下）有「女（汝）亦隹（惟）克㬎（顯）天」句，其中的「㬎」字作 ，為

顯字省頁，而㬎復省日中一橫和絲下的絲緒形，是故作怪異的寫法。「顯天」一詞用法罕見，似是據《尚書・康誥》：「顯聞于天」的簡省。同屬《清華簡》（三）的〈周公之琴舞〉篇，有見「顯德」、「丕顯」的用法，其中的顯字亦都省作㬎，與本句同。

17、　《清華簡》（三）〈說命〉（下）有「逈（恫）罙（瘝）少民」一詞，相類用語另見《尚書・康誥》的「恫瘝乃身」。然其中的恫字改從辵，瘝字誤從米又省广，曲折如此，書寫有刻意改動字形之嫌。

18、　《清華簡》（三）〈說命〉（下）有「母（毋）蜀（獨）乃心」句，其中的獨字省作蜀，字形作{image}，但下又不從虫，寫法奇特。

19、　《清華簡》（三）〈周公之琴舞〉有「高才（在）上，矻（陟）隆（降）亓（其）事，卑藍（監）才（在）孳（茲）」句。其中的「陟降」一詞，陟字作矻，從石力聲，寫法獨特。《清華簡》（一）〈金縢〉有「武王力（陟）」句，陟字作力，與本句相似。「監在茲」一句，「監」字增從艸，亦是前所未見。

20、 《清華簡》（三）〈芮良夫毖〉篇有「畏天之豎（降）載（災）」句，其中的「降災」一詞，降字增繁從止，災字誤書作載。災、𢦏自然同字，但將災轉膾作載，前未之見，應是書手矯飾書寫的成果。

21、 《清華簡》（三）〈芮良夫毖〉篇有「民多勤（艱）戁（難）」句，其中的「艱難」一詞，艱字誤作勤，難字增從心，應是一新的組合。文獻中有「勤難」一詞，但已晚至《新唐書》諸〈列傳〉之中。

22、 《清華簡》（三）〈赤鵠〉篇有「少（小）臣乃瘝（寐）而帰（寢）」句，其中的「寐寢」一詞，瘝字寫作從广未聲，寢字省宀改從帚，字形奇特，全是嶄新的組合。但書手無疑是已清楚寢字篆文從帚從又的寫法。

以上語彙用例，有屬專有名詞，有屬一般用詞，都兼具字和詞的罕有性和獨特性。眾多罕有用例，自然足以呈現書手有刻意經營和標榜字詞組合的心態。這些獨特的部件、筆畫和偏晚用語的大量出現，似並非單純常態的楚系文字互參，就可以寫出來的。

五 、 結 語

　　本文主要根據已發表的清華大學藏戰國竹簡五冊，抽樣的挑選出若干特殊的字例和詞彙，對比字形流變，並檢討字的結構和成詞的用法。這些字詞用例的發生背景，往往會拉出一條很長的時間尺，需要上溯殷周甲金文，下連隸楷，才會同時擁有書寫這些筆畫結構和用語的能力，因此，清華簡文不容易單純的論定是在戰國中晚期這一段時期能夠完成的材料。又由於字形多只單獨的與河北中山國器銘相合，也不容易界定清華簡文只屬南方楚系用字。清華簡的書手不只一人，而這些字形的書寫又多棄易趨難，更混雜不少誤書的字詞。書手復有刻意標榜罕見異體的求新求異心態，原因不詳。總的而言，由文字的點、線、面觀察這五冊清華簡文，以上特殊字例都不能放置在合理的文字縱線時間定點上，這許多字形結構又都不是常態的戰國字形，而這些特別語彙也都不是戰國時期應有的用語。因此，我們有理由相信，這些字詞的載體《清華簡》，並不應是單一或正常的戰國時期的資料，目前仍不能排除有屬於近代人謄錄的可能性。

第十一章　談胡適為曹珮聲寫的一些白話詩

一

　　近閒暇翻閱胡適的《嘗試集》[1]和《嘗試後集》[2]，對他的內心世界有一些新體會。我是一個有考據癖的人，以下也「嘗試」對胡適的某些白話詩進行解碼的工作。

　　《嘗試集》出版早在 1920 年 3 月，是胡適提倡白話文學、落實〈文學改良芻議〉理論的第一部實驗作品。他利用活的語言、活的音節言情說理、寫景論政、翻譯奉和，進行各種主題的詩的實驗。這本詩集先後經過胡適本人和任叔永、陳莎菲、魯迅、周作人、俞平伯等人的多次增刪，至 1932 年陸續印行了十四版，其後再無更動[3]。由此可見，《嘗試集》在新詩創作的時代意義和胡適本人對此書的看重。而《嘗試後集》一書卻是延遲至 1952 年 9 月才出版，且是胡適親自「檢核 1922 殘存的詩稿」，「留下這幾十首」，匯為「初選」出版的[4]。胡適為何在《嘗試集》幾經增刪後，對於這些主要同屬 20 年代創作的白話詩，要經過 30 年後才讓它們結集問

---

[1] 《嘗試集》，胡適紀念館出版，1971 年 2 月初版。
[2] 《嘗試後集》，胡適紀念館出版，1971 年 2 月初版。
[3] 參見《嘗試集》胡適自序、再版自序和四版自序。
[4] 引文見《嘗試後集》胡適序言。

世？而且當 1952 年，胡適 61 歲，正是國共內亂、政府遷台
而大陸全面批判胡適的時候，台灣政權在風雨飄遙之中，此
時此刻的胡適正迷於《水經注》的「名山」學術研究，而他
也明瞭在有生之年已不太可能重回太陸。在這個迫切的最後
時機才「初選」出的《嘗試後集》，這本早年白話詩「殘存」
的作品一定對胡適有無比重要的意義。

　　《嘗試後集》的作品是經過胡適挑選和刻意排序的，特
別是 20 年代理應正常收錄於《嘗試集》而因為種種理由而
擱置的作品，其中隱藏著胡適幾份不為外人道的情感。有關
胡適戀情的敍述，近人如沈衛威[5]、耿雲志[6]、石原皋[7]、周質
平[8]、唐德剛[9]、夏志清[10]、周策縱[11]等先生都有專文探討。而
胡適的白話詩有屬於情詩的創作，亦為學界所共識。本人並
沒有企圖再為胡適增添「八卦」的文字，本文只是針對《嘗
試後集》中所選錄 20 年代的部分詩作，尋覓詩作中的特殊

---

[5] 沈衛威〈胡適的婚外戀〉，《名人傳記》第八期，黃河文藝出版社，
　　1988 年。
[6] 耿雲志〈胡適的兩首情詩〉，1991 年，見周質平《胡適叢論》250
　　頁轉引。
[7] 石原皋〈胡適的子女及其他〉，《閑話胡適》，安徽人民出版社，1990
　　年 4 月第 2 版。
[8] 周質平〈吹不散的心頭人影─記胡適與曹珮聲的一段戀情〉，《胡適
　　叢論》，三民書局，1992 年 7 月版。
[9] 唐德剛〈較好的一年〉，《胡適雜憶》，風雲時代出版公司，1990 年
　　11 月版。
[10] 夏志清文見唐著《胡適雜憶》序言。
[11] 周策縱〈論胡適的詩─論詩小札之一〉，文見唐著《胡適雜憶》附
　　錄。

用字，並透過詩與詩之間的系聯，用內證的方法解讀胡適在
這段時期的內心狀況，聊作為本人單純運用考據的一個訓
練。

二

1923 年對胡適的內心世界是很值得紀念的一年，特別是
7 月至 9 月的這三個月，胡適認為是他「一生最快活的日子」
[12]。在 1924 年 1 月 4 日胡適寫給美國深情友人韋蓮司 (Edith
Clifford Williams) 的信件中，亦提到他在南方待了 7 個月，到
1923 年 12 月 5 日才返回北京的經過：

> 有一個月是在病床上，一個月在杭州，四個
>
> 月在離杭州西湖不遠的煙霞洞中，還有一個月
>
> 在上海。這段長時期的休息對我非常好，我回
>
> 到北京的時候，我的健康是這兩年來最佳的。
>
> 我除了爬山和跟我的小表妹說些故事以外，什
>
> 麼事都沒做。[13]

這個同游和說故事的小表妹正是《嘗試後集》所隱藏的

---

12 參見《胡適全集》30 卷日記 (1923~1927)59 頁，1923 年 10 月 3 日
的日記。安徽教育出版社，2003 年 9 月版。
13 參見周質平《胡適與韋蓮司》64 頁，聯經出版事業公司，2000 年
6 月。

其中一段感情對象曹珮聲。曹珮聲，本名曹誠英，小名麗娟。在《胡適日記》中的「珮聲」、「娟」、「P」指的全是她。關心或研究胡適的學人，也清楚點出《嘗試後集》的情詩與曹珮聲有關，但都只是含混的或個別的點到為止。下面我先進行排譜的工作，表列胡適在 1923 年 4 月始在〈南中日記〉、〈山中日記〉親筆留下與曹珮聲互動的記錄，對應相關詩作的創作時間，然後再整體討論諸首情詩之間的關連。

時 間	胡、曹交往的記錄	胡適的詩作
1923 年 4.30~5.3	珮聲同游	西湖 (1923.5.3) 煙霞洞 (1923.5)
5.24	得珮聲信	
5.25	作書與珮聲	
6.2	收珮聲信二	
6.5	收珮聲信	
6.6	發珮聲信	
		南高峰看日出 (7 月 29 日晨，與任百濤 先生、曹珮聲女士 在西湖南高峰看日

		出）(1923.7.31)
9.12	晚上和珮聲下棋	
9.13	下午同珮聲出門看桂花。……講了一個莫泊三的故事。	
9.14	同珮聲到陟屺亭閑坐。我講莫泊三小說《遺產》給她聽。上午，下午都在此。	
9.16	與珮聲下山，……到西園去等她。	
9.18	下午，與娟下棋。夜間月色甚好，在月下坐，甚久。	
9.19	與珮聲出門，坐樹下石上，我講一個莫泊三故事〝Toine〞給她聽。夜間月色不好，我和珮聲下棋。	
9.21	早晨與娟同看《續俠隱記》第 22 回〝阿托士夜遇麗人〞。	
9.22	同娟游雲樓。……我與娟登塔頂縱觀。氣象極好。	

9.26	同珮聲游花塢。…..娟的身體不好，不能坐船了，…..雇轎子回山。雨歇後，月色極好。	
9.27	傍晚與娟同下山，住湖濱旅館。	
9.28	我和娟同去斜橋，赴志摩觀潮之約。	
9.29	君武邀我和娟同去游李庄。	
10.1	與娟同去看翁家山的桂花王。	
10.3	睡醒時，殘月在天，正照著我頭上，時已三點了。這是在煙霞洞看月的末一次了。下弦的殘月，光色本淒慘；何況我這三個月中在月光之下過了我一生最快活的日子！今當離別，月又來照我。自此一別，不知何日再能繼續這三個月的煙霞山月	

	的〝神仙生活〞了！	
10.4	早起，收拾行季。娟今天也回女師。	
10.5	到女子師校訪。娟也出來見我。發信：娟。	
10.6	發信：P。	
10.8	收信：娟。發信：P二。	
10.11	收信：娟二。發信：娟。	
10.14	收信：娟。發信：娟。	
10.15	收信：P。	
10.16	收信：娟一。半夜因憶日間娟信討十月一日我說要做的桂花王詩，遂破睡作詩，共六節，成時已兩點了。	
10.18	收信：娟。	
10.19	收信：P。	

10.20	下午，娟來。出游湖。回到里湖時，夜尚早。月光極好。我在湖上，最愛平湖秋月。	
10.21	游西溪花塢。…..娟走不動了。….在味蒪園吃飯，飯後坐船回到旅館。	
10.22	娟返女師。	
10.23	今天游湖。太晚了，娟不能回校，遂和我同回旅館。	
10.24	夜飯游湖。….我們仍到湖心亭和平湖秋月兩處，至十點才回旅館。	
10.26	發信：娟。	
10.27	娟借曹潔甫家內廚灶，做徽州菜。….中飯吃塌果，夜晚吃鍋。鍋有六層：菠菜、鴨子夾、豆腐包、豬肉、雞、蘿蔔。兩餐味道都極好。….是日湖上晚霞極可愛。	

10.28	晚上游湖。	
10.29	游湖，與娟到平湖秋月。	
10.30	今日離去杭州，重來不知何日，未免有離別之感。	
11.2	收信：P	
12.20	收信：珮聲。 發信：珮聲。	
		秘魔崖月夜 (1923.12.22) 暫時的安慰 (1923.12.24)
12.27	收信：P(21)。 發信：珮聲。	
1924年 1.3	煩悶的很，什麼事也不能做。	
1.13	看《茶花女》影戲，悲楚動人，鄉間養病一幕尤佳。回家時，忽起大風，塵土蔽人，勉強睜眼看那將落的月，已	

	朦朧作黃色，令人起憔悴的聯想。	
1.14	收信：珮聲。	
1.15	這十五日來，煩悶之至，什麼事也不能做。	小詩 (1924.1.15)
		江城子 (1924.1.27) 鵲橋仙 (1924.8) 多謝 (1924) (譯詩)別離 (1924.11.12) (譯詩)清晨的分別 (1925.3) (譯詩)你總有愛我的一天 (1925.5) 一個人的話 (1925.6.2) 瓶花 (1925.6.6) 也是微雲 (1925) 生疏 (1925~1927 之

		間)
		舊夢 (1927.7.4)

　　胡、曹在這近半年的戀情顯然是半公開的，起碼胡適在日記中坦然的記錄二人相處的簡單過程。觀察胡適筆下對曹珮聲的稱呼，由 5 月的珮聲而 9 月的娟而 10 月中書信隱藏的 P，直到 12 月回復到珮聲，呈現胡適對這一段短暫情緣，是由溫馨熱烈，至最終自覺的或無奈的封存在心坎的歷程。此後在《胡適日記》中再不見胡、曹之間的任何公開接觸。一直到 1934 年曹珮聲赴美康奈爾大學農學院深造，出國前胡適在 8 月 8 日自北平寫了一封信給韋蓮司，請她就近照顧[14]。曹於 1937 年返國，歷任安徽大學、四川大學、復旦大學農學院教授，在 1948 年底胡適在離開大陸前曾赴上海與曹有最後短暫的交談[15]。曹晚年獨自生活，在 1973 年死於家鄉安徽績溪[16]。

三

　　對比胡適與曹珮聲的情緣經歷，投射回胡適的詩作，明

---

[14] 同註 13，64 頁。
[15] 參見石原皋《閑話胡適》57 頁。
[16] 曹晚年將和胡適通信的一包資料交給好友汪靜之，說：「我死後燒掉。」汪最後依曹的志願，將胡、曹最珍貴的一些文字記錄盡悉燒毀，二人深情的文字痕迹亦不復存在人間。參同註 15，58-59 頁。

顯的可以整理出下面一條專屬於胡、曹情詩的線。胡適在這
幾個月的思緒，是前所未有的溫馨滿懷，自許過著煙霞山月
的神仙生活，特別是「月光」一詞，成就了胡適這批情詩中
的關鍵用語。以下以山月為主要詩眼，嘗試節錄串連十首胡
適的情詩，企圖建構胡適在這數月中的創作思緒歷程。

1. 西湖（1923.5.3）

> 十七年夢想的西湖，
>
> 不能醫我的病，
>
> 反使我病的更利害了！

> 然而西湖畢竟可愛。
>
> 輕煙籠著，月光照著，
>
> 我的心也跟著湖光微蕩了。

> 前天，伊卻未免太絢爛了！
>
> 我們只好在船篷陰處偷覷著，
>
> 不敢正眼看伊了。

按：據《胡適全集》第 30 卷 1923 年〈南中日記〉，4 月 29

日胡適夜抵杭州養病，4 月 30 日至 5 月 3 日即在杭州與曹珮聲同游。這時的曹珮聲，正好因丈夫胡冠英在去年的再娶而與丈夫離異。胡、曹的特殊好感，應自這一首〈西湖〉的白話詩開始發展。胡適寫西湖月光，其實是在寫曹。詩中的「十七年夢想」、「醫我的病」、「使我病的更利害」、「畢竟可愛」、「我的心微蕩」、「不敢正眼看伊」等，說的明顯就是同游的曹珮聲。

2. 煙霞洞 (1923.5)

　　　我來正碰著黃梅雨，

　　　天天在樓上看山霧：

　　　剛才看白雲遮沒了玉皇山，

　　　我回頭已不見了樓前的一排大樹！

按：詩在《嘗試後集》記錄是 1923 年的作品，但卻是胡適親自舖排這段情詩詩群的第一首。詩在《胡適全集》第 43 卷〈著譯繫年〉定在 1923 年 5 月。此時的胡適剛抵達杭州西湖養病，在痛病難眠中卻譜出一段刻骨銘心的戀情。胡適檢選這部詩集時，自然知道世人都會關注他的文字，他刻意把這批情詩閃躲在一首狀似嚴肅的解讀《華嚴經》〈回向品〉

的新詩〈回向〉之後；此地無銀，老實的胡適正展示他的不
老實。當然，〈回向〉詩裡的：

> 「山上只有和平，只有美，
>
> 沒有壓迫人的風和雨了。」
>
> 「瞧啊，他下山來了，
>
> 向那密雨遮處走。
>
> 管他下雨下雹！
>
> 他們受得，我也能受。」

這何嘗不是在宣示胡適面對現實社會禮俗的「壓迫」「沉暗」
的反動決心呢？由一句「管他下雨下雹，我也能受」，到最後
「他下山來了」，與「風雨中的同伴」並肩，也相對的可以視
同胡適這一次大膽為情而「回向」入世的決心序曲。

　　回頭再看〈煙霞洞〉這一首詩。詩的用字單純率直，末
二句悠游中語帶童真的口吻，呈現胡平淡生活中難得的樂趣。
天天都是雨、都是霧，本只應教人煩懣難耐，但詩人卻能在
連連的霧雨中因白雲遮蔽了遠山、復遮蔽了近樹而驚訝高呼。
這種少見多怪的雀躍心情，無疑是專屬於初戀人兒輕飄而溫
熱的行徑。胡適潛藏內心深處的熱情自此展開。關鍵的詩眼，

無疑是一冒號「：」。前二句直說天天沒出外，只在樓中。而用一個「：」明白的指出後二句是直對樓上相伴的人說的話語。這明顯告訴讀者當日在煙霞洞樓房中並非只有胡適一人獨處。1923 年的胡適，33 歲的中年人，在北京大學已任教五年，早是名滿天下的大學者，此時此刻看山看霧就能讓他興奮到比手畫足、童言童語的，這溫馨的對話人會是誰而又能是誰？自是盡在不言中了。

3.南高峰看日出（1922.7.31）

> 時候似乎已很晚了，
>
> 我們等的不耐煩了！
>
> 東方還只是一線暗淡的紅雲，
>
> 還只是一顆微茫的晨星，
>
> 還指不定那一點是日出的所在！

按：詩首載於 1923.8.12《努力周報》第 65 期。這首詩無疑是為發表而發表的平鋪寫景之作。胡適只是在詩序一筆交代與曹珮聲等人同看日出，詩中純屬平淡描述日輪的景狀，沒有一詞一字觸及與曹的互動。表面看來，此時胡適的詩仍是學究型胡適的筆調，牢牢的把自己情感包裝起來；一直要到

5 個月後的〈暫時的安慰〉中，才總算揭露出在南高峰當天晚上胡適特殊「震動」的心靈體驗。

4. 秘魔崖月夜（1923.12.22）

> 依舊是月圓時，
>
> 依舊是空山，靜夜；
>
> 我獨自月下歸來，──
>
> 這淒涼如何能解！
>
>
> 翠微山上的一陣松濤
>
> 驚破了空山的寂靜。
>
> 山風吹亂了窗紙上的松痕，
>
> 吹不散我心頭的人影。

按：胡、曹之間的相遇，是自 1923 年 5 月的同游、6 月的通信、7 月至 9 月的神仙生活、10 月的分別、再聚、復離別告終。《嘗試後集》把這首詩緊接排在〈煙霞洞〉詩後，巧妙的訴說著二人正式離別後景物依舊的惆悵。當日的秘魔崖是月圓人圓，今日獨自歸來，面對的仍是數月前的圓月、空山、靜夜，但伊人已不再復見。「獨自」「歸來」本就是「淒涼」

意，在月色依舊的時刻歸來，更增添無限無解的清苦。當日的「月夜」本無風，「空山」正好屬於二人的世界，「靜夜」更是隔絕俗世時空的最佳幽會時刻；今日的「月夜」卻因不復見故人而只餘「山風」，風吹松動才會有陣陣「松濤」，外在的騷動，更突顯詩人內心的孤寂懊惱。落木蕭蕭，淒然劃破記憶中美好的「空山」「靜夜」。末一句「吹不散我心頭的人影」，最是執著、可憐。詩人對於心坎上伊人的思念，教人神傷。全詩的密碼在詩題「月夜」二字，「月夜」所指的正是胡與曹相處的那一個刻骨晚上。詩人以今昔月夜的對比，帶出當日相依的甜蜜和現今離情之苦。分離至此的時間是 53 天。

5.暫時的安慰（1923.12.24）

自從南高峰上那夜以後，

五個月不曾經驗這樣神秘的境界了。

月光浸沒著孤寂的我，

轉溫潤了我的孤寂的心；

涼透了的肌骨都震動了；

翠微山上無數森嚴的黑影，

方才還像猙獰的鬼兵，

此 時 都 好 像 和 善 可 親 了 。

. . . .

天 邊 ， 直 望 到 那 微 茫 的 小 星 ， ──

一 切 都 受 了 那 靜 穆 的 光 明 的 洗 禮 ，

一 切 都 是 和 平 的 美 ，

一 切 都 是 慈 祥 的 愛 。

          x   x   x

山 寺 的 晚 鐘 ，

秘 魔 崖 的 狗 叫 ，

驚 醒 了 我 暫 時 的 迷 夢 。

是 的 ， 暫 時 的 ！

… … … … … … …

靜 穆 的 月 光 ， 究 竟 比 不 上 草 門 裏 的 爐 火 ！

暫 時 的 安 慰 ， 也 究 竟 解 不 了 明 日 的 煩 啊 ！

按：這是〈秘魔崖月夜〉詩成後隔日的另一首詩作。詩人的情懷仍停留在這段暫別而澎湃的戀情中，而詩的特別用字明顯構成詩人感性的延蕩，不自覺的連成一整體。由開始的「南高峰上那夜」一句，點出自 7.29〈南高峰看日出〉詩所記錄與曹珮聲初遊一事，迄今正好是「五個月」。在這「五個月」

之前的「那夜」「不曾經驗」過的「神秘境界」，指的正是二人間不為外人道的私密接觸，帶給詩人「迷夢」般的「暫時安慰」。相對於〈南高峰看日出〉的平淡敘述景觀，至此才明白道出當時詩人內心壓抑的那股熾熱的情懷。那一夜的「月光」，「浸沒孤寂的我」、「溫潤我孤寂的心」，居然讓詩人的「肌骨都震動了」，詩人筆下的「月光」，指的自然是曹珮聲的似水柔情。「翠微山上無數森嚴的黑影」，寫的也正是的〈秘魔崖月夜〉中的「翠微山上的一陣松濤」。「月光」下的溫存，連「像猙獰鬼兵」的「窗紙上松痕」，都變得「和善可親」了。這幾首詩清晰的串連成一群組，多角度的展示詩人隱藏在內心深處的情感。

詩中接著說的「天邊」「那微茫的小星」，正好與其後〈江城子〉的「天那角，一孤星」相系聯。「孤星」與「月」的相遙隔「洗禮」，指的似乎正是胡、曹二人最終不離不棄但也無緣相守的關係。「那靜穆的光明」，用法也見於其後的〈也是微雲〉一詩，所指的同樣是〈秘魔崖月夜〉的「月圓」時。這陣陣的「月光」，是「和平的美」、是「慈祥的愛」，這又與詩集開卷〈回向〉一詩中詩人所盼望的「山上只有和平，只有美」的關鍵用字相當。

　　最後，詩人無奈的說「秘魔崖」的「月光」只是「我暫時的迷夢」，也只是我「暫時的安慰」。它終究比不上現實卻庸俗的「爐火」。它再迷人，也只能停留在短暫和夢幻的當下那一刻，卻無能力為詩人解開「明日的煩悶」。詩人的愛情觀無疑是抽離的、超現實的。胡、曹的一段純真情感，在胡內心強烈的道德規範和對現實妥協的個性下，只能壓縮成為「一瞥的心境」，註定是無法在人世間「長久存在」。

6. 小詩（1924.1.15）

　　　　剛忘了昨兒的夢，

　　　　又分明看見夢裏那一笑。

按：胡適在這詩後補了個註：原有前兩行：「坐也坐不下，忘又忘不了。」根據胡適的日記，自 **1924.1.14** 胡收到曹寄來的最後一封來信後，二人便不復再有書信的往返。彼此表面的接觸至此似乎告一段落，而深情的思念亦由此開始。「忘了的夢」、「忘又忘不了」等詩句與其後所寫的〈多謝〉的「夢裡總相憶。人道應該忘了，我如何忘得！」遙遙相對。夢裡思念的無疑都是曹珮聲的倩影。

7. 江城子（1924.1.27）

翠微山上亂松鳴。

月淒清，

伴人行；

正是黃昏，人影不分明。

幾度半山回首望，——

天那角，

一孤星。

時時高唱破昏冥，

一聲聲，

有誰聽？

我自高歌，我自遣哀情。

記得那回明月夜，

歌未歇，

有人迎。

按：相對於宋・蘇軾〈江城子〉的「明月夜，短松崗」追思亡妻的深情，胡適這首〈江城子〉明顯有學步的嫌疑。「翠微山上亂松鳴」，寫的情感與〈秘魔崖月夜〉的「翠微山上的一陣松濤，驚破了空山的寂靜」是同一個意象。「月淒清，伴人

行」，寫詩人的孤單，與〈秘魔崖月夜〉的「孤獨自月下歸來，
這淒涼如何能解！」也是相同的句子。「幾度半山回首望」，
所謂「半山」，即言「無伴之山」、「失人之山」，詩意亦可上
溯〈秘魔崖月夜〉的「依舊是空山，靜夜」一句。伊人已去，
如今只獨自一人在空山中回首追望，猶如天角的孤星。「記得
那回明月夜」一句，又與〈秘魔崖月夜〉的「依舊是月圓時」
和〈暫時的安慰〉的「月光浸沒著孤寂的我」的「月夜」相
同。至於「我自高歌」、「歌未歇，有人迎」兩句，復與其後
的〈舊夢〉一詩的用字相接。想當日的明月高歌，且有相知
相守的伊人迎侯，胡適纏綿高亢的心情可想而知。

8. 多謝 (1924)

> 多謝你能來，
>
> 慰我山中寂寞，
>
> 伴我看山看月，
>
> 過神仙生活。
>
> 　 ✕ 　 ✕ 　 ✕
>
> 匆匆離別便經年，
>
> 夢裡總相憶。
>
> 人道應該忘了，

　　我如何忘得！

按：首句言伊人來訪作伴之不容易，但終究難得的「能來」
相慰藉。第二句的「山中」，與胡適題為〈山中日記〉的「山
中」相對。第三句的「伴」字，遙接〈江城子〉「伴人行」的
「伴」。「看山看月」，指的正是〈煙霞洞〉的「天天樓上看山
霧」和〈秘魔崖月夜〉的「月圓」「空山」。第二段首句「離
別經年」，可見故人相伴的時間定在 1923 年。「人道應該忘了，
我如何忘得！」，又完全是〈小詩〉裡的「忘又忘不了」心情
的再現。這些關鍵用字的一再重複出現，無疑的代表縈繞胡
適心頭的同一份綿密情懷。

9. 也是微雲（1925）

　　也是微雲，

　　也是微雲過後月光明。

　　只不見去年的遊伴，

　　也沒有當日的心情。

　　不願勾起相思，

　　不敢出門看月。

　　偏偏月進窗來，

　　害我相思一夜。

按：詩前段重複用「也」字，相對強調當日心情的美好；後
段重複用否定詞「不」字，消極的點出今日的心情的孤寂。
詩人的「也是微雲」，說的也是〈煙霞洞〉的「剛才看白雲遮
沒了玉皇山」的「雲」。當日的「雲」是與伊人共賞，「雲」
不只是雲；今日的雲儘管「也是」「雲」，但卻已不復當日的
「遊伴」與「心情」。「月光明」，寫的自然是〈秘魔崖月夜〉
時的「月圓」。第二段胡適連用兩次「相思」，可說已是他隱
藏在情詩中最最露骨的語言了。詩人害怕相思而卻「相思一
夜」，其情自苦。詩中追思的「月」，所指的無疑也正是曹珮
聲。

10. 舊夢(1927.7.4)

　　山下綠叢中，

　　瞥見飛簷一角，

　　驚起當年舊夢，

　　淚向心頭落。

隔山遙唱舊時歌，

聲苦沒人懂。——

我不是高歌，

只是重溫舊夢。

按：首句「山下綠叢中」，遙接胡適〈山中日記〉記錄的「山中」往事。第三句「當年舊夢」，指的全是〈小詩〉「分明看見夢裡那一笑」和〈多謝〉「夢裡總相憶」的相同的「夢」。「驚起」的情懷觸動，與〈秘魔崖月夜〉的「驚破了空山寂靜」的感覺是相一致的。詩人因「驚起舊夢」而「淚向心頭」，顯見這舊夢中自有隱情，故有淚卻不能外流示人。淚滴往心頭，其情更苦。下段的「遙唱舊時歌」「我不是高歌」，與〈江城子〉的「時時高唱有誰聽」、「我自高歌」等詩句所記的亦完全相合。伊人不再，聲苦自然無人懂。四年前西湖的情緣，詩人只能在「舊夢」「心頭」中默默相守。這份沉默和追思一直維持長達二十多年，到了 1952 年怯懦的詩人才敢將這些情詩匯成一編示人。

四

　　胡適白話詩的特色，是他擅長掌握精細的白話用字和兼

具傳統古詩的意象框架。他利用某些關鍵字詞，隱藏詩中的微言大義，自然也是「古為今用」的一種寫詩技巧。整理以上胡適深情的白話詩，明顯的只是針對同一場景和同一情懷的重複書寫。這些詩群串連化成一整體，盡皆是胡適內心對曹的思念世界。胡適多年刻意要隱藏的，其實就是這一點輕而重的感覺。胡適直到最後才出版《嘗試後集》，何嘗不是代表著他內心對詩、詩人的無限不捨，希望把這一點珍貴的感覺留在人間？透過這些白話詩的刻意用字，我們可以系聯出詩與詩之間的密切關係：

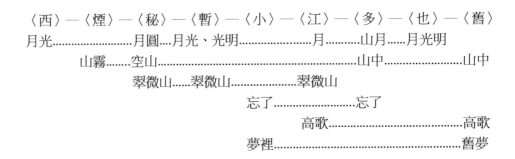

這一批以「山月」為題的白話詩，原沒有很深的意境，文字處理亦只勉強達到流暢通順的地步而已。但在胡適內心深處，卻是無比珍貴的私秘心靈記託。我們透過詩人率性的將真情形諸於文字，在不經意或刻意之間流露出相同的烙印，對比詩人的日記，足以互證以上詩篇都是為了曹珮聲一人而寫的。在學者的胡適、嚴肅典雅的胡適、容忍的胡適、膽怯的胡適

背後，浮現出另一似水柔情的胡適。如此對應觀照詩與詩之間的關鍵用字，才能綜合而完整的了解真正的胡適這個人的內心。胡適當年強調治學方法需要「大膽假設，小心求證」，本文嘗試以字接情，溶情入理，容或能客觀還原 1923 年這段時期胡詩創作動機的真相！近代考據癖開山和新詩老祖宗的胡適，果如泉下有知，對本文尋覓詩眼的系聯說解信亦能坦然肯首。

第十二章 以詩證史——談顧頡剛與譚慕愚詩

一、 前言

　　1923 年 4 月胡適到杭州西湖煙霞洞養病，與小表妹曹珮聲在秘魔崖渡過了一段「一生最快活的日子」[1]，筆下遺留多首有待解碼的白話情詩，教後人遐想。巧合的是在隔年的 1924 年 5 月，胡適的得意學生顧頡剛與讓他「志一生之痛」[2]的譚慕愚女士也同遊秘魔崖，顧亦為這份情緣執著的先後創作了 50 多首絕句。兩段未了情，都亟具哀戚感人處，然亦有截然不同的地方。細細品味胡、顧二人詩文，想見胡的多情，是深而隱，一剎終究是永恆；顧的多情，卻屬浮而露，刻骨但流於夢幻。胡與曹一生的相知相憶，胡適至晚年留下《嘗試後集》、曹則終老績溪山城，勉強亦可以稱得上「浪漫」二字。反觀顧、譚之間的情牽夢縈，卻是一段不對稱的付出。顧對譚的癡盼，「五十年來千斛淚」，確能讓人動容，但譚對顧卻多有計算，刻意疏離，罕見其心靈互動。因此，顧、譚之間的情懷，恍惚只是顧個人的單相思，悠悠深情，終不免

---

[1] 見《胡適全集》30 卷日記 (1923.10.3)，安徽教育出版社，2003，9 版。
[2] 見《顧頡剛日記》第一卷 1924.4.13 附 1978.9.26 重翻日記的題字。

付諸流水；此與胡、曹默默堅守之情愫，似不能等量齊觀。

　　顧頡剛先後娶妻三人，首位妻室吳氏徵蘭於 1918 年早逝，生二女。顧隨即娶妻殷氏履安，殷氏賢淑持家，但不能生育，甚至要求顧在外納妾。在 1943 年殷氏卒後數月，顧亦即在友朋一致鼓勵之下，續娶妻張氏靜秋，也生有二女。張氏為顧晚年的生命共同體，但生活上與顧時有衝突打罵。顧對伴侶實有無比靈性上的祈許，如 1919.1.4 日記謂：「予日夕自祝，能否所娶之婦，與我為知心之交；一室之相知，力足以抵舉世之相非耳。」顧並自訂擇偶標準：「第一，須有學術上之興味。第二，須淡泊寧靜，不好浮華」[3]。天可憐見顧所娶的三位夫人，卻都未能與他昇華到「精神之融和」[4]、「精神上之慰藉」[5]的層次。審顧一生詩作，並未針對三位妻房多有著墨留情，其澎湃的情懷未能於此得到滿足，可見一般；但相反的，顧大量詩文卻與譚有無比緊密的扣連。譚無疑是顧茫茫人海中尋覓理想的慰藉對象。

　　我們嘗試先由量化的角度觀察顧一生與譚交往感懷的頻率。顧有非常好的逐日書寫日記的習慣，由《顧頡剛日記》

---

[3] 《顧頡剛日記》1919.1.5 語。
[4] 《顧頡剛日記》1919.1.8 語。
[5] 《顧頡剛日記》1919.1.9 語。

十二巨冊[6]當中，詳盡甚至可以說是近乎瑣碎的記錄了他個人由 1913 年到 1980 年間長達 68 年的生平事蹟和內心想法。我們針對顧的日記由 1924.4.13 對譚萌生情愫起，逐年月日統計顧與譚接觸的敘述次數，以及其間顧在夢中得見譚倩影的次數，表列和舉例如下：

1924〔三十一歲〕　　　　41 次　　　入夢 1 次

4.29「予於同遊諸人中，最敬重譚女士，以其落落寡合，矯矯不群，有如出壑絕澗中一樹寒梅，使人眼目清爽。今又重以憐憫，加以悲悔，眼淚幾奪眶而出。」按：1943.6.30 顧在自編的〈與健常往來年月表〉記載：「民 13 年 4 月 13 日，同遊頤和園，始相識。自後往來日密。」

7.21「譚、劉女士來，問《詩經》義，至十一點。….北大女生中，恐只有譚女士是真能自己讀書的。」

8.9「今日寫履安信，將數月來對於譚女士愛好之情盡量寫出。予自問此心甚坦白，且亦無所謂得失，履安為我最親之人，不應不直言。….如履安覽信後不感痛苦，則更大慰矣。」按：顧情性之呆直天真如此。

---

6 台灣：聯經出版，2007 年 5 月。

12.11「與履安說，予之性格，努力如適之先生，喜享樂如介泉，孤僻如譚女士，故予與此三人自有神契。」

12.28「今日譚女士送綠蕚梅一盆來，屋中又添新意。特追思舊事，又不免悒悒耳。」

1925〔三十二歲〕　　　　　79 次　　　　入夢 1 次

4.22「譚女士囑彭女士送李花三枝來。」

4.29「李花漸謝，恐歸來時零落且盡，摘而藏之。」

6.24「予性有兩個傾向，一愛好天趣，二勇猛精進。好天趣者，友人中如平伯、聖陶、介泉皆是，故甚契合。惟勇猛精進者乃絕少，而不期於譚女士得之。情絲綢繆，非偶然也。」

11.16「譚女士贈菊花三盆，文竹兩盆，書片架四個，甚慚無以為報。」

1926〔三十三歲〕　　　　　65 次　　　　入夢 3 次

1.26「慕愚來書，示近作〈黑夜裡的小沙礫〉一文，憤悱慘惻，如見其人。」

5.18「慕愚來書，過於敷衍，使我不快。案頭文竹，漸

漸枯矣，交遊之緣其將盡耶？三月十八日相對默坐兩小時許，
其最後溫存耶？思之惘然。」

1927〔三十四歲〕　　　　9 次

按：由 1927—1932 年間，顧留下畢生最多的情詩詩作，唯
譚此刻已忙於鼓吹國家主義和從事學生運動，無暇與顧多接
觸了。

1928〔三十五歲〕　　　　21 次

按：是年譚因提倡國家主義，詆毀國民黨，為南京公安局拘
捕。後遭革職，出獄後卽赴日讀書。

1929〔三十六歲〕　　　　12 次

按：是年 8 月譚返蘇州治病。

1930〔三十七歲〕　　　　15 次　　　　入夢 1 次

按：譚由考試院任職改至內政部，10 月遷出夫家童宅，改名
惕吾。

1931〔三十八歲〕　　　　53 次　　　　入夢 3 次

1.10「不見慕愚一年半矣，情思鬱結，日益以深。今日相見，自憺將不止隕涕，直當暈絕。乃覿面之下，塵心近滌，惟留敬念。其丰儀嚴整，消人鄙吝可知。今日天寒，南方詫為數十年所未有。彼為我買炭，手撥爐灰，竟六小時，我二人在一室中未嘗移席。嗚呼，發乎情，止乎禮，如我二人者殆造其極矣。」

2.22「自民 13 年迄今，慕愚寄我函件得 93 通。…慕愚性格，備具男性的勇敢與女性的溫存。」

按：譚對顧寫信至此多達 93 封，顧復以「勇敢」和「溫存」來形容她，顯然這階段譚確有對顧流露一定的情懷和期待，惜顧始終沒有「勇敢」回應，只徒然吹噓「發乎情，止乎禮」的高尚情操而已。

1932〔三十九歲〕   62 次   入夢 21 次

2.18「韜光觀海亭邊，翠竹千竿，寒梅一樹，若見伊人丰姿，頗涉冥想。倘得從此撒手，則以後吾廬之前亦當如此種植，庶永得見其精神與風態也。」

3.6「以履安待我之摯，在良心上甚欲忘健常。然靈峰一

見清冷之竹與梅，又不禁起我遐思。」

　　6.17「健常所贈文竹，六年矣，三年前回平，特盛。去年張媽分為五處，乃漸枯萎。今次歸家，乃僅有兩盆未萎盡，草木之榮枯倘詔我以人情之冷暖耶！若真以此為象徵者，則可悲甚矣。」

　　12.24「晚自城中歸，得慕愚 12 月 19 日來書。呵，我們的友情復活了！這是我的生命史上的大事！」

1933〔四十歲〕　　　　　　　61 次　　　　　　　入夢 19 次

1934〔四十一歲〕　　　　　　76 次　　　　　　　入夢 11 次

　　11.25「十一年來，此是第一回夢中定情。」

1935〔四十二歲〕　　　　　　27 次　　　　　　　入夢 15 次

　　3.17「湘湖周八十里，景物幽靜，勝於西湖。此去年健常約遊處也，履此酸絕。湘湖山上，李花極多，有如超山之梅。杜鵑花又離離觸腳，美甚。惜不得與健常共賞之耳。」

1936〔四十三歲〕　　　　　　50 次　　　　　　　入夢 9 次

1937〔四十四歲〕　　　　58 次　　　　　　入夢 4 次

1938〔四十五歲〕　　　　44 次　　　　　　入夢 9 次

3.18「予與健常相識十四年矣。」

4.13「今日為予與健常相識之十四周年。」

6.3「予對健常，永懷不忘，真到見羹見牆之地步，自亦不解其何故。此兩日間寫得萬言書，胸懷頓暢，臨洮旅居之愁悶，不復存矣。」

8.5「寫健常信 20 頁，約六千言。」

8.6「續寫健常信一千餘言。」

1939〔四十六歲〕　　　　18 次　　　　　　入夢 4 次

10.9「昨夜覽兩年來健長來書，精神興奮，心跳又作。…今晨四時而醒，因於五時開燈寫健長信，以減輕心頭之壓迫。此君真是我前世的冤孽！」

1940〔四十七歲〕　　　　13 次

9.29「晚接健常信，知其奉內政部派，不久便可見面，蓋

別已兩載矣。」

1941〔四十八歲〕　　　　　1 次

1942〔四十九歲〕　　　　　7 次

1943〔五十歲〕　　　　　75 次　　　　　　　　入夢 7 次

6.15「予與健常鍾情二十載，徒以履安在，自謹於禮義，此心之苦非他人所喻。今履安歿矣，此幅心腸自可揭曉，因作長函寄之，不知彼覽我書，將有若何表示也。此事本當少遲，以彼將有遠行，不得不速。」

按：殷氏於 5.30 才卒於柏溪。

6.20「改健常信抄畢，供計十長頁，每頁 40 餘行，行廿餘字，約共九千四百字，算是我近年的一封長信，把我三十年來不能揭開之生活小史都揭開了。」

6.26「今日上午十時得健常信，態度甚冷，使我幾暈。彼如何如此忍心？無意耶？弄狡獪耶？」

按：6.30 自編〈與健常往來年月表〉，此足見顧的癡情。五十之年，惜只欠一知心之人。

7.7「趙太太告我，青鋩追我甚亟，託兩亭夫婦為媒。予白髮盈顛，尚能受女子之憐，固亦自幸，…..況有健常在前，予固義不當隨便與人談戀說愛也。」

按：顧於 10.13 即同意蕭一山為張靜秋女士作媒。

9.11「六年中健常信札，得三十通，不幸一通毀於前年七七之炸。」

| 1944〔五十一歲〕 | 28 次 | 入夢 2 次 |

2.29「健常信草畢矣。信上說：從此以後，你我作一個道義之交，淡淡的然而是永永的。」

按：顧仍是拖泥帶水的個性，對譚的思念之情實未中止。

| 1945〔五十二歲〕 | 1 次 |

| 1946〔五十三歲〕 | 3 次 |

| 1947〔五十四歲〕 | 1 次 |

| 1948〔五十五歲〕 | 1 次 |

| 1949〔五十六歲〕 | 無 |

1950〔五十七歲〕　　　　　　無

1951〔五十八歲〕　　　　　　無

1952〔五十九歲〕　　　　　　無

1953〔六十歲〕　　　　　　　1 次

1954〔六十一歲〕　　　　　　2 次

1955〔六十二歲〕　　　　　　10 次

1956〔六十三歲〕　　　　　　5 次

1957〔六十四歲〕　　　　　　4 次

1958〔六十五歲〕　　　　　　6 次

1959〔六十六歲〕　　　　　　無

1960〔六十七歲〕　　　　　　無

1961〔六十八歲〕　　　　　　2 次

12.22「靜秋脾氣益烈，幾一說話必吵，家庭中無溫暖矣。」

1962〔六十九歲〕　　　　　6 次

　　9.16「譚惕吾來，送之上站。……當晚飯之際，惕吾忽來，靜秋對彼本不快，又因到戲院時已演第二場，遷怒於予之不逐客，大與予吵。惕吾八年未來，今日一來即肇此禍，牽及于予，真孽冤矣！」

1963〔七十歲〕　　　　　　1 次

　　12.8「譚健常來。……健常此次視察四川，聞伯祥言，靜秋有病，故特來訪。」

1964〔七十一歲〕　　　　　1 次

1965〔七十二歲〕　　　　　無

1966〔七十三歲〕　　　　　5 次

　　4.13「1924 年之今日，又為予與健常之初晤日。今日中午吃打鹵麵，下午吃炸醬麵，所以紀念之也。」
按：距二人初識長達 42 年，顧之鍾情如此。

1967〔七十四歲〕　　　　　1 次　　入夢 1 次

　　5.31「夢見健常，與話至夜，且勸其留宿，不拒，醒而枕上作詩以記。」

1968〔七十五歲〕　　　　　無

1969〔七十六歲〕　　　　　無

1970〔七十七歲〕　　　　　1 次　　入夢 1 次

　　11.11「近日常夢健常，殊無歡容，不知有何拂意事。」

1971〔七十八歲〕　　　　　1 次

　　8.3「予打電話與健常，未通，豈真有憾於我耶？抑他遷耶？今生尚得相見耶？思之悵然。」

1972—1974　　日記缺。

1975〔八十二歲〕　　　　　1 次　　入夢 1 次

　　6.3「連宵夢與健常同讀《史記》，此事何可得也！」

1976〔八十三歲〕　　　　　無

1977〔八十四歲〕　　　　　1 次

8.13「寫譚健常信。」

1978〔八十五歲〕　　　　　1 次

9.16 補記 1924.4.13 初見譚日記題詩,「以志一生之痛」。

1979〔八十六歲〕　　　　　1 次

3.2「寫譚健常信。」

1980〔八十七歲〕　　　　　無

按：顧卒於 1980.12.25。

　　透過以上簡略年表的觀察,顧在日記中記錄與譚接觸多達 871 次,夢中相遇 113 次,鉤畫出一個呆直、寡斷復執著多情的顧頡剛。這是顧感性的真實面目,和學術文章、名山事業的顧顯然全然不同。顧心坎裡對譚的一往深情,延續幾達整輩子,但其中的高峰期有二:一是自 1924 年初遇至 1940 年,整整長達 16 年的情感糾結,這階段也是顧的情詩創作最高亢、最集中的時期;二是在 1943 年 5 月顧的第二任夫人殷女士剛歿後,至 1944 年初的瘋狂傾訴期,這時動輒見每封長達數千字的書信傳遞。然而,顧的熱情卻在譚的冷淡

婉絕戛然中止。當 1944 年 7 月顧與張靜秋女士於北碚成親後，一直至 1980 年顧病歿，晚年三十多載日記的敍述轉趨冰冷如流水帳般的，除了仍勤於在學術和政局的理性交代外，顧對譚的情感明顯已盡數隱藏，亦罕見譚的入夢記錄。這與夫人在旁的嚴密監管，心靈不復自由似有關連。以上是客觀數據所呈現的顧對譚情思變化經過。

二、　顧頡剛情詩選讀

有關顧的情詩，一般所見都是為譚而作。由 1924 年至 1978 年，顧為譚留下了 50 多首絕句。顧詩如其文，用詞淺易平淡直接，文采風流遠不及其師胡適，但直透本心，毫不遮掩，這方面的坦蕩態度比老胡強多了。顧詩中的習見用語，多是些負面思緒、缺乏陽光的字詞，如：淚、愁、苦、悲、夢、恨、顧、無端、躊躇、天涯、紅葉、淒涼、瀟瀟等，一再出現，此可概見顧對這段畢生執著的情感所保持的懊惱落寞心情。

以下，挑選排比若干首顧詩，偶附按語，嘗試對顧情思懸念的變動歷程作一較全面的觀察。

1927.7.13(《日記》第二卷　頁 66-68)

夜中玩月，得一絕云：

昆明隄上桃花發，太液池中碧藻浮。

兩歲風流銷散盡，只今留得一生愁。

月下懷人，惆悵欲絕。

按：顧月下所懷，即兩年前 1924 年 4 月初識的譚。前二句指的是顧對譚初動情愫的時地。由發而浮，點出顧內心的戀情開始綻放漫延，一如昆明湖旁豔桃的盛開，又如水中藻萍的隨風飄移，一恁自然而不由人。第三句悵言兩年堅持的熱情，迄今仍未得到回應。顧當下說的「風流銷散」、「惆悵欲絕」，顯見其人的觸覺敏感，但思緒脆弱，且心靈易受傷害，長期壓抑的熱情來的快，去的也匆匆。末一句「只今留得一生愁」，可謂一語成讖。顧對譚的靈性追求持續終生，可惜到頭來卻只平白留下一輩子的愁思。

1927.7.14

月色甚皎，獨在廊間望至十二點。又得一絕云：

無從問訊到三巴，未敢招魂向漢涯。

天上人間猜不透，躊躇苦味勝悲嗟。

按：此憶譚之作。時譚在四川重慶，參同卷 6.13 日記：「重慶人民因英艦砲擊南京開會，女學生慘死者甚眾。未知慕愚已離川否？如未離川，不知加入此次開會否？如加入此次開會，不知性命無危險否？道阻且長，我勞如何！耿耿此心，如何可已？悲哉悲哉！不知此後尚有見面之一日否？倘彼萬一不幸，我生尚有何樂趣！」顧真屬性情中的癡人，但一生膽怯，言多於行，仍是書生習氣，畢生猶豫遙擺於學術與政事之間，於情感亦如是觀。「躊躇」二字，正是顧一生只能品嘗苦澀情味的關鍵用語。他能與譚「默坐兩小時」、「獨處六小時，未嘗移席」，可見其人極具沈重的傳統禮教包袱，缺乏積極果斷執行的勇氣，最終竟誇言「發乎情，止乎禮」，而事後亦只能數度在夢中定情；其心中懊惱不甘可知。

1927.7.19

　　乘涼，得一絕云：

　　　抵死纏綿不肯休，淚珠咽了又重流。

　　　禱天我自無多願，不作鴛儔作雁儔。

按：顧對譚情思執著，至死不悔，但缺乏具體行動，空餘淚珠重流。由《日記》見顧性多情易哭，這裡所指的珠淚「又

重流」恐是事實。一、二句堅持，第三句語氣轉弱。第四句鴛鴦成雙，雁行相引，也只能成為顧獨自禱祝告天的喃喃空言。率直文字的背後，盡見顧的道德包袱和遲疑怯懦的性情。

1927.8.5(頁 73)

上午三時醒後即不能眠，倦甚。足昨詩成一絕云：

輾轉空床恨萬千，長宵捱盡似長年。

強生一念自相慰，不死終留未了緣。

按：顧於二十多歲即在學術界暴得盛名，掀起疑古風潮，果斷的切除許多舊史料的真實性，處處見顧文強悍理性的求證分析。但相對的，顧卻是情感的呆子，徒然用想像問卜來面對感情。顧詩淺白的說長夜難眠，只是平白的思念抱恨。末二句勉強自我開解慰藉，謂只要一天「不死」，「緣」仍未盡。雖是情真意真，但終究於事於情無補費思量，可謂是癡人。

1927.8.6

夜得一絕，云：

早料華筵有散期，頻頻顧惜晤言時。

　　　可憐綺夢闌珊後，想到此情只益悲。

按：顧對於自由情感的追求，遠不如同時期的徐志摩、魯迅、
郭沫若，甚至俞平伯等人的積極，理性與感性的雙重衝突，
註定這段戀情只能停留在想像之間。此詩第一句已不看好這
段感情，直言與譚美好的相遇時光總有中止的一刻，且屬意
料中事。而顧復無積極作為，一再躊躇回顧，更是錯失機緣。
三、四句用進入綺夢來自我滿足，但夢覺後只是徒然增加悲
緒。顧明白在傳統社會中，此情艱鉅難成，又乏勇氣衝破現
實的籠牢，詩文只能魯直的以幽幽內心追思作結。

1928.3.30 (頁 149)

　　　綠到樓前草色新，憑欄西顧黯雲屯。
　　　不知細雨冥蒙裡，可有天涯相望人？

按：此時譚仍在四川公幹，故言「西顧」，彼此亦只能「天涯
相望」，筆直而情深。「綠到樓前」、「草色新」，為顧眼前所睹
之物，亦代表顧的情懷是一遍生機無限，相對的憑欄追望遠
方的「黯雲屯」和「細雨冥蒙」，自是指譚所處的狀況，黑雲
密佈，處處困頓，讓人擔心。末句以問句作結，顧直言自己
是「天涯相望」的有心人，但未審在西邊「黯雲」屯集之處，

可有對應相望的知心人亦在憑欄相候？癡人語言，煞是感人。

1929.8.21(頁 316)

　　　無端相遇胥江湄，柳拂船唇疑夢迷。

　　　天意故教眠不著，好將長夜付離思。

按：8.16 顧見譚於胡適處，「三年渴思，忽於今日無意中遇之，真使我喜而不寐矣」。8.17 寫譚信，同日晤譚。8.18 與譚遊拙政園，別時見譚拭淚，「夜中思之，亦復淚下」。8.19 失眠。8.20 寫譚信。此詩是相遇多日後追思之作。詩無疑是承襲李商隱〈錦瑟〉詩的意境而來。詩中前二句的若干用字，如「無端相遇」、「湄」、「柳拂」、「疑夢迷」，均重寫於 50 年後 1978.9.26 顧最後的一首憶譚詩作中。可見此詩所託寓之情詞對顧一生的意義非凡。二人無端因緣而相遇，隨即恍如柳絲牽連般迷夢一生。這種迷夢般的交往和思念追憶，亦成為顧內心隱伏的一生之痛。於此，足發見顧長期的不滿足和不踏實的情感特牲。

1929.10.29(頁 338)

　　昨宵恍惚見羅敷，纔欲寒溫夢已蘇。

　　長嘆一聲向天問，蕭郎終是路人無？

按：同年 9.27 日記：「謝女士告我，慕愚已嫁童家埏，但感情不好。」10.26 日記：「謝女士言，慕愚與童先生結婚已有二年。」11.26 日記：「謝女士謂聞童家埏先生原先已有夫人，慕愚有請離之說。」此即羅敷所指。詩中陌路人的蕭郎自是顧自己，前兩句言二人之情只能在夢中落實，後兩句言現實生活中總無機緣相聚。詩用反語作結，顧似仍存一絲盼望，但戀情的決定權還是在對方。可憐顧追求的感性溫存，一生終究只能寄託於短暫的夢裡恍惚之間。

1930.4.14(頁 390)

　　夢裡又為一度親，下山負得玉人身；

　　湘音未絕忽驚覺，仍作天涯相望人。

按：此屬憶譚之作，關鍵用字仍是「夢裡」、「天涯相望」。顧的情思飄泊，一直只停留在「忽」且「驚」且「覺」之間，「天涯相望」，都是惘然。情絲再長，終不如真實生活的相依相悅。

1930.5.10(頁 400)

　　今日為燕大畢業生返校日，故放假；各處均開放，女生宿舍亦得參觀。

　　　　空庭雨後又微涼，喚起離愁亦自傷；

　　　　何日林中重把臂，一揮積淚數千行。

按：詩文盡是單相思的語言。顧由參觀女生宿舍而憶念譚。淚屬積淚，且能一揮千行，自是情癡。可見顧內心長久的壓抑但熾熱如昔的感情。

1930.6.13(頁 409)

　　　　乘興南來作健遊，忽思舊侶淚長流。

　　　　知君正似中天月，已逐離人到易州。

按：顧情感泛濫真致，動輒淚下。第三句卻點出譚正狂熱於政事國事的追求，與顧共同的焦點日淺。

1931.1.9(頁 481)

　　　　一天風雪冷難支，為約伊人不改期。

　　　　我願見時便慟絕，勝留餘命更生離。

按：1.10 日記：「不見慕愚，一年半矣。情思鬱結，日益以

深。今日相見，自慚將不止隕涕，直當暈絕。……今日天寒，南方詫為數十年所未有。彼為我置炭，手撥爐灰，竟六小時，我二人在一室中未嘗移席。嗚呼！發乎情，止乎禮，如我二人者殆造其極矣。」顧詩淺白記實，性情率真顯露，滿紙哭涕，然情多陰柔而缺乏剛強之氣，似非「勇猛精進」如譚所心儀託附的理想對象。1.17 日記：「予與遊中山陵，道中雪凝為冰，地甚滑，予欲扶之，則斂手謝，甚以禮自持又如此。」此可見譚對顧情感之趨於保留。顧的情感處理明顯不如譚，亦缺乏自知之明。相對而言，顧其人好書而不沈深，想像太多而缺狠忍手段，學閥行政上亦遠不及同時期的傅斯年輩果斷。二方面的對比可等量齊觀，都足見顧的躊躇個性，實不能成事。

1931.1.31(頁 490)

　　小院風來自掩門，雪窗對話到黃昏。

　　何須細數七年事，一度相逢一斷魂。

按：1.28 日記：「此次見慕愚，又給我以極強之刺戟，然轉眼分離，無異一夢。」七年事，指 1924.4 始識譚的情緣。此言與譚每一相見即斷魂，其情感脆弱如此，抗壓能力之差可

知。顧的戀情已自料不會有好的結果。

1931.2.1(頁 490)

　　久不得慕愚書，悵惘欲死。今日在車中得句云：「可憐重會日，即是再離時」，為之泫然。是月 27 日足成一詩曰：

　　　　對視渾如夢，無言自覺癡。

　　　　只憐今日聚，又釀別離悲。

按：二人相對無言，只能在如夢如癡之間，實因顧有心而譚無意。顧不解此，空自冀盼，才會「悵惘欲死」。2.4 日記：「久欲寫慕愚信，今日忍不住了。信中勸其向世界史及中國國民生活兩方面著力，將來好與我共作一部中國通史，我任上古至清，她任鴉片戰爭以後至現在。要是這個工作真能作成，我二人精神之結合將歷千古而長存，不勝於百年之伉儷乎！只要她能答應，我的不安靜的心就可安靜了。」此足見顧由無奈的追求轉而為追思，漸行漸遠，亦只能寄託在冀求心靈契合的精神層次上。

1931.2.27(頁 520)

　　　　積雪庭前已漸融，寸心何事總忡忡。

　　　只緣蔤了青春火，欲避青春送與風。

1931.4.14(頁 517)

　　車中對景懷人，情不自已，成一絕云：

　　　強顏歡笑何年歇，駘蕩春光去又來。

　　　心上創痕眼裡淚，拼隨生命化飛灰。

1931.4.20(頁 519)

　　車中追憶一月中晤健常時，渠問曰：「近年有好的女弟子
嗎？」因成一詩記之：

　　　樽前溫語叩從遊，欲吐衷情又咽休。

　　　舊恨苦多心若窄，更無餘隙種新愁。

……其實，我心頭要說的話，是「除了你外更無別人」。

1931.5.4(頁 524)

　　在新橋河避雨時，追懷遠人，忽忽不樂，成一絕云：

　　　狂風猛雨撲前溪，路上征人意盡迷。

　　　知否茅簷避雨客，有人苦憶石城西。

按：時譚人在南京正忙於政事工作。顧的內心，一如女兒家的心思，屬陰柔的個性，與譚的剛猛積極明顯是相反的。

1931.9.27 (頁 567)

怒濤奔馬是秋聲，打入愁懷夢不成。

卻看紙窗寒月色，南都此夕應同明。

每臨佳景，即起長愁。哀哉不能言，惟有鬱抑！

按：南都，指譚的住處。

1932.1.22(頁 603)

在車中作詩，云：

是樂是哀渾莫知，別期似暫又似遲。

百千量度都須廢，只此愁心不可移。

又云：

只緣思極心翻木，更以情多見總羞。

拼把吾生千斛淚，年年倒向腹中流。

噫！南歸心事，誰知我耶？

按：1.23 日記：「八時半到浦口，渡江。」「十一時到內政部訪健常，與之同歸其家，吃午飯，見其父母、妹及黃一中。」1.24 日記：「廿三日，圍爐討論國事，健常曰：『若處處審慎，顧忌太多，必不能成事』，此因論政府之不敢主戰，或亦用以譏予。噫，予心之苦，健常安得知之乎！(我儘能打破舊道德，但終不能打破我的同情心)。」這無疑是二人少數交心的一段話語。顧詩言愁言苦言夢更言淚。「千斛淚」，復見於 1978.9.26 深情的「五十年來千斛淚」一句。一斛十斗，一斗十升。顧詩點點行行皆是淚，數十年來不變，但只能倒向腹中流。這份「相逢已晚」(1931.1.24 語)無奈之情，註定不能成事，是源自「舊道德」的包袱，也是來自對忠貞的妻室殷氏不忍的「同情心」使然。

1934.9.15(第三卷　頁 236)

　　昨夜失眠，聽了一夜的雨，因用前年秋風詩韻，更成一章：

　　　　又起瀟瀟秋雨聲，長宵最苦夢難成。

　　　　謝家庭院雙梧樹，莫使伊人聽到明。

按：「前年秋風詩韻」，指的是 1931.9.27 日憶譚詩作。

1934.10.20

　　健常示近作云：「人事紛紜苦不休，暫停征馬到俞樓。此心已為飄零碎，怕看西湖處處秋。」嫌其蕭瑟，和之云：

　　　　一天風露且歸休，莫以傷時怕上樓。

　　　　度盡寒冬花即發，何須垂淚對清秋。

按：品味譚的詩意用字，顯都勝顧一籌。顧對譚的迷戀，源自譚的文采風流，恐亦有一定的推助和吸引。

1934.10.23(頁 251)

　　今日健常昨作一詩，其末二句云：「明知花事隨秋盡，猶弔嫣紅姹紫來。」……歸後因成一詩云：

　　　　莫將閒淚付秋思，大地春回已有期。

　　　　試上逋翁亭子望，梅林待發萬千枝。

又作一詩云：

　　　　夜夜西泠對玉盤，莫將圓缺定悲歡，

　　　　勸君煉得女媧石，便補天傾也不難。

題為「莫將」，以表規諷之意。

1934.10.25(頁 252)

又續作〈莫將〉二首。一云：

漫漫平原漸漸津，莫將琴劍怨飄零。

天涯須是飄零夠，始把人生識得真。

一云：

同聽邊關笳鼓聲，莫將痛淚灑新亭。

肩頭自覺堅如鐵，要把河山一擔盛。

按：顧詩中對譚的工作和際遇流露出無比的羨慕。顧一生所
缺乏的，正是這份豪情和積極的行動。

1934.11.7(頁 256)

將二日看楓事寫成三絕：

秋到人間且莫嗔，初涼景物勝於春。

乍將夕照凝紅樹，忽有金風舞白蘋。

　　姹紫嫣紅垂盡時，青楓正是轉丹期。

　　似憐飄泊悲秋客，故故招邀去拆技。

　　摘來紅葉納書囊，如此深妍好久藏。

　　過卻十年重檢視，依然顏色壓群芳。

健常聰穎，必知予之懷也。

按：紅葉，指 1925.4.29 摘譚所贈花葉藏之一事，距今已達十年。顧面對此藏書十年的紅葉，尚稱「顏色壓群芳」，真可謂癡呆人。

1934.11.9(頁 257)

　　與健常等到岳墳前吃飯，取照片。作詩六首，備題照片。

　　讐宮燈火景山烟，往事依稀已八年。

　　別後悲歡何可說，忽然相遇合相憐。

1934.11.27(頁 265)

　　渡江已上午一時，遙對南京，率成一絕：

車窗凝凍影模糊，白下燈光回望疏。

此際料知人早寐，寒風吹夢渡江無！

按：南京，為譚住處。「寒風吹夢」，指的自然是顧的相思之夢。末句詩人率真的催促寒風吹夢渡江，情真而動人。

1936.3.24(頁 455)

今日暢遊西湖，吟詩四首。

梧葉當年墮小樓，樓前有女賦悲秋。

於今兩度春光到，不見伊人釋舊愁。

清遊到處足消魂，石徑猶存舊履痕。

帶得淒涼歸去也，落英滿地不開門。

1939.9.20(第四卷　頁 286)

9.16 步至健常前住處，今尚未歸。今日十時十分過陳家橋，得詩兩首：

幽人聞住陳家橋，翠竹青松伴寂寥。

知否儂車今日裡，與君同此雨瀟瀟。

車走長途未許留，眼前村舍兩三浮。

欲猜誰是伊人宅，仰望雲天已滿愁。

按：是時譚被派至湖南慰軍未返，而顧復有遠行。

1943.9.14(第五卷　頁 155)

素妝匹騎出秦關，河上奔馳幾日還？

欲挽姮娥離月窟，我來照澈賀蘭山。

按：9.12 記譚遠赴寧夏。顧對譚仍是思念如初。

1943.11.18(頁 190)

夜夢健常到蘇州我家，以在中夜，不記其事。

赤誠偷獻口難開，投火此心總不灰。

知否西湖秋色好，早將紅葉作良媒。

按：紅葉，見 1934.11.7 詩句。顧早年將此視為譚所贈的定
情信物。

1967.5.31(第十卷　頁 681)

　　老去猶存年少情，纏綿萬種飽懷春。

　　可堪咫尺天涯地，竟是無從問死生。

　　同步山林卅載餘，或離或即總躊躇。

　　倘逢紅燭高春讖，好取此箋作證書。

按：1967.2.3 日記：「晨 4 時，夢見健常來我家，惟我一人在，
與話至夜，勸其留宿，不拒，醒而枕上作詩以記上。健常居
屋為自產，又於五七年陷於右派，雖已摘帽，而去年大風浪
中不會不抄家，其生死存亡莫卜。」時顧已達 74 歲高齡，心
中對譚仍是念念不忘。二人晚年的住處不遠，但已不能自由
往返垂詢，未知死生，最是可憐。

1978.9.26 (第一卷　頁 475 1924.4.13 附)

　　無端相遇碧湖湄，柳拂長廊疑夢迷。

　　五十年來千斛淚，可憐隔巷即天涯。

1978 年 9 月 26 日，偶展此冊，不覺悲懷之突發也，因題詩

於上，以志一生之痛。

按：顧時年 85 歲，距去世不過二載矣！此詩為顧對譚用情一生的總述。顧對這份埋藏在內心深處五十年復又常形諸文字的戀情，恍如書生空議論，到頭來只落得一份天涯相望的迷夢感覺，始終並無靈與慾的結果。但是千斛血淚的無悔堅持，仍足以感人至深。

　　綜觀以上詩作，顧自始至終都展示著內心的哀怨纏綿和對譚的癡癡盼念。顧的柔弱角色，與譚的剛毅豪情恰好成一強烈對比。顧詩平直淺白，用字不算高妙，但詩如其人，顧詩能充份反映其率直感性的一面。顧對譚的愛慕，一往情深，終其一生念念不忘，已到無悔的地步，遺憾的是這份思念都只是停留在單線的發展。詩人的顧頡剛，與學術疑古理性的顧頡剛，甚至學閥的顧老板，都全然不同。這些詩作提供後人對顧的人格與風格有較全面的了解。

　　顧詩一貫的呈現顧對自由戀情的期待和執著，但亦強烈透露他承受傳統禮教包袱的壓抑情懷。這種矛盾的個性，既保守，復開放，構成他的猶疑、躊躇的內心世界，也註定了

顧畢生的純真戀情只能獨佇在「隔巷天涯」的無奈之中，教人唏噓不已。

有關顧與譚的情詩，論述至此。

三、 論譚慕愚在顧內心中的真正角色

顧以畢生的詩句思念譚，如果只是單純記錄男歡女愛之情，實不值得大費周章來評論。這裡擬站在學術史的角度，審視顧的情詩背後可能隱藏的一些理性的學術問題。

顧一生以追求學術為志，是近代中國知識份子中代表保守和進步之間的另一典型。他是保守的破壞者，也是進步引以為敵的守舊派。處於時代夾縫的人，無疑是註定悲劇乏力的下場。顧年輕時面對動盪的中國，早有科學整理國故的熱誠，1916 年(24 歲)進入北京大學文科中國哲學門，對世界學術有無比的憧憬，曾發憤言:「自今之後，不復以學史之問題為及身之問題，而一歸於科學。此則余之志也。」[7]1917.9 胡適自美學成返國，隨即走馬上任北京大學文科教授，講授「中國哲學史」，從此，胡的科學「眼光」、「膽量」、「斷制」

---

[7] 《古史辨》第一冊序，頁 32。

[8]為顧開啓了一扇極重要的窗戶,並成為顧日後掀起疑古破舊思潮背後的黑手和終生的心靈導師。1920初,顧任北大圖書館編目員,在幫助胡適標點和註解書籍,並進行文章辨偽工作的同時,已了解學術需要「立」比「破」更為重要的態度:

> 在這翻弄之中,最得到益處的是羅叔蘊先生(振玉)和王靜安先生(國維)的著述。……研究所中備齊了他們的著述的全分,我始見到商代的甲骨文字和他們的考釋,我始見到這二十年中新發見的北邙明器、敦煌佚籍、新疆木簡的圖像,我始知道他們對於古史已在實物上作這種種的研究。我的眼界從此又得一廣,更明白自己知識的淺陋。我知道要建設真實的古史,只有從實物上著手的一條路是大路,我的現在的研究僅僅在破壞偽古史的系統上面致力罷了。……他們的求真的精神,客觀的態度,豐富的材料,博洽的論辨,這是以前的史學家所夢想不到的,他們正為我們開出一條研究的大路,我們只應對於他們表示尊敬和感謝。[9]

---

[8]　胡著《中國古代哲學史》蔡元培序語。台灣商務印書館,1970年4月。

[9]　《古史辨》第一冊序,頁 50-51。

1922(30歲)，顧正式提出「古史是層累造成」的見解，暴得大名，榮升為史學界的新領袖。可惜從此以後，「古史辨」三個字既作為他的桂冠，亦終其一生畫地為牢式的圈住了顧學術生命的發展，成為他持續往前攀越高峰的包袱。

1924.6.29顧為北京大學譚慕愚等人作出生平等一次的演講，談到現今國學的趨勢，他區分作五派：

一是考古學，用古代的實物和文字來解釋古史。羅振玉、王國維是這一派的代表。

二是東方古言語學及史學，研究漢族以外的各民族的文化。法人伯希和、英人斯坦因、中國羅福成、張星烺、陳寅恪、陳垣等都是這一派的代表。

三是地質學。因發掘地層而得有銅器時代以前之古物，可助古史學之研究。丁文江、翁文灝、章鴻釗等都是這一派的代表。

四是學術史。要求把文化的進程做一個系統的排列。胡適、章炳麟、梁啟超等都是這一派的代表。

五是民俗學。北大國學門中的風俗調查會和歌謠研究會，都是這方面進行的表示。周作人、常惠等

是這一派的代表。[10]

毫無疑問，顧只是屬於他自己所畫定的第四、五派其中的一員，但他內心所心儀且認定最重要的，卻是第一至三派學者所致力的真正科學整理國故的工作。特別是王國維的學術業績，才是顧一生朝思夢寐以求的目標：

1924.3.31《日記》：「予近年之夢，以靜安先生遊為最多。靜安先生為我學問上最佩服之人也。今夜又夢與靜安先生同座吃飯，因識於此。」下附 1970 年補記：「看此段文字，知我那時引為學術上之導師的，是王國維，不是胡適。……我之心儀王國維，則是我一生的不變看法。」[11]

1924.4.22《日記》：「與靜庵先生書曰：『擬俟生活稍循秩序，得為一業之專攻，從此追隨杖履，為始終受業之一人，未識先生許之否也？』」接著的 4.23，4.24，4.25 三天的《日記》連續「看龜甲文字」。

於此，足見顧對王國維攻治甲骨學的肯首與崇拜。顧很清楚當今學術的正途方向，只能是考古學、古語言學、地質學，而辨偽學無非是其中的一個過程和手段，並非今後學術

---

10 參《顧頡剛日記》1924.7.5 與履安信。
11 參《顧頡剛日記》第一卷 1924 年，頁 471。

的終極目標。唯有地下考古文物、歷史語言的對比研究，才是當日學術朝立的方向和預流。這是他推崇王國維、陳寅恪等前輩學人的真正原因。然而，儘管他了解一時代學術的問題和方向所在，但他沒有機緣更進一步掌握大量的甲金文證史；也未能克服東西語言的障礙，赴外國接受西學的訓練。這是顧頡剛平生治學最感到遺憾的地方。

1926.5.13《日記》:「適之先生於今日下午三時歸京。……本年七月中，即須到英國開會。他說將來可在退還賠款內弄一筆留學費，我們可一同留學。這使我狂喜。我在國內牽掣太多，簡直無法進修。誠能出外數年，專事擴張見聞與吸收知識，當可把我的學問基礎打好。」於此，顧用「狂喜」二字，可見顧對於留學吸取西方知識的重視。對比顧的同學復是學術敵人的傅斯年，早在 1920 年即能赴英、德求學，回國後又馬上主導國內重要的學術機構；顧對於能出國留學一途，自始有無比的羨慕復自卑的心態。可惜窮其一生，顧都沒能在地下材料和西方知識中取得完整的養分。他何嘗不明白這兩者對自己學術發展的重要，但終究只是停留在口說的階段，這顯然和他的個性缺乏決心和恆心有極大的關連，也形成了他在學術上的「一生之痛」。

反觀譚慕愚的個性和行為，卻恰好逐一填補了他在學術生命中所欠缺的種種元素。由顧日記中的坦白敍述，大致可以掌握顧、譚二人性情的異同：

1924.7.3《日記》：「譚女士真用功，英文算學都好。問予研究國學門徑，予因囑其略覽目錄學書。以其勇往，將來必可有成就。予甚願盡力助之。」

1924.7.21《日記》：「譚女士讀《詩經原始》及《漢書‧藝文志》等，質疑若干條，眼光甚銳，膽量甚大。這種人在男友中猶少，乃竟於女友中得之，此心之安慰不可言矣。北大女生中，恐只有譚女士是真能自己讀書的。」

1924.10.18《日記》：「彭、陶二女士來介泉處補習英文，譚、劉二女士請加入，彭、陶謂劉尚可，譚必不可。……孤高之性，舉世同嫌，思之悲憤。」

1924.10.25《日記》：「介泉夫人謂女生宿舍中，以譚女士室為最潔淨，無絲毫塵垢，其置物莫不有次序，花草蔥蘢，無有能及者。」

1924.11.1《日記》：「陶女士謂譚女士最會哭，聞之悲念。」

1925.2.5《日記》:「介泉夫人打電話到女生宿舍,全舍無他人,惟譚女士獨留,想見其幽獨之況。」

1925.5.8《日記》:「介泉評我夫婦,……謂我有時極寡斷,有時極剛腹,與譚女士同,所以我能欣賞她。」

1925.6.24《日記》:「予性有兩個傾向,一愛好天趣,二勇猛精進。好天趣者,友人中如平伯、聖陶、介泉皆是,故甚契合。惟勇猛精進者乃絕少,而不期於譚女士得之。情思綢繆,非偶然也。」

1926.3.17《日記》:「慕愚見贈影片一架,手攝於陶然亭者。雲凝樹暗,甚有悲意。」

1926.5.22《日記》:「因想我愛好女子,自有一種格局,大抵須英挺而沈鬱者。」

由以上這些日記清楚勾列出譚的個性,既是勇猛果斷,復沈鬱孤高。這兩方面明顯都是顧在學術和仕途中自以為是但實亦極感不足的地方。顧由疑古走上學術一途,可是「疑古」顯然並不是顧專利發明的。顧當日是承受師長輩錢玄同、胡適等科學態度的啟發和指導,才會提出層累疊成的古史觀;

更何況他長期只停止在疑古的消極工作，破遠大於立，罕見大膽而正確的重建具體史料[12]，也沒有落實開展王國維的二重證據或陳寅恪的東西語言對應等方法和業績。因此就學術而言，他的勇猛精進、眼光膽量是遠遠不夠的。顧心中對仕途名位復有所期盼[13]，對共產政權亦多見有攀附之詞，但始終沒有任何機會實際參與決策高層，反而常遭共黨紅人如魯迅、尹達等排擠打壓，可謂得不償失。[14]因此，就仕途而言，他的所謂英挺孤高，潔淨幽獨，亦是不夠格的。反觀譚一生在學運的勇敢、赴日遊學的果斷，和從政堅持原有右的立場……等顧所強調的好，都是顧想做而不敢做不能做的。由此可以想見，譚一直是顧筆下心靈嚮往的理想化身，也是顧學術仕途擬追求的真正自我的目標所寄。顧願消耗一生的心力去接近譚、敍述譚，既是心靈伴侶的尋覓，也是在追求一個不可及的自己，表達一個儒弱的顧渴望要成就一個堅強的顧，一個只破不立、原地踏步的顧企圖要轉化成具實踐精神、勇往直前的顧。可惜的是，這種「渴望」和「企圖」，終其一

---

[12] 顧頡剛早年釋禹為爬蟲的說法，為時人所批評，這顯然成為顧持續正面建構學說的一個陰影。

[13] 1943 年國民黨向蔣介石獻九鼎，顧頡剛撰〈九鼎銘文〉，同年陳寅恪曾有詩句「九鼎銘辭爭頌德」，對顧的熱衷政事有所貶抑。

[14] 顧頡剛晚年積極批判胡適，一再與胡適劃清界線，以應付種種運動，討好新政權，無疑是一種人格分裂的撕痛。參王學典〈痛苦的人格分裂〉，文見《重讀大師》155 頁，人民文學出版社，1999 年 8 月。

生都沒法成功，顧在 1938.6.3《日記》曾自我分析對譚始終「永懷不忘」，但卻直言「亦不解其何故」；事實上，譚正是顧在學術精神上想完成卻未能完成的哪一部分之投射。顧鍾愛一個信以為完美的譚，無非只是追求一個自己的幻影。顧詩最後所言的「志一生之痛」，應該不單只是情感的，而更應是理性批判自身缺陷而言。這是一種學術生命消散於茫茫宇宙之中的終極無奈之痛。顧有情思卻無情膽，一生執著追求於愛而無所獲，一生鍾情於學術名望卻躊躇不能正面的建功立業。這無疑是顧最最不甘心的地方。有志於學術文化的人，思此無不興歎。

四、　結語

我因偶撰寫胡適的情詩而恰巧接觸到顧頡剛的詩作，有所感發而為此詩評，無非是「聊作無益之事，以遣有涯之生」[15]而已。未想在審視顧詩之餘，另有體會，發現顧筆下作品對譚的綣念，除了是表達單純的男女之情外，更是對於自我學術仕途無法落實的另一種情感宣洩和寄寓。譚無疑是顧對於個人理想生命追求的化身。顧一生以「破」名於學界，只

---

[15] 陳寅恪《論再生緣》序語。文見台版《陳寅恪先生論文集》下冊，1037頁。

可惜成名太早，亦成為他遲遲無法自我超越的框架和枷鎖，加上個人興趣多元，處事恆心果毅不足，計較心又太強，在純學術上終究停頓不前，未能於大破之後完成大立，留下更多的永恆業績；在學術行政甚至政途上有求名之心，但搖擺個性讓他錯過時機，亦未能成就重大的影響。這也是顧隱藏於對譚情感之後所執著而焦慮的真正「一生之痛」。顧懸於一心的「志」的追求，眼看著始終遊走在成功與失敗的邊沿，何嘗不也是「隔巷即天涯」！

第十三章　　談陳寅恪的詩

一、　前言

近代中國，以學究通人而為學界稱道的，除了王國維外，陳寅恪無疑是近人經常提及的一個名字。義寧陳家，三代均有詩文名[1]。至陳寅恪治學，更是博大深邃。無論是語言文字、佛經碑志、年曆學、隋唐政制、唐宋古文、元白詩箋，以至晚年攻治的《再生緣》和錢柳詩箋等，都屬開山的學問，代表著陳寅恪在不同時期的學術傳世業績。然而，陳寅恪終其一生不斷的文類成果，卻是他的詩作。因此，陳詩無疑是較全面呈現他一生心靈所繫的研究材料，特別是他在晚年困頓時期的律詩，成為他最容易舒發內心和精神反擊的最好工具。要了解陳寅恪其人，有必要對陳的詩作進行微觀的整理。

陳寅恪詩清雅通達，情理過人，極具文采風流。特別是晚年詩作，以詩作史、以詩證史，尤為一絕。詩中隱藏的牢騷不斷，憂患不絕，欲露不露，加上古典、今典交錯，構成許多儲存心靈密碼的三度空間，學界公認難讀。本文整理陳詩，是根據《陳寅恪集·詩集》[2]、陳美延編《陳寅恪詩集附

---

[1] 陳寅恪的祖父陳寶箴、父親陳三立都是晚清有名的詩人。
[2] 《陳寅恪集·詩集》，三聯書店。2001 年版。

唐篔詩存》[3]、蔣天樞《陳寅恪先生編年事輯》[4]、吳學昭《吳

宓與陳寅恪》[5]、余英時《陳寅恪晚年詩文釋證》[6]、胡文輝

《陳寅恪詩箋釋》（增訂本）上下冊[7]為基本材料。統計陳的

詩稿編自宣統二年（1910 年）起，迄至 1966 年 4 月，共 298

首。其中主要論政治的 132 首、論《再生緣》和錢柳因緣的

21 首、夫妻唱和的 21 首、個人眼疾的 12 首。陳詩解讀不易，

後人論述多有不同意見。本人對陳詩詩句的看法，基本上都

是參考胡文輝的《箋釋》成果。本文選取陳詩中若干關鍵字

詞，系聯分析，由說夢、說人間、說白頭、說文化，以至與

夫人唐篔相酬唱的作品，略加排比歸納，企圖分類重建詩人

隱藏在內心深處的「詩魂」[8]所指，聊作為個人研讀陳詩的練

習而已。

二、 陳詩的「夢」

陳寅恪詩中多「夢」字，無疑是解讀陳內心世界的一關

鍵用語。人生如夢，說夢亦能排遣人生。陳一生的夢境多變，

---

[3] 陳美延編《陳寅恪詩集附唐篔詩存》，《清華文叢》之二。清華大學
出版社。1993 年 4 月。
[4] 蔣著《陳寅恪先生編年事輯》，見《陳寅恪文集附錄》，上海古籍出
版社。1981 年 9 月版
[5] 吳著《吳宓與陳寅恪》，《清華文叢》之一。清華大學出版社。1992
年 3 月。
[6] 余著《陳寅恪晚年詩文釋證》，時報出版社。1984 年 8 月。
[7] 胡著《陳寅恪詩箋釋》，廣東人民出版社。2008 年 6 月。
[8] 陳寅恪在 1947 年春有丁亥春日詩作：「詩魂應悔不多來」句。

由其詩作遣字之繁雜可見一般。陳詩所用的「夢」，有：「夢已仙」、「入夢」、「往夢」、「似夢」、「夢破」、「斷夢」、「舊夢」、「夢裡」、「夢覺」、「長安夢」、「魂夢」、「承平夢」、「殘夢」、「歸夢」、「連宵夢」、「尋夢」、「北歸一夢」、「東歸短夢」、「遼西夢」、「夢回」、「猶夢」、「夢休」、「興亡煩惱夢」、「扶餘短夢」、「蟻夢」、「南安夢」、「說夢」、「夢獨多」、「一夢」、「夢中夢」、「夢未成」、「記夢」、「新夢」、「驚夢」、「秋闈夢」、「夢流」、「醉夢」、「閨夢」等等，但大多是屬於負面情緒感懷的內容。無論由質或量觀察，陳詩所寄託的夢都是極其沉重的記憶。

細審陳寅恪的夢詩，除了純寫虛幻、迷惘的情感外，更具體的特有所指向：

1. 夢詩有透過古典、今典影射國事世局的傷感和批判，如：

「金轎武曌時還異，石窟文成夢已仙。」（1929）[9]

按：前句寫的是唐代武則天，諷喻的是清末的慈禧。後句
寫的是唐傳奇《遊仙窟》中的張文成，實質上所詠的對象
是晚清的文廷式。二句是以唐代的衰落影射清廷的敗亡。

「尋春祇博來遲悔，望海難溫往夢痕。」（1935）

按：二句暗以色紅的海棠花比喻共產黨，指共產主義原是
來自海外，進入中國後已異於原貌，轉成為暴力的革命。

「贏得聲名薄倖留，十年夢覺海西頭。」（1945）

按：詩諷國共衝突。此處借用隋煬帝和杜牧詩句[10]，喻指
蔣介石因外遇，讓宋美齡遠走美國一事。

「十年一覺長安夢，不識何人是楚囚。」（1945）

按：詩言西安事變時蔣介石成為張學良的階下囚，讓中共
因而趁機坐大。但十年後二人成敗顛倒，張卻反淪為蔣的
俘虜，歷史因果循環如此。

「夢裡忽忽兩乙年，竟看東海變桑田。」（1945）

---

[10] 參隋煬帝《泛龍舟》：「借問揚州在何處，淮南江北海西頭」。杜牧
《遣懷》：「十年一覺揚州夢，贏得青樓薄倖名」。

按：詩言 1894 年清朝中日甲午戰敗，簽訂《馬關條約》。
迄今 1945 年卻見日本始勝今敗，簽訂降約。此用滄海桑
田典，東海則兼指日本。

「惆悵念年眠食地，一春殘夢上心頭。」（1947）

按：念年，廿年。眠食地，指清華園。此詩為陳寅恪憂患
美蘇霸權的入侵，校內師生轉趨附親共的左傾思想而作。

「興亡總入連宵夢，衰廢難勝餞歲觥。」（1948）

按：此時國共內戰，詩為憂患美蘇勢力相繼在中國橫行而
作。

「遼西夢恨中宵斷，江左妝誇半面新。」（1949）

按：詩言當日的國民政府僅保有半壁江山。遼西夢，指 1948
年底的遼瀋戰役，中共全面佔領東北。後句用陳在 1946
年撰寫的〈南朝〉詩典[11]，諷指國民政府只餘下長江以南
的領土。

「蜂戶蟻封一聚塵，可憐獨夢故都春。」（1949）

---

[11] 陳寅恪〈南朝〉：「徐妃半面足風流」。詩或承李商隱〈南朝〉詩的：
「休夸此地分天下，只得徐妃半面妝」句。

按：詩是因中共舉行政治協商會議而作。前句的蜂戶、蟻封，指的是低微群眾，暗諷中共的新政權。後句則直言北平的故都繁盛，已如夢境般不再存在任何盼望。

2. 夢詩寄託詩人「遺少」心態，對清室存有感懷追念。如：

「故國遙山入夢青，江關客感到江亭。」（1932）

按：前句「故國」，顯見陳是以清朝遺民自況，故國亦只能在夢中相尋。後句的「江關」指江南，亦是陳的自稱。身處在蔣介石的南方政權，自己依仍是飄泊無家的遊客。

3. 夢詩思念家人，兼指內心的困頓。如：

「還家夢破懨懨病，去國魂銷故故遲。」（1939）

按：詩的背景是在對日抗戰、國共亦陷於內戰的時候，而陳正在赴香港等候著飛往英倫的途中。

「暫歸匆別意如何，三月昏昏似夢過。」（1939）

按：當時陳本擬自香港赴英，卻因歐戰爆發，被迫滯留而獨身返赴昆明。暫別的對象是夫人唐簀。

「還家魂夢穿雲斷，去國衣裝入海輕。」（1945）

按：此詩為陳自印度赴英治目疾時思念家國之作。

4. 夢詩追憶故人故地。如：

「羿彀舊遊餘斷夢，雁山佳節又清秋。」（1942）

按：羿彀，指險地，喻淪陷的香港。斷夢，人生不再，此或指香港友人許地山的逝世。

「香江烽火夢猶新，患難朋友廿五春。」（1965）

按：此詩為憑弔友人冼玉清之作。

5. 夢詩對傳統文化的懷念。如：

「招魂楚澤心雖在，續命河汾夢亦休。」（1950）

按：前句指陳有心對傳統文化的招魂，後句言教書之業，無以為計，且空有天縱之才，若無真正傳業的弟子。

「共入臨川夢中夢，聞歌一笑似京華。」（1957）

按：此詩因聽贛劇唱牡丹亭有感，陳戲言在大夢人生中傾
聽述夢之作。

6. 夢詩言理想的太平盛世。如：

「虎歲儻能逃佛劫，羊城猶自夢堯年。」（1962）

按：前句「虎歲」指壬寅年，屬陳的本命年。後句言在「大
躍進」運動時，生民饑饉受苦，但仍想像上古三代盛世會
有再來的一日。當然，此或可理解為陳的反語。

「羅浮夢破東坡老，那有梅花作上元。」（1963）

按：羅浮夢，用《龍城錄》的典，喻美好的時光[12]。夢破，
指理想的幻滅。此言理想不再，年壽無多。

　　由以上的歸納，見陳詩的夢境相對繁雜，有屬政事、家
園、對清室的留戀、對故人故地的追憶，對傳統文化失落的
悲傷和對昇平世的盼望。陳的夢境悲涼各有所指，但慰藉處
不多。以詩證人，陳無疑是一個沈鬱悲觀，復具沈重情感包
袱之人。

---

12 典詳參胡文輝《箋釋》下冊 1029 頁。

三、 陳詩的「人間」

陳寅恪詩作談及「人間」的有多達 28 首。「人間」一詞原習見於陳所心儀的學術前輩王國維的作品。王氏有《人間詞》、《人間詞話》傳世，成為日後詞學、文學批評的經典作品，也是後世了解王國維生平的重要文獻。「人間」一詞，是王與陳一老一少心靈貫通的一個重要橋樑。然二人雖同樣重視「人間」，但對「人間」的用法亦稍有出入。王多以詩人熾熱的眼光入世看人間，陳則一直以客觀史家的冷眼分析人間；王重視個人內心的情感哲思來印證人間，陳則強調以史識論述人間政局。這無疑是二人面對人間浩劫時，一以忘身投水殉道，一以堅守殘軀對抗世俗的差異處。

陳詩的「人間」，除了一般泛言俗世社會外，亦特有所指。如：

1. 悲觀落寞、遺世獨立的人間世。如：

「人間不會孤遊意，歸去含悽自閉門。」（1927）

按：此詩為陳早年春日獨遊之作。詩有「園林故國春蕪早，景物空山夕照昏」句，見陳獨自品味的國亡家敗的「遺少」感慨。

「人間盡誤佳期了，更有佳期莫恨遙。」（1949）

按：此詩為七夕而作。七夕本為相聚的佳期，但當下的人間卻因戰亂年年而錯失佳期，轉生無數悲歡離合。

2. 充滿危機、憂患的社會。如：

「欲上高寒問今夕，人間惆悵雪盈頭。」（1950）

按：高寒，指剛取得政權的共產黨。詩言當時的政治肅殺，人人自危。

「任教憂患滿人間，欲隱巢由不買山。」（1962）

按：詩為壬寅夜臥病時作，大陸正進行厚古薄今運動的批判。1961年陳答吳宓詩已有「留命任教加白眼」句。此時的陳目盲腿斷，已不可能教書授課，而全面批判陳的運動正要展開。

3. 影射政壇的人間。如：

「海外長門成短別，人間舊好勝新知。」（1945）

按：詩以七夕為題，但實諷喻蔣介石和宋美齡重歸於好一事。前句用漢長門殿典[13]，指漢武帝失寵的陳皇后，暗諷宋美齡當日因感情問題赴美。後句則言宋此時歸來，與蔣重修舊好，履行政治婚姻。

「犀渠鶴膝人間世，春水桃花夢裏船。」（1966）

按：詩諷喻當日中共的備戰運動。犀渠，犀皮製作的盾甲；鶴膝，長矛。此指人世間不免征戰。後句兼用杜甫、王維詩句[14]，形容世外桃源實無處可尋。

4. 男女牽念的人間。如：

「人間從古傷離別，真信人間不自由。」（1938）

按：詩是七夕憶念寄寓九龍的妻子唐篔所作。前句脫自柳永的「多情自古傷離別」，後句則確認人間多情的不自由。此時正值對日抗戰，這種不自由對於陳來說恐怕是難得的幸福吧。

---

[13] 長門殿，漢陳皇后宮殿。陳皇后乞請司馬相如作〈長門賦〉以獻漢武帝，因此重新得寵幸。

[14] 杜甫〈小寒食舟中作〉：「春水船如天上坐。」王維〈桃源行〉：「春來遍是桃花水，不辨仙源何處尋。」

「我今負得盲翁鼓，說盡人間未了情。」（1954）

按：此詩詠陳端生《再生緣》事。「負鼓盲翁」，典出陸游詩[15]，此處屬一語雙關。

「幸有人間佳耦在，杜蘭香去未移時。」（1961）

按：詩贈吳宓。後句借《搜神記》杜蘭香去而復返的典故[16]，喻吳宓重迎原配，復合歸家一事。

歸納以上的「人間」，多描寫國危家散與人恨等眾生悲劇。陳詩的「人間」，與「天上」遙相對，其中除了對於親情的人間世仍有一定留戀追盼外，無論是悲情的、憂患的、亂世政局的人間當下，都盡屬負面的情緒，徒然流置於虛幻絕望的境地。

四、 陳詩的「白頭」

陳寅恪詩多用「白頭」類字眼來舒發胸中感慨，如：「白頭」、「頭白」、「雪盈頭」、「雪滿顛」、「雪盈顛」、「頭滿雪」、「鶴髮」等，成為陳詩特色之一。

---

[15] 陸游〈小舟遊近村舍舟步歸〉之四：「斜陽古柳趙家莊，負鼓盲翁正作場。死後是非誰管得，滿村聽說蔡中郎。」

[16] 參見干寶《搜神記‧杜蘭香》。

陳的「白頭」詩，除直言自己年老外，有以下諸項特指：

1. 經歷人生疾苦的變化。如：

「讀書久識人生苦，未待崩離早白頭。」（1942）

「欲上高寒問今夕，人間惆悵雪盈頭。」（1950）

「早歲偷窺禁錮編，白頭重讀重悽然。」（1954）

「雲海光銷雪滿顛，重逢臑足倍悽然。」（1963）

「涉世久經刀刺舌，聞歌渾忘雪盈頭。」（1963）

2. 傷別離家，思念之苦的變化。如：

「英倫燈火高樓夜，傷別傷春更白頭。」（1946）

「黃鶴魯連羞有國，白頭摩詰尚餘家。」（1950）

3. 面對政治社會動盪之苦的變化。如：

「千里報書唯一語，白頭愁對柳條新。」（1950）

按：柳條新，指的是中共新政權。陳自言對新政權並無幻想。

「園柳愈青頭愈白，此生無分更重遊。」（1954）

按：詩為清華大學遭院系調整，已非舊貌而作。園柳愈青，喻指時人趨新媚世；頭愈白，言自己面對時人醜態之苦。

4. 堅持獨立求知和風骨之苦的變化。如：

「法喜辛勤好作家，維摩頭白逐無涯。」（1951）

按：前句指妻子唐篔勤於持家，後句則言自己年老依舊治學不倦，以有涯追逐無涯。

「同酌曹溪我獨羞，江東舊義雪盈頭。」（1951）

按：前句言舉世皆遵從中共官方的意識形態，後句則強調自己到老不改初衷，堅守學術言論的獨立自由。

「青鏡鉛華初未改，白頭哀樂總相干。」（1959）

按：後句言自己晚節未改，初衷不變。

以上諸項「白頭」，其中有面對人生之疾苦、因分離思念的無情之苦、社會動盪不安的生活之苦等，都是由於客觀事務的無常而生，身不由己，屬於小我有距離之苦。唯獨最末一項因個人內心的執著、對文化無比堅持而衍生的白頭，是

詩人主動有感自豪的展示。這種白頭，是一種無距離無等差之苦，但足以呈現人性的偉大光華，最讓人感動。

五、　陳詩的文化意識

陳寅恪認為真正讀書人的生命應等同於文化（學術）的載體，而文化的傳承興亡亦賴於此一身。身存則文化在，身亡則文化亦告灰飛煙滅。這種義無反顧，對文化擔當一肩的執著觀念，與「一死從容殉大倫」的王國維是如出一轍。二人一遺老，一遺少，無論治學論世，都能心領契合。陳詩中在在傳達這種傲然的獨特抱負，特別是在王國維的輓詩中寫得最為透徹：

「敢將私誼哭斯人，文化神州喪一身。」
「吾儕所學關天意，并世相知妬道真。」（1927）

這種「文化中國」精神的挑負和傳承，是有心的「志士仁人」理所當然承擔的責任。陳寅恪在〈王觀堂先生輓詞并序〉中，把文化精神與人相互結合的理據，交代十分清楚：

「凡一種文化值衰落之時，為此文化所化之人，必感苦痛，其表現此文化之程量愈宏，則其所受之苦痛亦愈甚；迨既達

極深之度，殆非出於自殺無以求一己之心安而義盡也。吾中國文化之定義，具於白虎通三綱六紀之說，其意義為抽象理想最高之境，猶希臘柏拉圖所謂 Idea 者。......其所殉之道，與所成之仁，均為抽象理想之通性，而非具體之一人一事。夫綱紀本理想抽象之物，然不能不有所依託，以為具體表現之用；其所依託以表現者，實為有形之社會制度，而經濟制度尤其最重要者。......近數十年來，自道光之季，迄乎今日，社會經濟之制度，以外族之侵迫，致劇疾之變遷；綱紀之說，無所憑依，不待外來學說之掊擊，而已銷沈淪喪於不知覺之間；雖有人焉，強聒而力持，亦終歸於不可救藥之局。蓋今日之赤縣神州值數千年未有之鉅劫奇變；劫盡變窮，則此文化精神所凝聚之人，安得不與之共命而同盡，此觀堂先生所以不得不死，遂為天下後世所極哀而深惜者也。」(1927)

以上所言，「文化所化之人，必感苦痛」，應亦是陳寅恪自道之詞。

陳寅恪以詩證史，晚年更多用以褒貶時人時政，益見傳統讀書人所散發的「立言」風骨。陳對文化承擔的自負與自信，由若干詩句中亦表露無遺：

「興亡今古鬱孤懷」（1910）

按：陳早年即關注近代歷史的成敗得失，借古鑑今，成就陳內心長期的「憂患意識」。句中將古今歷史與個人的價值並列，二者屬等量齊觀。

「文化神州喪一身」（1927）

按：1950年吳宓《祝陳寅恪兄還曆壽（週甲）》亦有「文化神州繫一身」句[17]，以陳一身繫接整個文化中國。

「天賦迂儒自聖狂，讀書不肯為人忙。」（1929）

按：陳以天賦「聖」「狂」自許。聖，比諸孔子之立德、立言；狂，標榜個人的獨立自由精神。後句言讀書只是「為己」之學，並不需迎合流俗。

「欲著辨亡還閣筆，眾生顛倒向誰陳。」（1931）

按：陳勇於批評當政者，欲作當代的《辨亡論》。1938年陳詩〈藍霞〉：「辨亡欲論何人會，此恨綿綿死未休」，亦是此意。

---

[17] 見吳學昭編《吳宓詩集》416頁，商務印書館。2004年。

「讀史早知今日事」（1938）

按：陳深具史識，好以古諷今，「早知」一語益見陳對歷史識見的自負。

「埋名從古是奇才」（1942）

按：此時陳困居於香港，仍以文化奇才自許。

「文章存佚關興廢」（1953）

按：陳一身傲骨，對自己的文章存有無比自信，猶如當日的「所南心史」、「孫盛陽秋」，將對今後文化興亡有一定的影響。

「文章我自甘淪落，不覓封侯但覓詩」（1953）

按：陳對自己的詩作重視如此，其中微言「藏諸名山」的留傳價值，遠勝於問達封侯於當世。

「青史埋名願已如」（1953）

按：此亦見陳對自我文章的信心。陳於 1955 年春日詩：「乍來湖海逃名客」，意亦相類。

「平生所學供埋骨，晚歲為詩欠砍頭。」（1956）

按：陳以詩論史，晚歲詩作中當有隱語，以褒貶古今人物是非，才會有自嘲「欠砍頭」一語。

「衰殘敢議千秋事」（1957）

按：詩見陳論贊歷史的無比擔當信念，以史筆自豪。這與1962年紀新谷鶯詩：「千秋有命存殘稿」、1964年感賦詩：「千秋心事廢殘身」、1965年有感詩：「縱有名山藏史稿」，可相類比。千古歷史，存乎此心。

「擬就罪言盈百萬，藏山付託不須辭。」（1964）

按：罪言，與主政者意見相違的言論。此指自己的著作，出版無望。末句引以司馬遷的「藏諸名山，傳諸其人」[18]的精神為依歸。

陳對文化傳承一肩挑的使命感，透過他不斷以詩論歷史的興亡、客觀褒貶時人時政的態度，最能落實傳達。以上列舉的許多「光風霽月」的豪情用字，更足以感動歷代的志士

---

[18] 參見司馬遷〈報任安書〉。

仁人。這無疑是陳詩難讀，卻又能一直吸引後學趨附莫名的真正原因。

六、 陳寅恪與唐篔的唱和詩

陳寅恪詩在學林中號稱難解費思量，其中穿插著許多古典今典，虛虛實實，後人沒有陳的文史素養，不了解陳的時地背景和內心世界，很難明白陳詩文字背後埋藏的深意。然而，陳詩中唯獨有一批與夫人唐篔一唱一和的詩作，卻出奇的平白顯淺，用字順手拈來，極富深情。這批唱和詩足見二人間感情的篤實，四十年如一日，不但是生活的伴侶，更是精神上的相倚支柱和歸宿。特別是陳在晚年失明斷腿，流寓於廣州，其精神上雖仍算堅強獨立，但生活困頓，形同廢人。陳當時仍能從事學術研究，持續著內心的文化使命，唐篔的持家照料，居功實匪鮮淺。可以說，當日沒有唐篔，就不可能有陳寅恪，更不可能有陳寅恪的詩文。唐是陳身心的唯一倚靠，唐在某方面意志力的強大，恐怕比陳猶有過之。陳晚年全力研究陳端生、柳如是兩位女性，對二人堅毅精神有無比的肯定推崇，其間無疑是蘊含著大量對身邊夫人情感的投射和感激。陳要在黑暗的世界中，用最後的力氣來歌誦陳端生、柳如是，其實何嘗不是在歌誦著自己生命的伴侶唐篔？

　　陳、唐的酬答相互唱和詩句,是在亂世中二人心靈融合、相互取暖的重要活動。這批特別的詩作,保留了一些關鍵用字,是陳感性偏好而不經意間使用的。如:

1.梅

　　陳唐夫妻唱和,好以梅花為題,梅可視為二人堅貞愛情的所化。早在二人結褵時,洞房壁間即懸掛畫家曾熙所繪贈的紅梅圖,該畫一直保存數十年,可見二人對此圖的珍貴。陳詩中所提的梅,多暗指唐氏:

「燒餘紅燭嶺梅邊」(1953)

「花枝含笑畫猶存」(1954)

「老梅根傍倚窗栽」(1955)

「幸得梅花同一笑」(1956)

這株能發笑可倚靠的梅花,為悲觀無助的詩人開解了多少個煩惱的日子。

2.鍾陵寫韻

　　陳寅恪的著作,率多經唐篔手抄定稿。特別是晚年詩作,陳視文字如生命,加上作品中多有隱語,故絕不輕易示人。

因此，其詩文稿的保存，更是完全由唐簀負責執筆編寫，再用毛筆謄正。陳詩中有「鍾陵寫韻」一詞，表面是敘述在唐代時仙女吳彩鸞與書生文簫相遇於鍾陵郡，相愛而結為夫婦，因家貧，吳以抄寫《唐韻》出售為生，其後二人乘虎仙去的故事[19]。陳即以此既溫馨又親密的典故多番託喻夫人唐簀：

「即是鍾陵寫韻仙」（1951）

「鍾陵總道神仙侶」（1955）

「驚見神仙寫韻人」（1955）

「烏絲寫韻能偕老」（1958）

3. 妝

陳與妻的唱和詩，多見用「妝」一類字來戲語夫人的狀態，如「妝成」、「時妝」、「殘妝」、「新妝」、「妝台」、「紅妝」、「玉鏡台」等是。例：

「妝成時世鏡台前」（1951）

「畫眉應問入時妝」（1952）

「珍重殘妝伴醉眠」（1953）

「新妝幾換孤山面」（1954）

---

[19] 故事見唐代裴鉶《傳奇・文簫》。

「妝臺須看海揚塵」（1955）

「疏竹光搖玉鏡臺」（1955）

「一笑妝成伴白頭」（1955）

「新妝病起渾忘倦」（1962）

「紅妝縱換孤山面」（1966）

妝字句語意難得的溫馨閒暇，見陳居家幸得平和之樂，在亂世中愈發珍貴異常。

4.笑

陳晚年流離困頓，經歷對日抗戰、國共內戰、文革批鬥等種種變動，加上眼盲腿斷，一再承受著文化、心靈和身體的鉅劫，幾無歡樂可言。唯獨與夫人酬唱詩句時，心靈始得暫時釋懷，且見用一「笑」字來記錄夫人主動散發的柔情，如花解語，安撫著陳生命中的無數苦寂悲涼。如：

「一笑風光似昔年」（1951）

「花枝含笑畫猶存」（1954）

「一笑妝成伴白頭」（1955）

「幸得梅花同一笑」（1956）

「雙燭高燒花欲笑」（1966）

5.成雙的用字

　　唱和詩中，陳有意的用兩兩對句的方式來敘述自己和夫人，在形式上構成一浪漫的組合。如：

「法喜辛勤好作家，維摩頭白逐無涯」（1951）

　　　（唐）　　　　　　　（陳）

「新妝幾換孤山面，淺筆終留倩女魂」（1954）

　　　（唐）　　　　　　　（陳）

「乍來湖海逃名客，驚見神仙寫韻人」（1955）

　　　（陳）　　　　　　　（唐）

「脂墨已鈔詩作史」（1955）

　　　（唐）　（陳）

「一笑妝成伴白頭」（1955）

　　　（唐）　（陳）

「新妝病起渾忘倦，滄海人來稍恨遲」（1962）

　　　（唐）　　　　　　　（陳）

　　而在詩句的字裡行間，又多穿插「對」、「相」、「共」、「齊」、「兼」、「伴」、「偕」、「並」、「同」、「雙」、「與」等成雙成對的偶語，益見二人的閒居生活，形影不離，相愛復相憐如此。

陳在情感上的一絲滿足溫存，透過這些細微的用字表露無遺。

例：

「燈前對坐讀書樓」（1951）

「相逐南飛繞一枝」（1951）

「照面共驚三世改」（1951）

「齊眉微惜十年遲」（1951）

「兼味盤飧共舉觴」（1952）

「珍重殘妝伴醉眠」（1953）

「偕老渾忘歲月奔」（1954）

「紅燭高燒人並照」（1954）

「他生同認舊巢痕」（1954）

「待得明月雙弄影」（1955）

「同夢忽忽廿八秋」（1955）

「嘉耦相逢莫恨遲」（1965）

「並坐窗前望銀漢，與君今夕話當時」（1965）

　　陳為唐所寫下的詩句，極盡直白深情。其中以「紅梅圖」為題，更是一再吟誦，其中詩句如：

「珍重玟梁香雪影，他生同認舊巢痕」（1954）

「珍重玟梁尋海影，他生重認舊巢痕」（1966）

他生之約，誓言再三，讓世間有情人無不動容。二人畢生相守相持終老，垂垂四十載，平靜中益見真淳感人處。陳為唐留下最後的文字是約在 1967 年的一副對聯〈輓曉瑩〉：

「涕泣對牛衣，卅載都成腸斷史。

　廢殘難豹隱，九泉稍待眼枯人。」

此聯也應是陳的絕筆之作，真是字字血淚，益見陳對唐的無限不捨，聞者無不感傷。當時應在大陸文革抄家之後，唐仍未卒，但陳、唐的身心都已遭到大規模批鬥摧殘，無法繼續承受，故陳才有預寫輓聯的不祥之作。最後，陳終於在紅衞兵連串粗暴批判，心力衰竭，卒於 1969 年 10 月。唐亦隨而在一月後即因腦出血不治，相繼共赴黃泉[20]。

　　陳唐這段終生相伴相扶持的堅貞愛情，比起同一時期胡適和曹誠英默默阻隔兩岸一輩子的相思[21]、顧頡剛為譚慕愚單相思的「隔巷即天涯」[22]，明顯是幸福幸運太多了。

七、結語

[20]　參陸鍵東《陳寅恪的最後二十年》第 20 章〈陳寅恪之死〉。三聯書店，1995 年 12 月。

[21]　參拙稿〈談胡適為曹珮聲寫的一些白話詩〉。

[22]　參拙稿〈以詩證史－談顧頡剛與譚慕愚詩〉。

所謂「學者」，不是只會撰寫一些高深莫測的文章，讓一般人愈讀愈困惑的專業人仕，而應該是將糾結的學術問題，用淺易的文字幫世人解釋清楚的人。本文亦盼以簡單的歸納方法，排比分析陳寅恪詩的詩眼，讓陳詩所隱藏的微言得以解究，所寓託的內心世界因而昭告於世人。

陳寅恪刻意以史筆寫詩，特別是對近代世局眾生的關懷，筆削於詩文之間。本文透過陳對夢、對人間、對白頭、對文化中國等特指詩句，冀盼多角度的品味陳由詩而史而文化承擔的坦蕩胸懷，點出古往今來作為一個讀書人應然的方向。本文更由陳和夫人唱和的詩句分析，掀開冷靜的史家心靈深處所蘊藏的熾熱情感和對人性信念的無比盼望。陳寅恪詩文的價值，不只是在史家使命的寓託傳承，更在於對純真情感的固執堅守，足以感動千古。

第十四章　由結構之美談徐志摩〈再別康橋〉
── 兼評〈山中〉一詩的來歷

一

　　閒閱「新月派」詩人徐志摩的《梅雪爭春》詩冊[1]，讀到著名的〈再別康橋〉，詩意清雅脫俗，誠為民初白話詩中的佼者。竊念徐在茫茫人海中飄泊尋訪一生，情動千古。心偶有感，擬另擇一理性角度剖析此詩，借此窺視徐氏的靈魂深處。這首天籟之作，除了意境純真，文字洗練，音節複杳流動之外，在文法修辭中亦具渾然天成的系統之美。詩的感人處，透過客觀的文句分析，亦足見一般。

二

　　世人知道徐志摩在 1928 年 8 月重訪英國劍橋，在歸途 11 月海上創作了〈再別康橋〉這一首名作，但較少人知曉早在 1922 年他已寫過另一首告別劍橋的長詩〈再會吧康橋〉。兩兩相較，〈再會吧康橋〉一詩長達 110 行，屬散文詩，詩如流水帳般平鋪直敘，開始由：

　　「康橋，再會罷；

---

[1]　大眾書局印行，1970 年 10 月再版。

我心頭盛滿了別離的情緒，

你是我難得的知己，我當年

辭別家鄉父母，登太平洋去，

（算來一秋二秋，已過了四度），

春秋，浪跡在海外，美土歐洲

扶桑風色，檀香山芭蕉況味，

平波大海，開拓我心胸神意，

如今都變夢裡的山河，

渺茫明滅，在我靈府的底裏，」

直到詩末的：

「康橋！我故里聞此，能弗怨汝

僭愛，然我自有讜言代汝答付；

我今去了，記好明春新楊梅

上市時節，盼望我含笑歸來，

再見罷，我愛的康橋！」

全詩枝節糾結，主幹不明，一會訴說自己當年遠赴康橋的思緒，一會記錄思母的情懷，一會又談及自己心靈的改革，最後才開始書寫「我愛的康橋」。但詩中對於主角康橋的描述，卻仍是零散不堪，說天說地說景說自己嚮往的純美。康橋只是詩人借此舒發內心胸臆的橋樑，而這一綫橋樑亦圖繪得恍如瓦解的七寶樓臺，難成大器。徐用康橋寄懷，虛實之間，兩不相搭，行文生澀，文白夾雜，無論寫物思人，冷靜有餘，深情不足，無法動人心弦。此詩不廣為後人稱誦，似有其客觀的因由。

反觀六年後重寫康橋的〈再別康橋〉一詩的背景。徐在1922 年與夫人張幼儀離異，1924 年與陸小曼相識，在北京鬧到滿城風雨，至 1926 年備受叱責聲中與陸結婚，但單純的理想主義很快又趨於幻滅。1927 年眼見林徽因與梁思成訂親，而自己的幼兒病逝歸葬硤石。短短數年之間，徐歷煉著人生無數的曲折，也迫使他的文字急趨於成熟。〈再別康橋〉一詩

只有 7 段 28 行，單一聚焦在康橋靈性所匯的康河，文字沈樸

淳真而多變，渾然天成幾近完美的組合，撼動千古離情：

「輕輕的我走了，

　　正如我輕輕的來；

　我輕輕的招手，

　　作別西天的雲彩。

　　那河畔的金柳，

　　是夕陽中的新娘；

　　波光裏的艷影，

　　在我的心頭盪漾。

　　軟泥上的菁荇，

　　油油的在水底招搖；

　在康河的柔波裏，

　　我甘心做一條水草！

　　那榆蔭下的一潭，

　　不是清泉，是天上的虹，

　　揉碎在浮藻間，

　　　沈澱著彩虹似的夢。

　　尋夢？撐一支長篙，

　　　向青草更青處漫溯，

　　滿載一船星輝，

　　　在星輝斑爛裏放歌。

　　但我不能放歌，

　　　悄悄是別離的笙簫；

　　夏蟲也為我沈默，

　　　沈默是今晚的康橋！

　　悄悄的我走了，

　　　正如我悄悄的來；

　　我揮一揮衣袖，

　　　不帶走一片雲彩。」

我們嘗試把這 7 段 28 行詩句中重點的意象標示出來，並轉化

為客觀的數學程式，呈現如下：

1　　輕輕的－走

　　　輕輕的－來　　　　　⇒ a¹、a²　/ a³→b

　　　輕輕的－招手

　　　(我)作別雲彩

2　　河畔－金柳

　　　夕陽－新娘　　　　　⇒ a¹、a²　/ a³→b

　　　波光－艷影

　　　我心頭盪漾

3　　軟泥－菁荇

　　　油油－招搖　　　　　⇒ a¹、a²　/ a³→b

　　　康河－柔波

　　　我做一條水草

4　　不是清泉

　　　天上的虹　　　　　　⇒ -ab　→b¹b²

　　　揉碎－浮藻

　　　彩虹似的夢

5　　一支長篙

　　　漫溯　　　　　　　　⇒ a¹a²　→b¹b²

　　　一船星輝

　　　放歌

6　　不 能 放 歌

　　　悄 悄 － 別 離　　　　　　⇒ － a b → b^{1}b^2

　　　夏 蟲 為 我 沈 默

　　　沈 默 － 康 橋

7　　悄 悄 的 － 走

　　　悄 悄 的 － 來　　　　　　⇒ a^1、a^2　/ a^3→b

　　　揮 一 揮 衣 袖

　　　(我)不 帶 走 雲 彩

全詩簡單的分作七段。第一段破題，點出「再別」的主旨。「輕輕的」三字用為修飾語，在第一句置於句首，修飾「我走」；第二句置於句中，單獨修飾句末的動詞「來」，第三句仍置句中，修飾「招手」的一個動作。同屬一個修飾語，在緊接的三個分句中，出現三組不同的詞位變化，在簡單用字中呈現多層次具張力的語感。重複的使用「輕輕」，予人有寧靜再三的感覺，因為是「輕輕」，自然無人知曉，「走了」「正如」「來」了，二者其實沒有什麼差別，也不會引起什麼動心關懷。詩人狀似灑脫，來去本是尋常，但在來去無心之間，詩人卻有意的向寧靜「招手」，呈現表面忘情，而心裡仍招惹一絲執著入世的念頭。詩的 1、2 句是一組合，3、4 句又是另一組合，

而 1、2、3 句復經由詩人我「輕輕的」三字相互扣連，加重帶出第 4 句「作別」的沈重感覺。末句無我，實亦有我，與前 3 句呈現輕重強烈的傾仄對比。詩人依依告別的對象是西邊雲彩，雲彩本屬無心無情，因詩人的招手「作別」而生心有情。西天雲彩，指黑夜降臨前的落日光華之美，雖極短暫，但最讓敏感的詩人留戀動容。

第二段先用一「那」字的 a 元音，短促而嚮亮的劃破前段詩人默默經營的寂靜，瞬即進入全詩聚焦的主題：康河。詩人力寫康河之美，著眼在康河於夕陽一般的自然景象，由天上直跳接至人間。天上是指西天的雲彩，進入人間眼簾盡收的是康河河畔耀眼的柳樹。柳樹在夕照河水中的倒影，是金柳、是新娘、也是動人的艷影。前三句寫景，末一句言情。景在我心，情在我心，情景相互交融，匯注銷溶成詩人的「心頭盪漾」。

第三段視覺由河畔的金柳移入清澈淺水中的柔軟荇草。油油的，代表著綠意盎然的生命力。招搖，指修長的荇草自由率性的擺動，深情的勾引著詩人內心的牽念。詩人只盼能躺在溫柔的清波之中，永遠化身為一蔓水草，長伴康河。

　　第一、二、三段的句型結構相同，都屬於「3－1」的寫法。但第二、三段的前三句無我，分別由兩個意象串連；末句則以一「我」字帶出長句作結，這與第一段的組合前三句都強調有「我」，而末句無我的寫法恰好相反。這種相反相成的結構，自然發生對稱動人的語感節奏之美。

　　第四段再用同一「那」字帶出，與第二段的起句遙遙呼應。這段寫在靜態的拜倫潭上泛舟，與前段動感的招搖水波相對。詩人顛覆的直指一潭泉水非泉，而是天上彩虹；彩虹又不是彩虹，而是眾生沉澱的無窮回憶。詩人的彩筆華麗的穿越著一個又一個的獨特意象，建構出地下、天上與人間的橋樑。詩本身的文字之美、意象之美、心靈之美，在詩的句式中渾然一體。四句詩的意象結構，是「2－1→2－1」的組合。天上的「虹」與眾生的「夢」自然押韻，更是天籟般的聲與色的組合。

　　第五段是將第四段末句的「夢」字，用反詰語氣的「尋夢？」一小語帶出。詩人在星夜的康河中逆水行舟，縱情放歌，一方面企圖漫溯河水的源頭，尋覓人生遙不可即的夢源。文字呈現的是意象之美，是對人性純真理想的執著。但顯然星輝是短暫的，（希望也是短暫的），而人生追求的夢想終究

無法在康橋中尋獲。時間不容許詩人無了期的灑脫追尋，他需要離開這個理想的伊甸園。

第六段亦透過第五段末句的「放歌」，再用反詰方式的「我不能放歌」一句，讓全詩的語氣逆勢向上，也將第四、五、六段扣連成一串詩群。詩人不能縱情放歌的原因，是因為將要別離，再次進入醜陋困頓的紅塵。而離開的時間，正是當天的晚上。詩人由放歌而笙簫而悄悄，歌簫有聲，卻因為別離而無聲。悄悄，傳達出有聲卻無成聲之苦。而這種苦澀，連無知的鳴蟲都受到感染，為詩人眼下的飄逝而沈默。沈默的感染，更由夏蟲拓散到整個康橋。第六段句型是「1－2；1－2」式的組合，末二句的「夏蟲－沈默；沈默－康橋」，正是以「沈默」作為意象中心、音節中心，串連專名（夏蟲）和泛指（康橋），將詩人的離愁無限量向外的膨脹，感動眾生。

第七段首二句是將第六段的「悄悄」和第一段的「我走了」、「正如我……來」巧妙的黏貼起來，讓全詩形成一回環式的結構，末段復歸溯於始點。「悄悄的」一句也與首段的「輕輕的」語感相連，讓本該是輕輕的「輕輕」，反變得愈發沈重。「揮一揮」，自然也與首段靜悄「招手」的動作相同。詩人原屬癡人，先向彩雲招手，再向雲彩揮別。萬物無情，亦因詩

人的癡呆而動容。「不帶走一片雲彩」，景不可帶，情卻因之
而攝盡而去。末段三句連用「我」字帶出，屬「3－1」的結
構，正與第一段的組合全同。

　　全詩七段，共分作三個停頓，三個群組：

```
  ┌┄┄┄┐ ┌┄┄┄┐      ┌┄┄┄┐
┌─1 ─ 2  3 ─ 4  5  6 ─ 7─┐
└───────────────────────┘
```

其中的第 2 和 3 段是一組合，第 4、5、6 段是一組合，第 1
和 7 段是一個組合。而第 1 與 2，第 2 與 4、第 6 與 7 段之間
的用字遣辭又能前後呼應。三個群組同中有異，異中有同，
互有變化，且復巧妙的緊密相連，形式上渾然一體。詩中以
深情為核心主綫，串連輕而優雅多變的文字，再用波浪接叠
的語詞，建構出扣連環式的句型組合。段落間過門用字的自
然清新而不流於刻意，重複但不呆板，明顯是全詩建構的成
功所在。

三

　　透過以上的結構分析，足見〈再別康橋〉的感人在文字、
在語彙，也在於整個句型組合。徐志摩用字的精準和對詩句

整合的謹密安排，處處反映其心思的細緻調停和成熟忍讓的文字駕馭。好的詩句能在有系統的變異句型中逐漸呈現張力（文字張力→句型張力→情感張力），足以強化意象和音節的感人處，也能周延的建構出一個圓滿自得的絕妙客觀形式。〈再別康橋〉一詩結構的渾然之美，無疑已經進入具備經典詩作的典範意義。

附：評徐志摩〈山中〉

徐志摩另有一首〈山中〉詩，詩分四段 16 行：

「庭院是一片靜，

　聽市謠圍抱；

織成一地松影──

　看當頭月好！

不知今夜山中，

　是何等光景；

想也有月有松，

　有更深的靜。

　我 想 攀 附 月 色，

　　化 作 一 陣 清 風，

　吹 醒 群 松 春 醉，

　　去 山 中 浮 動；

　吹 下 一 針 新 碧，

　　掉 在 你 窗 前；

　輕 柔 如 同 歎 息─

　　不 驚 你 安 眠！」

這首新詩客觀的敘述寧靜的山中月色，本屬白描式的靜態寫法，並沒有什麼特別感人的地方。但如果把它對比同時期胡適在《山中日記》有關胡適和小表妹曹誠英的戀情記錄，徐志摩的〈山中〉一詩的語言，很顯然可以有截然不同的詮釋空間。當時徐的創作似乎又不是哪麼寧靜孤寂。

　　徐的《梅雪爭春》詩集中並沒有交代這首〈山中〉詩的創作時間，但透過胡適的日記內容，徐志摩無疑是在 1923 年間胡、曹二人山中熱戀的一個見證者。核對當日胡適手寫的日記，徐的名字頻密的出現在胡、曹二人短暫的交往時期中。有關胡適與曹、徐接觸的日記細節，略羅列如下：

〈南中日記〉

　1923.4.30~5.3　　在杭州。曹珮聲來和我同游。

　　　　5.24　　得信：珮聲

　　　　5.25　　作書與珮聲

　　　　6.2　　收信：珮聲二

　　　　6.5　　收信：珮聲

　　　　6.6　　發信：珮聲

　　　　6.7　　經農帶來志摩一信。

〈山中日記〉

　1923.9.9　　收信：志摩二。

　　　9.12　　晚上和珮聲下棋。

　　　9.13　　收信：志摩。

　　　　　　下午我同珮聲出門看桂花。

　　　9.14　　同珮聲到山上陟屺亭內閑坐。

　　　9.16　　與珮聲同下山。……到西園去等她。

　　　9.17　　我們同上山去玩了半天。

　　　9.18　　下午，與娟下棋。

　　　9.19　　與珮聲出門。……夜間月色不好，我和珮聲下

棋。

9.21　　早晨，與娟同看《續俠隱記》第 22 回「阿托士夜遇麗人」一段故事。我說這故事可演為一首記事詩，後來娟遂催促我把這詩寫成，……遂寫成《米桑》一篇。（詩載《山月集》）

9.22　　早九點，同娟坐轎子去游雲樓。

　　　　收信：志摩

　　　　發信：志摩

9.24　　收信：志摩

9.26　　今天游花塢。……船到留下，娟的身體不好，不能坐船了。

9.27　　傍晚與娟同下山，住湖濱旅館。

9.28　　我和娟約了知行同去斜橋，赴志摩觀潮之約。……看湖後，叔永們回上海去了，馬（君武）、汪（精衛）、徐（志摩）、曹（珮聲）和我五人回到杭州。晚上在湖上蕩舟看月，到夜深始睡，這一天很快樂了。

9.29　　早起。……到八點三刻，志摩又走了。君武至十點半才起，他邀我和娟同去遊李庄。

10.1　　下午，與復三、娟同去看翁家的桂花王。

10.3　　這是在烟霞洞看月的末一次了，下弦的殘月，光色本淒滲，何況我這三個月中在月光之下過了我一生最快

樂的日子。今當離別，月又來照我。自此一別，不知何日再
能繼續這三個月的煙霞山月的「神仙生活」了。

10.4 　娟今天也回女師。

10.5 　到女子師校訪葉墨君校長，說了一會。娟也出
來見我。

　　發信：娟

10.6 　發信：P

10.8 　收信：娟

　　發信：P 二

10.9 　志摩邀吃午飯。

10.11 　飯後，與志摩、經農到我旅館中小談。

　　收信：娟二

　　發信：娟

10.12 　晚上，邀志摩來同餐，談詩至半夜。

10.13 　前夜我作的詩，有兩句，我覺得不好，志摩也
覺得不好。今天沫若也覺得不好。此可見我們三個人對于詩
的主張雖不同，然自有同處。

10.14 　收信：娟

　　發信：P

10.15 　收信：P

與志摩同請沫若、仿吾等吃夜飯。

10.16　　收信：娟一

半夜回旅館，因憶日間娟來信討十月一日我說要做的桂花王詩，遂破睡作詩，共六節，成時已兩點了。

10.18　　收信：娟

到振鐸家中吃飯，同席的有夢旦、志摩、沫若等。

10.19　　收信：P

下午一點上火車。志摩、經農同行。車上深談，足解旅行的岑寂了。

10.20　　下午一時，志摩自硤石來，我們閑談甚久。娟來。我們四人同出游湖。飯後，我們四人同在湖上蕩舟。回到裡湖時，夜尚早，月色極好。

10.21　　我們四個人去游西溪花塢。……們到一個庵小坐吃茶。經農與志摩同去游花塢，我和娟在庵裡等他們。

10.22　　晚上與志摩、經農游湖。……我在石板上仰臥看月，和志摩、經農閑談。……我們抬出一張桌子，我和志摩躺在上面，我的頭枕在他身上，我們唱詩高談，到夜深始歸。

10.23　　我昨天邀云卿兄妹游湖，今大他們都來了。……太晚了，娟不能回校，遂和我同回旅館。

10.25　　　志摩昨天做了一首《天寧寺聞禮懺聲》的長詩，氣魄偉大，我讀了很高興。……晚上，和經農、志摩游湖。

10.26　　　發信：娟

10.27　　　娟借曹潔甫先生家內廚灶，做徽州菜，請經農、志摩和我去吃飯。……是日湖上晚霞極可愛。

10.29　　　游湖，與娟到平湖秋月。

10.30　　　今日離去杭州，重來不知何日，未免有離別之感。與志摩同坐船，徐徐渡湖。……志摩在硤石下車，我獨行，更感寂寞。

11.2　　　收信：志摩、P

11.3　　　發信：志摩

日記中的珮聲、娟、P，都是指曹誠英。胡適的〈山中日記〉亦寫到 1923 年 11 月 4 日止。透過以上胡適筆下的實錄，胡、徐二人的交心暢遊與胡、曹的短暫戀情是相重疊的。當日胡、曹的交往無疑至少是半公開的展示在浪漫率真的徐志摩面前，胡適對這個新月派的小老弟並沒有太多情感的隱瞞，而徐志摩在後來發表的這一首〈山中〉詩，恐怕是意有所指的巧妙戲謔胡適在〈山中日記〉和胡的詩作中掩藏的一份情思。

　　胡適在 1923 年經歷一段煙霞洞「神仙生活」後，接連的
自 1923 年 5 月至 1927 年 7 月間為曹珮聲創作了至少十首以
山月為題旨的情詩。相對於徐志摩稍後在〈山中〉一詩的用
字，我們可以粗略的作出若干相同意象的對比系聯，如下：

〈山中〉	胡適為曹珮聲寫的情詩
庭院是一片靜	驚破了空山的寂靜〈秘魔崖月夜〉
織成一地松影	翠微山上的一陣松濤〈秘魔崖月夜〉
看當頭月好	伴我看山看月〈多謝〉
不知今夜山中	慰我山中寂寞〈多謝〉
想也有月有松，有更深的靜	翠微山上亂松鳴。月淒清，伴人行〈江城子〉
吹醒群松春醉，去山中浮動；吹下一針新碧，掉在你窗前	山風吹亂了窗紙上的松痕，吹不散我心頭的人影〈秘魔崖月夜〉

不驚你安眠　　　　　　　　驚醒了我暫時的夢〈暫時的安慰〉

〈山中〉整首詩的用字和意象概念，無疑是襲取胡詩，且對胡適的情感帶著一絲溫馨戲語。前三段一再重複強調的靜、松影、山月，與胡詩表達與表妹凝聚的深情密碼用字是相一致的。第二段首句「不知今夜山中，是何等光景」，詩人抽離的冷眼觀看山中種種景色，也正是在觀賞著胡、曹在山中熾熱的相聚，徐故意用一個「不知」、一個「何等」，充份體會山中的光景並不是表面的寧靜，反而是不尋常的熱鬧。特別是詩人訴說著要「化作一陣清風」，「吹醒……春醉」、「吹……在你窗前」，像極了西方頑皮的小愛神，耍無賴的吹縐一池春水，企圖要干擾庭院中胡、曹「我」的好夢。但詩的最末卻補上一句「輕柔如同歎息一，不驚你安眠」。詩人在糊鬧嬉戲嘲弄之餘，不忍真的粗暴「吹下一針新碧」，旋即將「清風」轉化為「輕柔」的「歎息」，明顯寄寓這份山中戀情無比的體諒和同情。當日胡適和徐志摩二人友誼的相知相憐，於此〈山中〉一詩中亦表露無遺。

透過以上對應的山月用字和思路分析，印證徐志摩的〈山中〉並不是單純的寫景詩，而是一首針對好友胡適所隱藏一

份戀情的溫情戲作。胡適自以為是密碼式的詩眼，反而都成為親密友人作品中的消遣語言。自認聰明過人的胡適當年閱讀徐的詩作時，不知道內心的感受又會是什麼？

第十五章　　談徐復觀先生的二度飄零

一

近代中國知識份子，承受著抗日和內亂等長期國族文化趨於崩壞滅亡的衝擊，無論在形軀我抑或精神我都陷入艱難的飄蕩考驗。國共內戰，更迫使讀書人持續流散，甚至離開文化母體，飄零在外。錢穆、唐君毅在香港創立新亞書院，徐復觀、牟宗三寄身於台灣的大學，無疑是近代文化人才花果飄零而心有所傳繫的代表。這些先生無奈的被迫離開大陸，接著過的是無數日子的心靈歷刼，面對著政治、社會、文化種種不滿現狀的批判，讓他們重新檢討堅守中國傳統文化的重要意義。彼等明白文化理想既不能落實於當下，文化責任勢必轉而為著書立說，批評時政；傳諸其人，開宗立派，以祈維繫天地元氣與文化命脈之不墜。遊走於學術與政治之間，遂成為他們有志一同的目標。

徐復觀先生，湖北浠水縣人。1904 年 2 月生。徐先生 8 歲啟蒙，就學於浠水縣立高級小學、湖北武昌第一師範學校、湖北省立國學館。1926 年（22 歲）參加國民革命第七軍，1928 年赴日本士官學校步兵科學習。1931 年九一八事變返國，歷

任廣西警衞團、南京上新保衞團、浙江省政府參謀、湖北省
保安處團長。抗日期間，曾參與娘子關戰役、武漢保衞戰等
戰事。1943 年以連絡參謀名義派駐延安，得蔣中正的賞識，
調任侍從室第六組副秘書長。1946 年復員南京，以陸軍少將
退役。1949（46 歲）遷台定居[1]。徐先生長達 20 多年的軍旅
生涯，為戰士、為鬥士，過著飄泊無定的戎馬半生。及至大
陸赤化，徐赴台後旋即退出政壇[2]，決心改以學術為其安身立
命之所[3]。當日剛創校的台中東海大學[4]，無疑是徐在漫長身
心飄蕩後冀求停泊的希望所寄。儘管徐先生「由於起步較遲，
且無正式的大學學位，徐先生在治學之始，並沒有少受勢利
者的冷眼及毫無理由的侮蔑。

‥‥‥憋著一口氣，徐先生一頭扎進中國和西方的經典中。台
中大度山的圓月，東海教員宿舍中整夜不滅的孤燈，伴隨著

---

[1] 徐復觀的生平，參黎漢基、李明輝編《徐復觀雜文及補編》(簡稱
《補編》)第一冊〈思想文化卷〉上〈前言〉。中研院文哲所籌備處
《中國文哲專刊》21。2001 年。

[2] 鄭學稼〈「徐復觀雜文」讀感〉：「(徐復觀)回憶：到台灣時，因有人
報告他與桂系勾結，當局對他「頗冷淡」。等看到他的〈李宗仁是第
三勢力嗎？〉才找他幫辦革命實踐研究院，他沒有接受。後來又給
他「組織性的任務，拖了三、四個月，也完全擺脫了。」他自做這
結論：「『少日迢迢思遠道，老來兀兀守遺經。』一生便在如夢幻中
渡過。」…徐先生離開現實政治後，努力研究和闡揚中國文化的
偉大性。」又見《徐復觀雜文續集》附錄二，頁 393。時報文化出版
社，1981 年 5 月。

[3] 1944 年，徐復觀師從熊十力於勉仁書院，接受熊 "欲救中國，必須
先救學術" 的思想，此時的徐已有去政從學，潛心於中國文化典籍
的打算。

[4] 東海大學於 1953 年成立建校籌備處，選定台中市大度山為校地。
1955 年 7 月始單獨招收第一屆新生。

書和著過的暗夜。」[5]於此可想見當年徐在東海所投著的感情，和徐啟航於學術道途中與東海的緊密關係。

　　有關徐先生的治學經歷和學術成果，可詳參其高徒翟志成、馮耀明等的撰文[6]。本文只擬重新理清徐先生託身於東海期間所面對的困頓和無奈再度飄泊的經過，藉此提供後人體會前輩學者在複雜的城市叢林中堅守文化理想的個案。

二

　　徐復觀先生赴台之後，在 1952 年先擔任台中省立農學院兼任教授，1955 年申請東海大學教席[7]，直至 1956 年始正式獲聘東海大學中文系的專任教授。這是經由當年在台灣大學文學院的沈剛伯院長向東海首任校長曾約農推薦的結果。遺憾的是當時的教育部部長張其昀隨即主動致電關切這次的聘任案，並發函企圖阻撓徐進入東海校園。可幸曾約農校長用人唯才，承擔了外界非學術性的壓力，接受了徐復觀先生。徐並在隔年(1957)吳德耀代理校長時兼任中文系主任乙職。

---

[5]　參翟志成、馮耀明校注《徐復觀最後日記》翟志成代序，頁 3。允晨叢刊。1987 年 1 月。
[6]　翟志成〈無慚尺布裹頭歸─《徐復觀最後日記》代序〉；馮耀明〈憂患意識與儒家精神之再生─《徐復觀最後日記》序二〉。二文出處參見註 5。
[7]　參《補編》第二冊〈思想文化卷〉下，頁 385〈私立東海大學教職員待聘登記表〉。

一直到這個階段的徐才有較安穩的生活條件，開展其學術理想。

徐武軍〈感恩與懷念〉：

先父至東海大學任教，是鄉前輩沈剛伯先生向曾約農校長所推薦的。當時的教育界大老曾口頭和書面向曾校長表示不悅，而曾校長不為所動。曾校長僅任東海大學校長兩年，其高風亮節至今仍為人所景仰。[8]

徐復觀〈反共與反漢奸〉：

我對張其昀先生，不作學術上的批評。他當教育部長時，曾以電話要東海　大學解我的聘，我從來不把此事放在心上。[9]

徐自 1956 年（53 歲）在東海任教前後長達十三載，一直到 1969 年 6 月（65 歲）被東海校方強迫退休離職為止。對比徐

8　參《徐復觀雜文補編》第一冊〈思想文化卷〉上，頁 4，徐武軍 2000 年 11 月文。
9　參《徐復觀雜文補編》第一冊〈思想文化卷〉下，頁 345。

出版的專書繫年，徐一生主要的學術論著，就在這個時期問
世[10]：

　　1956.4 《詩的原理（譯）》，台中：中央書局。

　　1956.10《學術與政治之間甲集》，台中：中央書局。

　　1957.11《學術與政治之間乙集》，台中：中央書局。

　　1959.12《中國思想史論集》，台中：中央書局。

　　1963.4 《中國人性論史先秦篇》，台中：中央書局。

　　1966.2 《中國藝術精神》，台中：中央書局。

　　1966.3 《中國文學論集》，香港：民主評論社。

　　1966.12《公孫龍子講疏》，台北：學生書局。

　　1968 　《石濤之一研究》，台北：學生書局。

1970 年，徐移居香港，兼任新亞書院教授。1969 年～1972
年初，徐正處於二度飄蕩的階段，嚴重的影響其文稿的撰寫。

　　1972.3 《兩漢思想史》卷一，香港：新亞研究所。

　　1972.6 《兩漢思想史》卷二，台北：學生書局。

　　1979.9 《兩漢思想史》卷三，台北：學生書局。

　　1980.5 《周官成立之時代及其思想性格》，台北：學生書
　　　　　 局。

　　1981.10《中國文學論集續編》，台北：學生書局。

　　1982.3 《中國思想史論集續編》，台北：時報文化。

　　1982.5 《中國經學史的基礎》，台北：學生書局。

---

[10] 參黎漢基〈徐復觀先生出版著作繫年表〉，《補編》第六冊〈兩岸
　　 三地卷〉（下），頁 471。

1982 年 4 月徐病逝,享年 80 歲。1972 年～1982 年整整十載,徐進入另一憂患時期,但憑著內心對學術與文化責任的堅持,總算完成關鍵的思想史工作。

在 1956 年～1968 年東海任教期間,徐連續出版學術專書多達九種,其享譽學界的核心思想:憂患意識和藝術精神等觀念,都是在這一時期完成,可知這段東海安身的歲月對於徐先生的重要意義。徐在東海全力開展寫書和教學的工作,其他的時間,基本上是接受了這間新開創的基督教大學的辦學方針,並嘗試以堂正立命的傳統精神,熱心協助東海成為一所融合中西方文化特色的大學。

徐復觀〈教會大學在中國的偉大貢獻〉[11]:

在中國的教會大學,愛中國,愛教會,愛中國國際上的朋友,自然而然地 是和諧一致,中間沒有絲毫矛盾。這是中國教會大學的光榮傳統。我在上述中國教會大學的光榮傳統啟示之下,加入到東海大學。

徐復觀〈敬謝胡秋原兄〉[12]:

---

[11] 參徐復觀 1969.3.15 在東海向董事與吳德耀校長的發言,又見《補編》第二冊〈思想文化卷〉(下),頁 417。

弟以一堂堂正正地中國人進入東海大學，以做一堂堂正
正地中國人勉勵弟 之學生；十四年間，未曾受到任何污
染，並因始終係一堂堂正正地中國人而離開。

細讀主要由徐負責填詞的東海大學校歌，亦可透視其坦蕩高
尚的人格本質：

美哉吾校，東海之東，把重溟之巨浪，培萬里之長風。
求仁與歸主，神聖 本同功，勞心更勞力，專業復宏通。
精麤與內外，東西此相逢。

美哉吾校，美哉吾校，永生之光被四表。立心立命，立
人極於無窮。

其中的「求仁與歸主，神聖本同功」一句，足見徐先生廣被
的胸懷。他將儒家的實踐精神[13]和西方的宗教情操等量齊觀，
是知當日先生對這所教會大學由衷的認同和深切的祈許。而
末句謂「立心立命，立人極於無窮」，語出宋儒張載的「為天

---

[12] 文見《補編》第二冊〈思想文化卷〉(下)，頁 439。
[13] 徐復觀《中國人性論史》第四章〈孔子在中國文化史上的地位及
其性與天道〉頁 91 談孔子的仁：「它只是一個人的自覺地精神狀
態。……一方面是對自己人格的建立及知識的追求，發出無限地要求。
另一方面，是對他人毫無條件地感到有應盡的無限地責任。再簡單
說一句，仁的自覺地精神狀態，即是要求成己而同時即是成物的精
神狀態。此種精神狀態，是一個人努力於學的動機，努力於學的方
向，努力於學的目的。」這些語言，也成為徐先生律己律人的軌則。

地立心，為生民立命」，復暗承梁啟超的詩句：「世界無窮願
無極，海天遼濶立多時」[14]，這自然是徐先生信奉一生的傳
統讀書人的核心價值觀[15]，也是徐先生對這所大學的誠懇祝
願。徐與學校在這一刻是多麼的「和諧一致」。

徐先生以校為家，誠心盡責的提升東海的學術和教育水
平，為東海人文精神種下極優良的名聲。今日回顧，徐先生
對東海、對臺灣學術的奉獻，已足不朽於世，這是無庸置疑
的。但亦由於他這種對民族、文化「立命」的頑強堅持，「不
知變通」，加上他個人不講人情、不顧利害的批判習性，不久
也帶來他生活上和精神上無比的煩惱。

徐復觀〈正告造謠誣衊之徒！〉[16]：

十多年來，因爭自由民主而得罪了多少老朋友，精神上
受到多少干擾！因 爭文化的是非，因為了保存中國文化
的命脈，又得罪了多少胡適之先生的門下，引起多少年

---

[14] 梁啟超語見徐復觀為《人生》雜誌創刊三周年所寫的親筆題詞，
載《人生》第 7 卷第 1 期。1954 年 1 月 1 日。
[15] 徐復觀〈為生民立命〉一文，對「命」有很好的詮釋：「張橫渠講
的這句話，主要是從教化上說明讀書人對社會所應負的責任。此處
的所謂命，指的是人之所以異於禽獸的「具萬理而無不善」的人性。
此性不受外在的、後起的東西的規定，而係與有生以俱來，所以稱
之為「命」。生民皆有此命，所以皆是完滿具足，皆可以作頂天立
地的人。」文見徐著《學術與政治之間》乙集，頁 228。南山書局
印行，1976 年 3 月港版。
[16] 文見《補編》第二冊〈思想文化卷〉（下），頁 173。

輕性急的人的誤解！我深深知道，這種態度，會使我完
全陷於孤立；但我的良知良識，必使我如此作。我的工
作，是要在中國文化中為民主自由開路；在自由民主中，
注入中國文化中的良心理性，使其能在中國生根。

當代儒學，以錢穆、唐君毅、牟宗三、徐復觀四位先生最為
學界推崇，前二人開創香港的新亞精神，以溫情肯定中國文
化的光明面；後二人遷台延續儒學，具批判的內證中國文化
的價值。其中牟宗三用力於個人哲學系統的建構，而徐復觀
則重視由史的觀念來看思辯問題和文化的現代詮釋[17]。徐一
生致力維護中國文化，最為入世，在學理的批判性也最明顯[18]。
這種無私求真的批判，對於徐在治學道途上成為理想當然的
一種責任、一種道德。可是，當這種批判由純學理對古人言
行的評論，一旦下延到涉及近人的人事準則時，就構成了許
多複雜的人性考驗和情理糾結。

---

[17] 參林鎮國、廖仁義、高大鵬聯合採訪〈擎起這把香火—當代思想
的俯視〉，文見《徐復觀雜文續集》附錄二，頁 410。

[18] 龔鵬程〈我看新儒家面對的處境與批評〉：「新儒家人物及學說，
通常都可能涵有兩種彷彿相反的氣質：由於他們要抗爭、要批判，
故不免骨髓使氣，具有英雄豪霸的味道。加上了他們的悲情，類
似宗教。但是，在慨當以慷的同時，新儒家似乎仍自甘於時代正
統主流之外的地位，往往只扮演著一個消極抗議者的角色、維持
在野者的身份、保持不妥協的姿式，狷介自喜，山林氣極重。」
參龔撰《近代思想史散論》，頁 213。東大圖書公司，1991 年 11 月。

翟志成《徐復觀最後日記》代序[19]：

徐先生在戎馬戰陣中，是勇敢的戰士，由沙場轉移到捍
衛中國文化的新陣線，徐先生仍不失其戰士的本色。在
他的眼中，容不下半點虛偽和邪惡。他絕少人情的牽扯
和利害的計較，義之所在，即使明知是刀山，是陷阱，
是龍潭虎穴，他也要去碰，也要去闖。••••••儒家的批判
和抗議精神，也在徐先生的文章中，得以伸張到前所未
有的高度和廣度。

徐先生的好惡性太強、太明顯，特別是站在民族大義、人間
不平和宏揚文化方面,絕斷的完全沒有任何討價還價的空間。
他耿直的批判文字也太絕裂、太強調對錯，因而在許多行政
事務上、人情上就不容易圓融處理。

徐復觀《中國人性論史》序[20]：

我之所以不怕時代，說出這些使人厭惡的話，是痛切感
到由於我們知識份子之不曾盡到起碼地責任而來的民族
命運之可悲。••••••以我在今日的環境、地位，難說除了

---

19 參翟志成、馮耀明校注《徐復觀最後日記》的翟志成代序，頁 7。
20 見徐著《中國人性論史》序，頁 8。

希望在學術上為民族留一線生機的真誠願望以外，還能有其他的個人企圖？而這類的真話說得越多，越會使我陷於孤立。

徐復觀《牟宗三的思想問題》[21]：

這些年來，「組織專家」藏在暗處做孤立我的部署，無微不至，我知道得一清二楚，但我從來不以為意；因為正如汪中所說「學成而後孤」，屬節好學的人，從來不怕孤立。⋯⋯因為不怕孤立，所以當今之世，俺是一個最穩定的人。我反共產黨、反漢奸、反文化上的詐欺盜竊。政治上主張民主主義，主張民族主義，提倡民主社會主義，這是三民主義的的另一表達形式。學術上主張復興中國文化，主張融通中西，主張以文化導引政治。凡此都是二十多年來，不唯出之於口，而且筆之於書的「八風吹不動」的態度。

民族和文化，明顯是徐先生以生命捍衞的兩條紅線，是沒有商量餘地的。徐當日行文，直接主動點名批評的，如學界名人胡適、李濟、傅斯年、毛子水、殷海光、許倬雲、潘重規、

---

[21] 參見《補編》第二冊〈思想文化卷〉（下），頁 402。

屈萬里、李敖、張其昀、李辰冬,甚至其業師熊十力等[22],無疑是沿自一份單純的責善求真和對文化的憂患責任,但在黨同伐異的年代,這些犯顏的文字自然都被認為是毫不留情面的羞辱和得罪。他面對兩岸專制的政權和文化機關,更是嚴厲的提出許多諫諍和抗議。因此,他在校外的孤立獨行,沒有真正的朋友,無疑是必然的。同樣的,他以這種剛毅正直的個性,用來面對東海校內的同事,也往往變成一種嚴苛的標準要求,似乎也構成一些同事的無形壓力,而敬而遠之。梁容若事件的發生,由始自終未見所謂「東海友朋」的公開援手,錚錚鐵骨的徐在這一刻應該能够體察到世俗悲涼的真正感覺。

三

徐復觀年青時自願從軍,為國家為民族品味了平生第一度的動蕩飄零,應該是無怨無悔的。遷台後以東海為其學術發展的基地,成為一代儒宗,其後卻被迫踏上二度飄零的路途。這恐怕是徐先生始料不及的遭遇。正如徐武軍說:「先父

---

[22] 徐先生批評時人和政權的文字,散見《學術與政治之間》、《補編》、《中國人性論史》、《兩漢思想史》等專書和大量報刊雜文;不盡引。

以垂暮之年離開東海大學到香港，是有其背景。」[23]要了解
徐先生當年沈痛心情的背景，首先要交代東海梁容若事件。

　　梁容若先生，1904 年 7 月生(與徐同年生)，曾參加國民
黨革命軍，擔任黨職。梁是在 1958 年 8 月由徐建議校方聘請
開授中文系「中國文學史」的教授，1961 年且代徐兼主任一
職。徐、梁二人出身背景有相類似的地方，剛開始往來密切，
一直至 1962 年二人甚至同在校內仍有正常的書信往返[24]。二
人的衝突，一般認為有兩個起因。遠因是所謂漢奸的爭議。
相關事由是早在 1937 年秋至 1938 年 11 月 30 日，日本國際
文化振興會籌辦徵文，從徵集文稿中挑選出 39 篇文章，結集
成《日本文化的特質》一書，該書交由《日本評論》出版。
其中收有梁容若遠自北京投稿的〈日本文化與支那文化〉一
文，並獲發獎金三千元（一說三萬元）。徐得悉此文是撰寫於
1938 年冬日本剛進行南京大屠殺之後，且文中居然指「日本
的大屠殺行動是由於龔德柏們宣傳反日的應有結果」[25]，徐
怒斥此屬「公開以文字賣國求利」[26]的行為，於是直冠以梁

---

[23] 參徐武軍〈感恩與懷念〉一文，《補編》第一冊，頁 4。
[24] 參《補編》第二冊〈思想文化卷〉(下)，頁 172。
[25] 見 1967 年 12 月徐著〈致胡秋原先生書並代答梁某的公開信〉，《補編》第二冊，頁 360。
[26] 見 1967 年 12 月徐著〈反共與漢奸〉一文，《補編》第二冊，頁 345。

某「文化漢奸」之名。二人的嫌隙由此而表面化。至於徐是何時得知此文此事？尋查徐的雜文，推測早在 1964 年 6 月徐撰〈反漢奸為當務之急〉一文[27]，文中提及「漢奸問題實今日之最嚴重問題，弟擬寫一長文申論」時，恐怕對梁的獲獎徵文一事已經悉曉[28]。其後徐在 1965 年反訴李敖誣告的答辯文，懷疑梁某私下為李敖作錄音工作[29]，此時徐梁二人已應交惡。但徐「似乎仍礙於情面，遲遲未正式公開此事，與梁決絕，且對梁有一定的忍讓[30]。一直到 1967 年底因不滿梁某獲得中山學術獎金，才一併將所謂「文化漢奸」事件掀開。兩人衝突的近因，則是梁容若在 1967 年獲得中山學術文化基金會文藝創作獎一事。梁得獎著作為《文學十家傳》，徐據梁某向人稱述此次獲獎係會中預定，復以梁某實無任何文藝創作或學術新成就，其代表作更是「無個性，無思想，無生命力，無對的文學觀點」[31]之作品，遂主動刊登啟事要求以毛

[27] 文載《中華雜誌》第二卷第 7 期給胡秋原信。參《補編》第二冊，頁 264。
[28] 據先後訪查徐的兩位學生，得悉梁徵文一事是校中同事方某告知徐。方某與梁當日都在北京《國語日報》共事，此訊息有一定的可靠性。
[29] 互參徐撰〈對李敖控告誹謗向台中地方法院所提答辯書〉和〈以事實破謊言〉二文。文見《補編》第二冊，頁 278，頁 381。
[30] 徐在〈反共與反漢奸〉一文，曾謂在梁接系主任後，「依然不斷地找我的麻煩。我再三懇切告訴他：「我已經老了，只希望在你這棵大樹下面遮一下陰，讓我能在東海大學全始全終。」有兩次沒有辦法，我只得告訴他，最好大家此後不要來往。」，文見《補編》第二冊，頁 349。足見在這一階段，徐仍希望與梁維持一表面的和諧。
[31] 語見徐撰〈反共與漢奸〉一文。參《補編》第二冊，頁 354。

子水為首的中山學術獎金委員會公開答覆說明。而東海吳德
耀校長和顧姓院長因屬梁某校方的推薦人，亦因而牽入被迫
表態[32]。此事的爭執由校外一直燃燒回校內，梁在《台灣日
報》、《文壇》91 期刊登並在校內散發公開信，且於課堂上責
罵徐，遂構成二人在校內連續的衝突[33]。

　　以上兩點，是徐復觀所謂的「民族大防」和「學術真偽」
[34]之爭。事實上，二人的積怨尚有一條直接導火線是旁人所
忽略的。在 1965 年 11 月梁的兒子梁一成以黑函辱罵系上老
師江某、方某，這使經常接到辱罵的匿名信的徐大為憤慨[35]，
徐有一定程度介入學校清查此事，並請託鑑定筆跡，最後「學
校當局把梁的孩子記了兩次大過、兩次小過」，梁的夫人帶著
兒子登門道歉，如此匿名案鬧劇才告中止，而校方亦接受徐
的建議停止了梁的主任一職[36]。東海人素喜以家庭聚會作為
鞏固學校同仁之間情誼的一種互動方式，此事無疑是將二人
在校內僅有的家庭表面情誼也切除殆盡的關鍵點，稍後才全
面引爆出 1967 年二人連串的筆戰和互道惡言。

---

[32] 參徐撰〈教會大學在中國的偉大貢獻〉，《補編》第二冊(下)，頁 413。
[33] 參徐撰〈致胡秋原先生書並代答梁某的公開信〉，《補編》第二冊，頁 356。
[34] 參徐文〈以事實破謊言—致《文壇》書〉，《補編》第二冊，頁 367。
[35] 參見徐撰〈反共與漢奸〉，《補編》第二冊，頁 352。
[36] 參徐撰〈反共與漢奸〉，《補編》第二冊，頁 351。

　　然而，手持著民族大義和學術桂冠的徐復觀，很顯然是錯估了台灣教育界辦公的標準。東海校方無疑是以息事寧人的態度來處理這種無論對錯卻都有損校譽的事例。首先是吳德耀校長出面，勸說雙方不要再在課堂或撰文談論日本徵文一事，同時，吳「明白地不承認有所謂漢奸問題」，「並在事實上，常站在漢奸的一邊」[37]。1968 年 12 月，梁印刷了兩本小冊子，持續造謠攻擊徐是「狹義民族主義者」，徐要求校方召開臨時校務會議或座談會，以求相互對質，但卻遭吳校長阻撓和拒絕[38]。徐在此時對校方、對吳校長，甚至對創校的聯合董事會的態度肯定大有微詞，甚至有所誤解。

　　徐復觀在〈是美國的中國通恢復正常體溫的時候〉[39]一文，率直大膽的說：

> 我在東海大學教書，發現有些美國人假宗教之名，辦一個以分裂中華民族為目的的學校。我在一次校務會議席上，義正詞嚴地打了這一邪惡陰謀的代理人一棒子。

---

[37] 參見徐撰〈反共與漢奸〉和〈敬謝胡秋原兄〉二文，《補編》第二冊，頁 414、頁 438。

[38] 參見徐撰〈反共與漢奸〉，《補編》第二冊，頁 414。

[39] 文見《補編》第六冊〈兩岸三地卷〉(下)，頁 334。另見〈太平山上的漫步漫想〉：「因為我反漢奸、反欺詐，一種組織力量與洋奴勾結，把我在台灣的飯碗打掉了。」同書頁 401。

他對於聯董會在台辦學的立場亦提出嚴肅的抗議[40]。文化的

狂狷者，顯然不易為世俗所容，他的道德勇氣，讓他很快的

切入問題的核心，但亦由於他接近宗教情懷的霸氣性格，讓

他得罪更多與事件不相干的人，使單純的事件變得複雜。校

方似乎已定調徐是麻煩的製造者，至於聯董會當日有否介入

此事，值得進一步觀察[41]。此時的徐復觀在校內不但是四面

樹敵，幾無援手，且由純屬徐、梁二人的意見對立，模糊的

轉進為徐與東海校方的爭執。這是由於徐過份固執個人立場

的不聰明，或者是梁處事做人的高妙，又抑或是有更複雜的

人際關係介入的結果？當時似乎沒有留下太多清晰的文件

記錄，只知在 1969 年 6 月 26 日東海大學校方採取斷然的切

割行動，由吳德耀校長正式給予徐一簡單的通知函，以其行

---

[40] 文參 1969 年 3 月徐著〈教會大學在中國的偉大貢獻〉：「我曾在校
務會議上嚴肅地提出了抗議。第一點，報告中說大陸人和本省人是
屬於兩個不同的民族，是屬於兩個不同的文化；這完全是政治性地
挑撥，我要抗議！第二點，報告中要求教中國文化的人，要負責使
所教的學生信仰基督；此一要求，為什麼不向教西洋文化的人提出？
並且當牧師的人能不能提供此一保證？我要抗議！」文見《補編》
第二冊（下），頁 415。

[41] 參王孝廉〈無慚尺布裹頭歸─徐復觀老師的讀書生涯〉：「老師之
所以被迫離開東海，表面上固然是由漢奸問題而引起的，其實卻是
於老師對中國傳統文化的肯定與堅持，而和東海的宗教勢力產生衝
突的結果。……老師所作的東海校歌歌詞中的『求仁與歸主，神聖
本同功』的兩句話，卻引起了東海董事會的反對。他們的理由是：
『中國的聖，怎可以比西方的神？』」（文見《徐復觀全集・追懷》，
頁 209。）

為「影響校風」，強迫退休[42]。徐未見有任何辯解的文字記錄，

隨即移居台北，遷出他寄身十多年的東海宿舍。當時的校方

如何有權作出這樣的判決？這是吳德耀校長個人抑或根據

任何高層會議的決定？校方有否嘗試其他更有智慧的行政

處置？而徐在最後關頭為何不見任何抗爭的行動？目前看

仍缺乏較詳細的資料說明[43]。不管如何，徐不出惡言，旋即

遷居香港，躍進又一次沈重的飄零生活。而梁亦緊接在 1970

年（67 歲）自東海退休[44]，二人之爭真可謂兩敗俱傷。

徐復觀《兩漢思想史》自序[45]：

三年前，受到東海大學一位「以說謊為業者」的迫害，

離開在裏面研究寫作了十四年的書屋，客食香江，使寫

書工作，受到莫大的困擾。

王孝廉〈古道照顏色—徐復觀師逝世三週年祭〉[46]：

---

[42] 見徐著〈敬謝胡秋原兄〉文末附〈強迫退休啟事〉。文見《補編》第二冊（下），頁 439。

[43] 據訪查當時的一位中文系同仁面告，他曾主動勸阻徐復觀，為維護學校的聲譽，不宜持續的鬧大此事。徐似乎是聽從了他的意見。但他亦認為徐的離開，與董事會要求吳校長處理有一定的關係。

[44] 梁於 1970 年東海退休，但 1971 年仍在台中靜宜大學兼課，1974年始移君美國，復自 1981 年返回大陸任北京師範大學客座教授。1997 年在美國逝世。由此可見，梁當年在東海離退，也實屬不得已之舉，恐與學校內部的氛圍有關。另，吳德耀校長亦於 1971 年離開東海，轉赴新加坡大學任教。

[45] 參徐著《兩漢思想史》卷一自序，頁 1。新亞研究所叢刊，台灣學生書局，1980 年 3 月台四版。

一九六九年，老師因為梁先生的「漢奸問題」，被迫離開
教了十四年書的東海大學。離開東海以後，有段時間，
老師是完全失業的，那時候台大哲學系曾安排了三小時
的兼課給老師，可是也被反對掉了[47]。輔仁大學的哲學
系也曾想找老師兼課，也沒成。那時新亞要找老師去香
港，起初也是有人從中破壞。

從此之後，徐復觀失去了東海，失卻了一份提供家人凝聚生
活的工作；東海亦失去了徐復觀，丟掉了學校開創人文精神
的領頭羊[48]。徐以安身立命的心情，視大肚山為極具光榮傳
統「立人極」於宇宙的學術殿堂標準來奉獻給東海，但東海
似乎沒有將徐視為中國文化精神所寄望的珍貴資產般加以善
待。平情看整宗事件，徐以民族的大是大非、讀書人的良知
良能和文化傳承的高標準來批判梁，在人情上容有過於嚴苛

---

[46] 王文見 1985 年 4 月 1 日~2 日中國時報第八版〈人間副刊〉。王孝
廉是徐在東海早期的學生，只因與徐親近的師徒關係，遂遭當時
的東海中文系江姓主任斷然拒絕返校服務，終其一生飄泊於日本。
相關資訊，參閱王與系上陳姓、薛姓老師間的返往信件內容。這
未嘗不是徐案後又一個無情的辜負人才的案例。

[47] 據某東海中文系退休老師賜告，聞當時台大中文系屈萬里曾主動
邀請徐北上講授中國哲學史的課，但為王昇所阻撓而告吹。

[48] 在東海大學談人文精神，徐復觀無疑具開山的貢獻。幾十年來，
東海素以重視人文精神為其 辦學口號，然而細審東海創校以來確
實兼具傳統人文光華，而廣為學界所推崇認可的，唯獨徐先生任
職十數載時所奠定的一段典範時期而已。其後要算有代表性的，
是在楊承祖教授掌管中研所務時，也算一度重聚人才，學術風氣
得一時之盛，至於其他的時段恐怕是名實大有落差。

或可待商榷的地方；只是面對學校的行政官僚，徐顯然並沒有絲毫虧欠東海，相反的東海當日粗糙的行政手段實是愧對這一位國學大師，虧欠他一個公道。終究這到底是徐的損失，抑或是東海的蒙羞，恐怕又是一既有趣又值得深思的文化議題。無論如何，65歲高齡的徐義無反顧的再踏上另一次人生征途。對以救中國民族文化為己任的徐而言，第一度飄零，是在政治軍事理想的挫敗；接著的第二次飄零，則是面對學術界教育界良心的挫敗。徐對離開東海的生活自有無限的痛心和不捨，他最不甘心的，仍是學術生命的面臨中斷。然而，兩次現世人事挫敗的考驗，都不足以動搖他內心對文化、對民族的肯定。

1971年徐復觀在香港寫給女兒的〈致均琴的家書〉附對妻子王世高的書信中，透露了兩度飄零的生活之苦：

我們在民國三十七年以前，一直過的是流浪式的生活。逃難來台灣，我們用盡全力，想在台中生根。將近二十年的心血，給吳某和蕭某毀掉了。但因台灣連兼課都找不到，逼著我作久留香港之計，重新向江湖上找生活。……

幸而我們的四個孩子，雖然成就不大，可是在精神上一直團結在一起，這在今天可以說是少見的。[49]

徐先生移居香港後，以賣文為生，生計的維持實是居大不易。翟志成在《徐復觀最後日記》附註說：「一九六九年徐先生被逼在東海大學退休，流寓香江，而在中文大學兼課之鐘點費，委實難以糊口。岑維休有感於徐先生恩義，決每月由「華僑日報」津貼徐先生港幣三千元，徐先生不願白拿「華僑日報」的金錢，決意每月替「華僑日報」寫稿兩篇，以為交換，遂開始了徐先生和「華僑日報」十多年的文字姻緣。」[50]徐當時能憑藉的，只剩下家人的同心共濟，與及個人堅定的文化信仰。一直到十年後的 1980 年，徐在日記和書信中仍然對當日讓家庭的飄蕩不安難以息懷：

妻是不願移美的，我也很徬徨。四海之大，竟難覓老夫婦二人安身之地。這便是我們今天的遭遇。[51]

---

[49] 參黎漢基、曹永洋編《徐復觀家書集》，頁 88。中研院文哲所，2001 年 10 月。頁 90 註釋「吳某和蕭某」，指東海大學中文系的蕭繼宗教授和校長吳德耀。二人所代表的，是否直接與政治和教會有關，仍需要進一步查證。

[50] 參見《徐復觀最後日記》1980 年 11 月 24 日附註，頁 63。

[51] 參徐在 1980 年 10 月 26 日的日記，見《徐復觀最後日記》，頁 43。

我們精神上最大的挫折，在於我們沒有可歸的故鄉，因
而沒有真正的家。[52]

我在新亞研究所有一研究員兼導師的名義，但無一文錢
的待遇，進入中文研究所的機會不大，甚至不可能，因
為年齡的關係。我每月為華僑日報寫兩篇文章，上三小
時課，還要常常講演，常擱了我的研究工作，但已經是
忙個不了。三年以來，蜷伏在一間小房子裡，連轉身的
地方也沒有。[53]

徐先生在這最困頓的日子，仍不忘著書立說的初志。重陷於
飄泊與憂患的他，反而更堅定學術文化的責任。短短不到十
年光景，他在香港竟完成了百萬字以上的雜文，專書七本，
三卷本的《兩漢思想史》很快的在 1979 年正式出版，並持續
整理《西漢經學史》的文稿[54]，他書寫的速度可以說以不要
命來形容[55]，只可惜到最後天不假年，終究未能讓他完成《中

---

[52] 參徐在 1980 年 10 月 28 日的日記，見《徐復觀最後日記》，頁 46。
[53] 文見徐復觀 1973 年 1 月 20 日給王孝廉的信。原載中國時報 1985
年 4 月 1 日、2 日〈人間副刊〉王孝廉〈古道照顏色〉。
[54] 參《徐復觀最後日記》1981 年 12 月 15 日後的記錄，頁 201。
[55] 徐先生在 1981 年給楊乃藩的信，說：「除授課寫文外，每日所作古
典研究工作必在八小時以上，精疲力盡，將書筆放下時，全身為之
癱軟，內人常罵弟為一條不知死活的老牛」。詳見《徐復觀雜文續
集》序，頁 2。時報文化出版，1981 年 5 月。

國經學史》的遺願。1982 年 4 月 1 日徐因胃癌細胞的擴散，

與世長辭。享年八十歲。徐的二度飄零亦到此結束。

四

本文排比不同來源的文字資料，復訪查了一些相關人仕

的回憶，企圖釐清徐在 1956 年至 1968 年間的心路歷程和應

對。徐在東海的衝突，如果只是徐、梁二人之爭，終究仍停

留在人性或人格的探討，屬於一種對等的爭執。但事件一但

失控，演化為徐和學校之爭，後者的準則已經離開人性的問

題，是以集團功利的角度來考量每一步驟，屬於個人道德與

權力機構的爭執。徐一生先後面對與政治集團和教育集團的

對抗，都是落寞而歸，始終沒有學到半點現實投機的教訓，

這種不顧一切的浩然正氣，是他所謂「求仁得仁」[56]，抑或

是不識時務，恐怕有待後代知者的評定。無論如何，徐在現

實生活是輸了，盡管他在身後獲得大量的美名。

統觀徐先生在大肚山的十年安頓，提出著名的「憂患意

識」和儒家自覺精神（仁）的展示，《中國人性論史》成為近

代研治先秦思想根源的經典。再度飄零的十年，他勇敢的面

對困頓，更激勵他「發憤忘食」，迅速完成關鍵的三大卷《兩漢思想史》，作為上通先秦，下開宋明近代，旁接兩漢文史的另一傳世著作[57]。徐在《兩漢思想史》中的〈論史記〉[58]，談到司馬遷「究天人之際」的分界，集中批判專制權力是歷史黑暗的根源，由此根源所發出的各種悲劇，稱之為天，稱之為命。他率直道出司馬遷內心無限的感慨，「以作史來與無憑的天道作抗爭」[59]。也何嘗不是自道內心的不平。當年東海粗暴的強迫退休舉動，一紙文書，縱使讓徐的身心流浪，但未料竟成就了徐積極的落實完成傳統讀書人「良心與勇氣」的不朽典範[60]。這恐怕也是一生孤立獨行的徐所樂於見到的。

東海人喜談緬懷大師，都在訴說著當年大師的光華魅力，但往往忽略了大師也有如平凡人般的落寞悲涼。徐作為東海學術殿堂的大師，是東海傳誦的光榮，但他默默離開東海的一段，卻成為東海人無言的過去。他憑藉個人的諤諤豪情，

---

[57] 徐的思想史，是考據與精神並重，強調的是「史的思想」，與其他如胡適、馮友蘭、勞思光、侯外廬等撰寫的「思想的史」大不相同。徐重視兩漢思想，是要以「通古今之變」的史識立場，點出知識份子能在幽暗的專制政權中不失其志，展現人的自主精神此一永恆價值的可貴。這和孔子作《春秋》、司馬遷撰《史記》抗議暴政強權的人本精神是一以貫之的。

[58] 參徐著《兩漢思想史》卷三，頁 331。台灣學生書局，1980 年 9 月。

[59] 參徐著《兩漢思想史》卷三，頁 430。

[60] 參啟良《新儒學批判》第七章〈第三代新儒家思想批判〉，頁 316。上海三聯書店，1995 年 10 月。

挑戰古今人間種種不平事，無怨無悔，成就一代文化巨人。他對後世人文精神的影響，無疑已經超越了整個東海，永遠成為中國文化洪流中屹立的一座大山。今日掀開這段塵封的歷史，如實的舖排還原當時的人事資料，無非是滿足個人的一點考據癖，並不是要批判什麼。只盼以史為後人戒鑑，今後的大肚山仍能够有緣吸取更多的徐復觀，讓他們能「全始全終」，再聚中華文化精神。

第十六章　柯昌濟先生〈中華古國族考〉遺稿述評

一

　　1990年11月7日，在上海太倉召開中國古文字年會，我
躬逢其會，發表論文〈釋乍〉。會中認識住在上海楊浦的
柯大讓、健生父子。大讓先生的父親即文史學界有名的柯
昌濟先生。大會結束時大讓先生主動出示昌濟先生遺稿三
份：〈金文中記載的古國族考證舉例〉、〈中華古國族考〉、
〈中華姓氏源流考〉，並囑咐我幫忙在台灣出版。我返台後
曾分別詢問兩間出版社，但都因為古文字稿件排校繁雜而
推辭。稿件一直就壓在我的書堆中，慚愧的一壓迄今已是
25年，其間只曾提供台灣少數同道傳閱，目前都仍是待刊
稿。近日我重閱這幾份前輩的遺稿，有感前人的治學勤敏，
文中廣徵文獻和甲金治史文章皆曾屬開先河之作，我有責
任發前賢之幽光，遂有先撰述此文之念頭。唯三份文稿篇
幅甚眾，本文僅試就其中的〈中華古國族考〉一文加以簡
介，並據文中引用甲金等地下材料，對比近人的研究成果，
稍作評述。本文意欲彰顯前輩學人的研究精神，並冀予昌
濟先生論文一客觀的時代地位。

二

　　柯昌濟（1902－1990），字薲卿，號息庵，山東膠縣
人。著名元史學家柯劭忞的次子，金石學家柯昌泗之弟，
有優越的家學訓練。1925年清華大學文史研究院畢業。早
在1923年7月1日王國維為商承祚《殷墟文字類編》寫序時，
即稱：「今世弱冠治古文字學者，余所見得四人焉，曰：

嘉興唐立庵蘭、曰：東莞容希白庚、曰：膠州柯純卿昌濟、曰：番禺商錫永承祚。」這四個被王國維的慧眼視為古文字學界具希望的少年，其中的容庚、商承祚二人延續羅、王之學，長期任教於中山大學，開啟大陸南方古文字學的一脈；唐蘭以孤學聞名，自成一派，並先後任教北京大學和任職故宮博物院副館長，首創「三書說」，影響深遠。唯獨柯昌濟在學術界的聲譽並不顯著，大陸解放後歷任山東省文史館館員、濟南史學會秘書，晚年轉任上海科學院歷史研究所研究員，但顯然都不是學界或教育界有影響性的差事。學界對柯昌濟的文章，持誹議的態度者不少。如早在1921年柯出版的《殷墟書契補釋》一冊，是甲骨文詞考釋開先河的著作，可惜近人如劉一曼的《北京圖書館藏甲骨文書籍提要》、邵子風的《甲骨書錄解題》等，對柯書多有批判。又如中山大學范常喜在2006年撰〈從《殷墟書契補釋》看柯昌濟早期的甲骨研究〉一文，更明顯的量化柯書考字正確的14個，錯誤的42個，難知對錯的7個，從而挑戰柯書的價值。甚至華南師大文學院古文字學家張桂光先生亦點評柯昌濟在改革開放後的古文字文章，直言「脫節太久，無甚建樹」。以上諸先生的評論，似乎都是在否定柯昌濟整體的學術專業。

細審1921年時的柯昌濟，一個區區19歲的少年在20年代初期要能掌握正確的甲骨文知識，無非只是透過孫詒讓、王國維等少數甲骨學先行者的一些基本創獲。他能夠在弱冠之齡展示其對極高難度的甲骨考釋這一學術開荒領域挑戰，已足以體認柯昌濟本人對自我學術的自信和祈許。更何況在《補釋》中有十多字的考訂已和近代研究成果相當。這在20年代言是一個不得了、了不得的成就。《補釋》之後，柯昌濟另有《金文分域編》、《韡華閣集古錄

跋尾》等專著。這些專著內容，復不斷為近人著作所徵引。由此可見，柯昌濟對甲金文的研治是有一定的學術地位。

三

　　柯昌濟的學術業績顯然與他在學界的名望不相對稱的，這無疑和他既未能在名校任教，學問又缺乏傳人有一定的關係。我們翻閱柯昌濟晚年最後的三份待刊手稿：〈中華姓氏源流考〉一文，前有1981年春節柯昌濟的序言；〈中華古國族考〉一文，首頁下標明「1989年春柯昌濟于上海韡華閣，柯健生記錄」；〈金文中記載的古國族考證舉例〉一文，曾在1990年11月上海太倉的中國古文字年會油印散發，此時柯昌濟已往生。對比字跡，三份文稿都是由柯昌濟的孫子柯健生代為謄抄。柯健生後來曾赴廣州工作，目前據悉是在上海教寫書法。柯昌濟的甲金古史等學術經驗，恐怕並沒有留傳下來。細審三篇文章，題目很大，都是足以煌煌成書的大標題，用古文字考證古史，亦是民國初年治學的熱點。遺憾的是文章內容缺乏體系論證，讓讀者有零散的感覺。這恐怕是近人對於柯文易生疚病的一個原因。然而，細細的閱讀全文，柯昌濟無疑是一個踏實、知識廣博的大學者。他已能充分掌握王國維的二重證據方法，文章對於古文獻和甲金文的交錯應用非常熟練，特別是對於古文獻徵引的廣泛，恐非我們這一代學人能望其項背。

　　以下，先簡介〈中華古國族考〉一文。該文成於1989年春，宜是柯昌濟畢生學術留下最後的一篇大文。

　　全文對比古籍、甲骨、金文、印璽、竹簡、石刻等記

載，整理出1159個國族，其中包括三代以前氏族名107個、夏代國族名151個、商代國族名353個、周代國族名548個。文對上古方國的全面研究具有綱領的貢獻。

（一）三代以前的氏族名。古籍有：

夙沙氏、補遂、康回、少典、有蟜氏、帝鴻氏、有熊氏、蚩尤、金天氏、阪泉氏、共工氏、風后、力、常先、大鴻、赤水氏、大常、奢龍、大封、常倍、后氏、烈山氏、太山氏、大塡、豐隆、勾芒、玄冥、蓐收、大明、西陵氏、肜魚氏、蒼林、青陽、夷鼓、岐氏、雷氏、大撓、桐氏、蒼頡、縉雲氏、鄒屠氏、大騩、九黎、三苗氏、容成氏、承桑氏、地典、天老、爽鳩氏、驩兜氏、根水氏、蜀山氏、滕濆氏、老童、參胡氏、大彭氏、會人氏、朱氏、熊氏、后羿氏、驩兜、陬訾氏、有娀氏、有邰氏、大辰、大岳、有濟氏、實沈、陳鋒、危、伊耆氏、塗山氏、伶倫氏、有莘氏、程州氏、雲雨氏、州山氏、蹇脩氏、屈敖氏、曹魏氏、丹氏、商氏、有庳氏、巴氏、樊氏、暉氏、相氏、鄭氏、羲和氏、四岳、流黃酆氏、尹氏、大豆、嵎夷、萊夷、島夷、和夷。

　　古籍對照金文有：

方雷氏、俞氏、錄圖、陸終氏、散宜氏、登比氏、叢枝氏、

玄水氏。

　　古籍對照甲骨、金文有：

鬼方氏。

（二）夏代國族。古籍有：

唐、虞、觀、扈、辛、冥、男、斟鄩、褒、羲和、胤、窮、
夷、寒、過、戈、綸、純狐、東海、九苑、風夷、陽夷、黃
夷、玄夷、赤夷、白夷、方夷、畎夷、費、鳥俗、若木、防
風、翁難、歧踵、緡、岷山、施、曲逆、葛、昆吾、蘇、顧、
溫、董、豕韋、樊、大彭、錢、熊、三㟜、擾龍、舟人、龐、
易、河、柏成、巢、卞、務、劉、豢龍、有黃、酈、塗山、
奚、邳、長儀、六、英、廖、舒、呂、申、許、巴、吳、緣、
箕、直、橫、鳳黃、趙、曹、推、大戲、大丙、飛廉、越、
沈、姒、蓐、黃、南岳、大章、因、領氏、工婁、須遂、胡、
樓、疏、其龍、鄾、深、既、築、滑齊、著、番陽、饒、用、
厥、蜀、獸方、搖氏、始州、闔、皮、平林、質沙、義渠、
平州、林、離戎、重、鄶、果、畢程、昔陽、穀平、玄都、
西夏、績陽。

　　古籍對照金文有：

尌灌、繒、仍、鬲、逄、三壽、于夷、馮、武、遽、華、愉州、上衡。

古籍對照甲骨文和金文有：

三壽。

古籍對照秦量有：

彤城。

（三）商代國族。古籍有：

空桐、亳、稚、犂北、徐、郯、莒、終黎、運、奄、菟裘、江、修魚、黃、白冥、東灌、復蒲、飛廉、密如、甫、州、甘、許、戲、露、怡、向、申、呂、任、宿、顓臾、須句、謝、章、鑄、終、泉、卑、過、摯、密須、九、咎、傅、祖、遟、巫、辛、佚、邳、孤竹、關鞏、阮、徂、共、魏、豐、莒、應、梅、雷、膠、微、箕、繆、費、芮、癸、魚、熊、盈、蓋、循、越、靡、陳、蜀、磨、佚、厲、衛、鄫、褭、南、驪山、黎、幾、耿、庸、羌、髳、蜀、微、纑、彭、濮、巴、閻、條、徐、施、蕭、長勺、尾勺、錡、繁、飢、終葵、胥軒、汪罔、藍夷、班方、始呼、余吾、燕京、西落鬼戎、

鬼方、夷、會、郫、樊、蘇、董、胡、弦、偪陽、權、英、
六、舒、徐、鬲、敝、鄾、補、依、睬、歷、華、鄅、路、
麋、何、頓、養、潘、道、柏、穀、冀、遂、賴、葛、項、
介、圭、梁、共、戔、其龍、東胡、伊慮、漚深、桂國、損
子、產里、百濮、九菌、九夷、十蠻、鬼親、枳己、漆齒、
仇州、漚、甌、翦髮文身、昆侖、狗國、聶耳、貫胸、雕題、
離丘、空同、姑他、豹胡、大夏、莎車、旦略、代翟、匈奴、
樓煩、月氏、孅犁。

　　古籍對照金文有：

來、北殷、尹、棘、唐、虞、彭、艾、鄧、索、樊、陶、崇、
貫、朱、楚、舟、縣、郜、馮、沈、林、俞、蓼、絞、召、
守、酉、弨、翼、萑、龍、毳、多、賓、辽、且、卯、犅、盟
洀、柳、莆、巾、縶、賣、隙、束、嘉、董、鴇、屮、夬、瑰、
諸、鎬、玄、彔、盟、淶、徵、汕、亯、虎、阮、斿、旌、內、
梟、咸、龔、射、臸、筐、椒、魚、京陝、㫚、朕、延、甛、山、
萆、審、遽、卷、奚、橐、豐、宗、貝、甬、鈦、延、冢、癸、
𠬝、厥斤、寢、灊、兇、川。

　　古籍對照甲骨文有：

時、髦、紀、薛、伊、陽、方、宣方、霍、蕭、攸、畣、敉、方、宋、兒、棘、猷、餽、尤、專、吕方、小土方、土方、尸方、蜃方、矛方、興方、馬方、御方、召方、上旨、井方、狄方、蘬方、龍方、雀、兎、剛、𩰫、溇、㐫、林方、焦、羑、濦、利。

古籍對照甲骨、金文有：

鄂、豖韋、蒲姑、杞、翳徒、鬥、辔、魯。

古籍對照古錢有：

將梁。

（四）周代國族。古籍有：

管、聃、凡、胙、焦、滑、魏、賈、極、隨、驪戎、巴、丹、州、甘、郜、露、任、顓臾、須句、趙、葛、沈、費、鍾離、介、計斤、鄟、菟裘、將梁、白冥、修魚、密如、東灌、復蒲、舒、舒鳩、舒鮑、舒龔、六、英、宗、董、逄、鄢、路、鄅、夔、羅、摯、謝、鄣、終、泉、卑、過、密須、偪、北唐、房、邽、盧、冥、蕭、空桐、牟、稚、犁比、亳、姜戎、陵、潞、甲氏、留吁、鐸辰、皋落、肥、鼓、隗、赤狄、白

狄、戎、陸渾、陰戎、揚拒泉皋伊洛之戎、鄋、鄋瞞、孤竹、令支、無終、屠何、貊、蜀、羌、髳、智、閦、渠、檀、蓐、於餘丘、岐、方、張、暴、萋、參、彭、裴、習、崇、共、蓟、程、仍、蕩社、閻、韋、穀、黄城、禆、鯈、岑、徐蒲、庳廬、鄢、陘隰、假、耿、權、頓、賴、弦、項、道、柏、黎、冀、潛、邛、貳、軫、麋、厲、穀、鄟、鍾吾、州來、饔、雕、因、留昆、條戎、奔戎、六濟之戎、邽戎、冀戎、歐陽、閩、緐諸、緄戎、貆戎、義渠、大荔、烏氏、朐衍、林胡、樓煩、東胡、代、黑姑、休溷、澹林、丹犁、穢、良夷、發、俞、青丘、東越、甌、西申、方、夷、白州、路、蠻揚、禽、姑妹、且甌、共、海陽、自深、符婁、權扶、大夏、州靡、奇幹、魚復、康民、都郭、央林、會稽、規規、方揚、卜盧、般吾、屠州、禺氏、數楚、倉吾、解、周頭、黑齒、白民、越裳、曹奴、西夏、珠余、重䵣、胡氏、胥軒、剞闆、西膜、鸚韓、西王母、仇繇、滔。

古籍對照金文有：

蔡、郕、霍、魯、衛、毛、郜、雍、曹、滕、畢、原、酆、郇、邗、晉、應、韓、蔣、邢、茅、祭、周、虞、東虢、西虢、小虢、吳、井、楊、息、燕、鄭、干、芮、召、榮、齊、

紀、申、呂、許、向、戲、京、宿、秦、梁、江、黃、駱、徐、郯、莒、蓼、桐、樊、蘇、溫、彭、逢、潘、鄶、偪陽、夷、邾、郳、楚、鑄、薛、陶、鄂、南燕、尹、唐、杜、傅、陳、遂、陽、微、杞、斟、鄫、淳于、辛、南、褒、越、宋、戴、萊、邿、鄀、鄧、河宗、酁、胡、鮮虞、追、濮、散、單、武、密、姒、淮、邳、祝、魚、絞、鄖、譚、庸、巢、燭庸、囂、淮夷、犬戎、逯、豆、茲、夨、𨾴、淮、鮮且、小門、原、艾、滔、格、鬲、攸、叡、昏、櫨、量、相、叀、宄、光、害、嘉、明、𨽌、羲、兮、朿、茪敖、戚、陵、旁、汪、龠、食、𠨍、楙、杙、茸、麋、益、萸、縣、蒙、邕、睽、同、獻、淉、此、取慮、麗、𠥨、弭、函、鄰、陰、鄡、淖、儥、咸、救、遽、荒、俞、溓、副、林、遣、黥、鬳、北、番、白者、嬴、褱、獸、殳、始、沃、師、降、咎飼、奔諸、要、監、洹、國、中義、墉夜、袓、倚、冶、隆、彪、休、買、龍、羊、嘗、諜、拼廷、段金、液、康、部、庚、盩、城虢、然、龔、團、寡、滕、雝、它、霸、邗、華、舟、孚、昃、革、杳、尌、項、是、宋句、犀、聝、㐌匜、而、搜、龕、鋤嫊、旜、𡔷琭、降、雯、容光、秃、宗、寒、旟、𠥓、沃、幻、無、追、矢、繻、長湯、厚、遲、㪤、𡴕、陸、喬、御、闊、命瓜、虔、其渚、寧、定、邪、歸、𣹳、奄、番、寡、狃、叚、卣、矩、浮、寿、嬛、

牧、亮、商丘、且、趨、弋、鄭井、邘、辺、夜、鐪、觴尸、淖臾、無廥、厭戎、徠魚、方雷。

古籍對照碑文有：

長沙。

古籍對照璽印有：

闕氏、救。

以上1159個國族詞條，每一條都分別徵引如春秋、國語、世本、山海經、竹書紀年、楚辭、詩經、淮南子、逸周書等古文獻，復加插近世學者的意見，偶用按語以舒己見。對於商、周國族，更大量的增添甲骨、金文等一手材料。面對古文字的理解和隸定，基本上亦能達到一定的水平。柯昌濟這篇單篇文章，是他接近九十高齡的大作。整體內容容或缺乏充分的發揮，但結構的宏大，搜尋材料的廣泛和用力，對於了解上古三代的國族源流，無疑是一份有貢獻可資參考的報告。忝為同道後學，我對於柯昌濟在晚年仍能擁有如此龐大的毅力和企圖，不得不由衷欽佩。單就他羅列的甲骨、金文等地下資料來看，文章在 107 個三代以前國族中引用金文 8

條、兼用甲金文 1 條；151 個夏代國族中引用金文 13 條、秦量 1 條；353 個商代國族中引用金文 101 條，引用甲骨文 48 條，兼用甲金文 8 條，引用古錢 1 條；548 個周代國族中引用金文 316 條，碑文 1 條，璽印 2 條。如此大量古文字用例的解讀徵引，比諸近世研究國族的其他專著而言，是毫不遜色的。如日人島邦男的甲骨名著《殷墟卜辭研究》的第二章〈殷的方國〉，羅列商代國族僅有 51 例。中研院史語所鍾柏生著《殷商卜辭地理論叢》中的〈卜辭中的方國地望考〉，標示商代方國亦只 84 例。王宇信、楊升南主編《甲骨學一百年》中的第十一章〈商代社會結構和國家職能研究〉，總結歸納商王征伐的對象也不過是 136 個。由此可見，柯文就其所見窮盡式的網羅文獻與地下材料多達上千國族的資料，足以作為今後研治上古國族的基礎平台。就研究對象的數量而言，柯文的重要性是絕無疑問的。

四

柯文整理出上古 1159 個國族名，除了在量上達到一定的學術貢獻外；在質方面，柯文的精簡意見多分散於按語。如：（1）昌方。柯釋作出方，通作隗字。（2）井。柯引用文獻、金文互證井、邢同字。（3）楊。柯引《左傳》通讀作金文的

觴。（4）偪陽。柯認為偪即金文的輔，與今山東嶧縣南的傅陽相同。（5）唐。柯認為金文晉公盦的「我皇祖觴公」，即唐公。（6）羲。柯由遼寧喀左縣平房子鄉出土青銅銘文，認為羲在殷周時已居於東北，而南宮柳鼎的「羲夷」即堯典的「嵎夷」。（7）魯。柯認為即許國前身。以上這些簡短的看法，恍如靈光乍見，留給讀者無數聯想和思考的空間。

自然，由於時代和材料的限制，柯文本身仍存在著不周延的地方。柯昌濟了解掌握地下材料分域的重要性，但對於基本材料的斷代分期分類，卻沒有進一步的清查和對比研究，因此在應用甲金文時，並沒有作縱線的時代觀察。至於國族名的爬梳，只是平面的敘述，也沒有深入的作四方串連諸國的勢力關係或作附庸、敵國的區分。對於三代之間國族的系聯討論，仍未展開。至於徵引的文獻，交代出處並不清楚，且有若干明顯是晚出的材料，可以有再商榷的餘地，如文章中所謂商代國族的大夏、莎車、匈奴、樓煩、月氏等是。

至於細部的問題，如：（1）同時代的國族有重出例。如：三代以前的驩兜，商代的徐、延、方，周代的番、逢、降、膚、方、沬、穀等，都見重複出現，宜刪。（2）國族名理解有待商榷。如：三代以前國族名的「四岳」，似為四方部族長的統

稱，不是某一國族專名。夏代國族名的「三壽」，徵引宗周鐘（今稱𪔭鐘）的「三壽隹利」，恐非族名。「武」，引金文的「武公」、左傳的「武氏」，宜用為諡號，並非國族名。商代國族名的「祖」，柯引祖己、祖伊名以證，然祖的用法似為親屬稱謂，並非族名。「巫」，為官名，也非國族名。「方」，為方國泛稱，亦非國族專名。「驪山」，用為地名，並非族稱。「小土方」，柯引甲骨文孤證辭例的「小」字，恐屬骨紋，殷商並沒有「小土方」的用法。「昆侖」，屬地名，應非國族。「翦髮文身」，恐更非國名。(3)國族名有可增補地下材料以驗證。如：三代以前國族名的「容成氏」，可補上海博物館藏楚簡文資料。夏代國族的「過」、「若」、「奚」諸字下可補金文。商代國族名的「黃」、「衛」、「終黎」(即鍾離)、「芮」等可補金文。「鬼方」、「蜀」可補甲骨字例。

以上瑣碎的意見，只是嘗試補充原文的不足處，對於柯文全面以地下材料建構古史的方向，無疑是值得後學肯定和參考的。

五

柯昌濟以九十歲的高齡，留下的三份遺稿都聚焦在古史

氏族源流的整理，由此可見老人在晚年學術的心思所在。〈中華古國族考〉一文謄抄了稿紙 111 頁，奠定研治上古史國族的一個藍圖，提供後人進一步增刪修訂的重要國族資料。另一篇〈中華姓氏源流考〉，更是謄抄了 282 頁稿紙十餘萬字，整理出多達 1094 個姓氏源流，對於中華民族的姓氏來源，無疑其價值就更值得世人的重視。

　　本文的撰寫，主要是肯定前輩學者在學術上的貢獻。前人以生命無償的換取學術成果，足為學界典範。然而學術不易，傳承實難。統觀柯昌濟一生學術道途的波折，由年少的飛揚，中年的困頓，到晚年的果毅堅持，給予我們許多人事的經驗教訓。學途孤寂，能得閱前人遺稿是一機緣，復能推廣前人的智慧成果，更是難逢的另一緣份吧。柯昌濟的遺稿，迄今遺憾的未能完全出版。希望透過本文的發表，學界能對柯昌濟的學術有更進一步的關注[1]。中國學術重視人文精神的追求，而人文精神往往落實在一種溫情的關懷。閱讀柯文，接近老人的文字，從而感懷老人的一生，讓我對於人文科學的核心價值有更深刻的體會。這是我撰寫這份評述文章的另

---

[1] 〈中華古國族考〉文分(上)(下)，已分別刊載於中史研究院中國文哲研究所編的《中國文哲研究通訊》2016 年 3 月、6 月兩刊的〈書目文獻〉中。

一種重大收穫。

第十七章　紀念碑刻文獻學的開創者毛遠明教授

——兼評毛著《漢魏六朝碑刻異體字研究》

一

　　毛遠明教授，1949 年 1 月生於四川簡陽，2017 年 3 月在成都逝世，享年 69 歲。他長期致力於碑刻文獻的整理，在漢魏六朝碑刻解讀和碑刻異体字研究有重要成就。本文擬針對毛教授對漢魏六朝碑刻中的異体字研究，品評其研究方法、理論架構和文字考釋的貢獻。

二

　　毛遠明教授曾說 ：「只有今、古文字的研究同步發展，對各時代文字面貌、特徵進行全面的清理，才可能真正建立起完整的漢語文字學体系。」(毛著《漢魏六朝石刻異体字研究》趙超序文引)

　　研究文字，必須先要掌握一條文字「綫」的歷史觀念，才能客觀的了解文字「點」的正確位置和時代意義。自清末以來，漢字研究明顯偏重在秦漢以前的古文字，由近百年來甲骨學、金文學、竹帛學的迅速建立，可見一般。而對於漢

以後文字隸化、楷化的變動，以及俗字、字樣、正字体系和大量異体和異寫字的研究和關注，明顯都是缺乏的。毛教授處於上古文字出土和研治獨盛的時代，能宏觀的体察到古、今文字各自應具備同等的價值，並認為需要同時兼顧和平衡發展，才能真正的建立完整的文字体系。此實獨具慧眼。難得的是，毛教授復能身体力行，毅然放下當今顯學竹帛文字的研究，長時期的關注一直乏人問津的碑刻文字。這種開先而不跟風的氣魄，截斷眾流，足見毛教授高瞻預流的靈敏和冷靜過人的判斷力，讓人欽佩。他由 1998 年開始，一直到 2011 年，歷時長達 13 年之久，十年磨一劍，全力投入漢魏六朝時期石刻文字研究。由搜集、整理、考辨，作出全部石刻的釋文，並確保資料來源的準確真實。然後設計語料庫，分別建置圖片庫、文本庫、句子庫、文字字形庫、文字義項庫、文獻目錄庫等，開創研治地下材料語料庫的周延典範，最終復將現存的 1414 通石刻、文本約 80 萬字，逐一切割、編纂成二巨冊的《漢魏六朝碑刻異体字字典》。到了這一刻，學界才真正擁有第一套全面性聚合的漢魏六朝石刻異体字的資料，足以提供後人多角度的從事漢魏六朝的文化歷史、社會現象、宗教風俗、語言文字等各方面研究使用。毛教授為純學術無私而默默奉獻的精神，透過這些完備的校注、字典

和語料庫，也給與後學無數的楷模啓示。

　　細細觀察毛教授安坐的這一張冷板櫈，驚訝地發現，它巧妙的提供我們一個具系統的研究流程。毛教授整理碑刻中的異体文字，從而產出學術論著的先後順序，是：

《漢魏六朝碑刻校注》一全面掌握材料、解讀材料

《漢魏六朝碑刻語料庫》一全面系统整理材料，並資訊化

《漢魏六朝碑刻異体字字典》一全面排比、切割異体字形

《漢魏六朝碑刻異体字研究》一全面研究異体字字形特徵

他在《漢魏六朝碑刻異体字研究》(簡稱《異体》)一書後記中，也清楚的記錄他的研究思路和具體路徑。他指出個人的研究思路流程是：

1. 以石刻拓片圖錄為基礎材料。

2. 以計算機技術切割單字圖片，保證字形的客觀真實性。

3. 以漢語字詞關係為立足點。

4. 以漢字形體演變為考察重點，從漢字發展史的角度研究碑刻異体字。

而他的研究的具体路徑是：

1.全面搜集碑刻文字原始材料。

2.做好釋文和校勘。

3.建立石刻語料庫。

4.整理全部異体字。

5.編寫出異体字譜。

6.在異体字譜的基礎上進行理論研究。

毛教授十多年來固守著中古石刻單一類的研究材料，專心一致，責無旁務，獨力完成以上一大系列的艱巨工作。他的文字平實不花巧，文如其人，不但傳遞出一種求真、推理清晰的客觀步驟，也代表著一份既寧靜復果毅堅持的心靈，足為後學景仰因循。

三

　　下面，針對毛教授研治漢魏六朝異体字的成果，嘗試評估毛教授這部份的學術貢獻。2012 年 6 月毛教授發表的《漢魏六朝碑刻異体字研究》，是目前學界分析中古石刻文字的代表著作之一。全書總共分六章，討論漢魏六朝碑刻中異体字的形体來源、構件分析、異体的特徵和疑難字考釋。其中的第五章〈漢魏六朝碑刻異体字的特徵及其成因分析〉，歸納了在碑刻中出現異體字的可能因素多達十三點，包括：

一、漢字的性質決定了異体字大量產生的可能性。

二、繼承與創新。

三、文字工具的便捷要求。

四、字体改變後的多頭嘗試。

五、文字區別性特徵的動態選擇。

六、書法風格的驅動。

七、構字心理的潛在作用。

八、文字形体的漸變性因素。

九、 文字形体結構内部平衡規則的影響。

十、 書寫者文字學水平的差異。

十一、 碑刻文字書寫材料與書寫工具的特殊性。

十二、 文字記錄的内容、使用的環境不同，規範化要求
　　　　不同而產生異体。

十三、 漢字規範的無力。

毛教授擅長逐點系統描述的結果，真可謂一網打盡。他客觀
分析異体字在漢魏六朝大量出現的因由，不但是站在漢字漢
語本身的特徵和關係去思考，更推廣至從漢字創製和使用的
外在因素、社會背景去分析，甚至由與漢字相關的民族文化
傳统、思維模式、心理特徵、審美傾向等多方面提出具體探
索。毛教授依據以上各項可能特徵逐一探尋異体字成因的同
時，每每透過文字發展的綫來作評估準則。他會藉著排比更
早的甲骨文、金文，配合大量對應的石刻字形，來說明某一
現象的可靠性。這種點、綫兼備互參的品評方式，一方面体
會毛教授的客觀思維，一方面表現他在論文操作上的謹慎態
度。所有文字理論体系的建立基礎，率皆與正確的字例系統

(縱的排比和橫的互較)有必然關係。毛教授無疑是具備科學精神撰寫論文的佼者，他羅列這十三項石刻異体可能發生的成因，最終會成為後人檢視歷代不同異体字形的重要參考依據。

同樣的，他在《異体》的第六章第一節〈碑刻疑難字考釋的方法〉中，先後列舉出十一種考釋石刻文字的方法，亦提供我們今後考釋各種字体時值得思量的不同角度：

一、　識別俗訛字，異中求同。

二、　辨別形近字，同中求別。

三、　區分同形字，字詞對應。

四、　關照前後文的相同用字，互相比較。

五、　利用韻文特點，注意押韻字。

六、　考訂名物典制，聯繫文化史。

七、　參考各種文獻，彼此互證。

八、　結合時代，注意避諱字。

九、 推測缺泐字，緊扣語境義。

十、 利用考古成果，與出土文物相印證。

十一、 審辭氣，通文法，析文例。

以上多達十一種釋字的方法，自然是毛教授長期思考和解
讀石刻文字的經驗之談，珍貴無比。古人嘗言「金針難渡與
人」，毛教授卻無私的將個人治學心得逐項分條細細道出，
以供後學取法。在冷酷寡情的今日學界，毛教授敦厚溫情的
作法更是讓人感動。有關這十一項釋字方法，有談到文字本
身結構，字的同版互較，在宏觀的文化史中參看字形字用，
字的音讀關係，與文獻文物的互證等，都是言之有理。特別
是「緊扣語境義」和「析文例」兩項，更是關鍵性的提點，
我們在考字時需要謹記再三的重大法門。一般朋友好用叚借
來破字，但每一音讀相同相近者又何只十數，尤有甚者，有
更拓大音讀跳接的規範，企圖用所謂方言和一些稀有或例外
的旁對轉關係從寬造橋論證，於是音讀應用幾乎無所不轉、
無處不通，形成了目前學界考字面臨眾說紛紜的困局，或陷
於毫無準則、盲信權威的無奈處境。毛教授所叮嚀的「緊扣
語境義」，無疑是給予我們考釋文字時一個很好的啟示。釋

字之前需要先緊扣語境，所指「語境」，我認為可理解有整段文字的語境、單句的語境、成詞的語境、待考字和其前後字之間關係的語境。考釋前務求先掌握語境「義」，是由段而句而詞而字的對應關係意義，這種大包圍式由外而內的思維順序和理解方法，能相對客觀的、分段縮緊語義的扠住待考字在整個句子中的功能。到這個時間，我們才著手分析待考字本身部件結構的可能方向。如此，我們掌握字的外在周邊線索愈多，就愈不會輕易的被主觀內在選擇的音讀牽著走，也相對確保我們考釋內容的真實可靠性。所謂「緊扣語境義」的結果，不但是對詞語選擇起制約的作用，而且能積極引導考字的尋覓方向，從而「通讀」上下文，保障句子中的文從字順。這也是我們驗證任何考釋文字是否正確的基本條件。毛教授一再強調「語境義」和「文例」方法的重要性，足見其治學的客觀謹慎和思路的清晰過人。

四

毛教授在《異体》第六章第二節〈碑刻疑難字例釋〉，列舉了共四十個字例釋文，代表著毛教授多年研治碑刻文字的主要業績。這些異体疑難字，包括生僻字、常用字，其中主要是俗体別構、同形別字和模糊泐蝕的字。毛教授習慣在

釋文中首先點出前人的一些分歧意見，才正式根據文例排比進行討論，破而後立，提出己見，並鋪排出一條文字字形流變的縱綫，以供參証，最後歸納出考釋字部件偏旁或字形書寫的通則。以下，列舉毛教授處理的兩個異体考釋為例：

一、第 15 字例討論石刻中有一「灸」字，从久从乂。毛教授首先列舉待討論的材料：

> 北魏孝昌三年《元融墓誌》：「封豕縱突，長蛇肆噬。義屬其心，衝冠裂眥。奮「灸」刺逆，抽戈自衛。」

一段，接著引用前人的考釋，並進行評議：「《墓誌彙編》釋文作『炙』，但上下文義不可通；《墓誌選編》釋文作『戈』，意雖可通，但形卻不類。」最後，毛教授提出個人的意見。他認為字應該是「殳」的俗字，是古代一種兵器。他的申論次序是：

1、 徵引《說文》、《禮記》鄭注等文獻，綜合說明殳字字義。

2、 將文獻與石刻的用例互較，對比相同的「五戎」一詞所指的兵器內容。

3、　考察殳字的功用，文獻如《周禮》、《詩經》中的殳是
　　一種有柄的刺殺類兵器，與出土文物如湖北隨縣擂鼓墩
　　一號墓出土自名為殳的兵器相當。

4、　羅列古文字字源，証明殷商甲骨已出現此一字形。

5、　由甲骨、金文、篆文的字形流變相互對應，判斷殳字在
　　古文字和今文字一直至碑刻的筆畫、構件相吻合。

6、　返回原考釋墓誌銘文具体語境看，文中「奮殳」和「抽
　　戈」對舉成文，結構對稱，文意協調。由上下文句的理
　　解互較，句義暢通無誤。

7、　結論。殳字字形一變於金文，再變於隸書，最後改造於
　　楷書。毛教授復引「殷」字從殳偏旁構件的演變為佐證，
　　證明漢魏六朝碑石中從久從又的一字當是殳字的俗
　　寫。

二、第 22 字例討論石刻中有一從三個山形疊書的「岀」字和
一從三個弓形重複側寫的「弱」字。毛教授認為這兩字同見
於北齊的《道寶碑記》，是屬於同字異體。他首先羅列待討
論材料的原文：

北齊《道寶碑記》:「夫萬相俱朗,非有非無,是非雙寂,人莫知其之所以然者,皆由積善空屮之前,苦行授記之後,便能絜真見樹,定想三九。」

毛教授認為此字是屬於傳抄古文隸定後的結果。同碑又有「併鬼弻於曠野」;「積善空弻」;「育弻不並,須達豈□」等另一從三弓的辭例。他認為「屮」字在歷代古書中並無載錄、「弻」字見於《龍龕手鑒》,以為是「州」的俗字,但放諸文獻卻用義不通;毛教授判斷二字應同為「王」字的異体。他申述的論點是:

1、由文例系聯看。碑刻內容的「空王」「鬼王」「育王」等詞,皆同屬佛家詞語。其中屮和弻二字都見有「空王」的用例,而同碑刻文中另有「育王盡藏,須達傾珍,無以比其福」一段,「育王」一詞中的「王」字形又作單純的三橫一豎的寫法,用義又與「育弻」相同。

2、對比古文字字形。毛教授認為「王」字寫成屮、弻的原因,其中屮是古文「王」字的變体。他先列舉甲骨文、《說文》古文、《汗簡》、《古文老子碑》的「王」字,証明字形末筆都有共通作「凵」形寫法,可作為

相互關連的例証。而其餘上邊的兩橫也可類推寫成「凵」
形。

3、由字体筆畫演變規律看。毛教授歸納秦漢篆隸的書寫
　筆畫變化，其中一個特色是曲筆被拉直，從而印証由
　「屮」而「王」之間的縱綫規律。

4、最後，毛教授對於「王」字另寫成「弼」的理由，提出
　兩種推測：一是由「屮」的側寫變形，一是來自「玉」
　字的變体。後者的論述，他利用金文、《三体石經》、
　《玉篇》、《華嶽廟碑》等「靈」字的異体从王、从
　玉、从三弓，作為論証的橋樑。

綜觀毛教授處理這四十個疑難字例，論証充份直接，每
篇文字都是積學多年而發，別具開創性的新意，足以傳世。
他行文極簡潔厚實，思慮科學周延而不隨俗，申論過程中充
份利用王國維「二重証據」的形式，盡量操作材料的多元對
比、點綫面的組合來建構自己的立論，一篇文章盡可能只解
決單一的問題，自始沒有長篇大論的論說。毛教授這種踏實
戒慎的撰文方式，無疑能為學界留下一個優良的論文典範。

五

　　毛遠明教授在漢魏六朝碑刻文字的研究，有高度的學術成就。他開創了碑刻文獻學一門新學科的方向，也以漢魏六朝一段時期的異体文字作為研究範例，明確展示他重對比、求實証的研究方法和一貫沈潛嚴謹的風骨精神。根據西南大學漢語言文獻所的資料，他在完成漢魏六期石刻文字一系列著作後，緊接著正要開展〈唐代石刻異体字研究、異体字典及語料庫〉、〈宋遼金元石刻異体字研究及新見字字形譜〉和大型的〈石刻文字的搜集及整理〉等科研計畫，可惜天不假年，未能讓他完成這個龐大的石刻文字史的心願，這方面仍有待毛教授的學生多加努力，繼承師業。不管如何，毛遠明教授一生默默奉獻於學術，協助西南大學漢語言文獻所發展成為當今中國文字學的西南重鎮，其石刻文字研究更是該所發展特色之一，影響深遠。單就目前毛教授留下的大量學術文字和他研治學問的態度，已足以讓他在中古漢字研究中永遠的發光發熱，成就學術界經師人師的垂後楷模。

第十八章　甲骨學第一人

──談陳夢家先生的《殷墟卜辭綜述》

一

由王國維、郭沫若、聞一多，以至陳夢家幾位先生，我早注意到重要的古文字學家往往會擁有詩人的獨特氣質。然而，他們是以詩入文，抑或是以文入詩，成就兼具詩人和文學家的角色？當我嘗試進一步分析他們的作品時，卻遲遲無法下筆歸納。這些詩人的文字學家，都不是因為一個腦袋兼備有豐沛的理性與感性，而是恍如同時生長出截然不同的兩個腦袋，當他們歌頌藝術精靈時，應用的是一枝彩筆風流；及至申論是非對錯時，手中緊握的卻又是另一支酷吏斷案般的刀筆。兩種文體並沒有半點絲毫混淆的隻字片語。情歸情，理歸理。河水不犯井水，彼此各自上有活水源頭。我想，或許這才是他們共通而偉大的地方吧！

陳夢家（1911-1966），是詩人，是古文字學家和考古學家。他的治學是先由古代宗教神話入手，接著進入古文字研究，再而拓展至古代文明和考古學。陳夢家在甲骨斷代和青銅器

斷代都有開創性的貢獻，是研究甲骨繼羅王董郭四堂以後的
第一人。

　　陳夢家在 1956 年出版《殷墟卜辭綜述》(簡稱《綜述》)[1]，
迄今已超過 60 年，但我仍認為是眾多甲骨學概論性著作中最
好的一部。這除了由於陳夢家個人的聰明絕頂、思路清晰，
對數字靈敏，對文字駕馭細致入微外，他擅長全面而系統的
佔有材料、分析材料，處處有看法，更是此書成為指標性著
作不可或缺的優點。早在 1932 年陳夢家即對董作賓提出的甲
骨斷代標準有「不能同意的地方」[2]，一直至 1949 年趁在北
京「圍城之際」整理清華大學藏甲骨的一段時間，相繼完成
了〈殷虛考〉、〈世本考略〉、〈上古天文材料〉、〈古文字中之
商周祭祀〉、〈商代地理小記〉、〈商王名號考〉、〈商代的神話
和祭祀〉、〈甲骨斷代學〉、〈商殷與夏周的年代問題〉、〈西周
年代考〉、〈六國紀年〉、〈中國歷史紀年表〉補訂…等相關成
果，都是屬於策畫這書稿的前置準備之作。而《綜述》是自
1953 年正式動筆撰寫，至 1954 年年底完成，全書總共分 20
章 116 節，前後復整整的校訂了三遍，始告定稿。全書逐一
討論：殷墟甲骨的發掘狀況、甲骨文字的審釋和考釋方法、

---

[1] 參《殷墟卜辭綜述》，中華書局，1988 年 1 月版。
[2] 參見陳著〈甲骨斷代學〉甲編，《燕京學報》第 40 期，1951 年 6
月。

甲骨語法和句形、甲骨斷代和分組、殷商積年、殷代曆法和紀時、方國地理、政治區域、先公世系和舊臣、先王先妣和周祭祀譜的編排、宗廟廟號和宗室建築、親屬稱謂和宗法、百官名稱分類、漁農業和工具、宗教崇拜、人的身分、殷社會文化形態的總論、相關甲骨材料的記錄、甲骨論著簡目和甲骨著錄表。這無疑是一部全面整理殷虛、甲骨文和殷商文明的著作，提供後人研究甲骨學一完善的框架。陳夢家以一年半的時間撰畢全書，細讀內容，每章每節卻都感受到陳夢家長期而細微具靈性的用心和獨具慧眼的判語，令人神往。譬如再機械不過的第二十章〈附錄〉，本以為只是陳夢家條列相關甲骨材料的收藏始末，但經過陳的筆調，原屬冰冷的資料性敘述，轉化成具溫度有情感、能讓讀者著迷的趣味讀物。其中對於敘述「甲骨材料」準備的詳盡充份、交代的細致，實這非一般甲骨寫手可及。單看他描述王懿榮、孟定生、王襄、劉鶚、羅振玉、端方等人的甲骨收藏流向，以至迄今寄存在海內外相關單位的經過，中間就蘊藏著龐大的知識，而陳以淺易復系統的文字，娓娓道來。談到方法斂甲骨的偽刻和可疑的甲骨版號、羅振玉收入《前編》《後編》的甲骨材料來源和流向的對比版號，陳夢家又以極嚴謹的態度逐版校核，留下無數提供後學可追踪的數字。最後並對國內外甲骨的收

藏數、著錄數和著錄書作出統計和調查，這些細微的數目，代表的正是陳的科學精神和撰寫這份書稿前的周延手段。陳夢家在排比整理這些紀錄性資料時，又見他如數家珍般的訴說著個人的相關見聞。如：

王襄在 1953 年與陳的書信往來，交代當日販賣甲骨給王懿榮的人和價錢。

陳親自整理孟定生轉歸文化部的甲骨和親筆的內容。

陳詢問徐炳昶，得知端方售賣甲骨的經過和流向。

陳在青島見到王蘭畹手拓甲骨和王孝禹原藏甲骨的實物。

陳在小屯訪查甲骨販賣者李成的兒子李全福和老人和何金生，具體了解早年山東估人收買甲骨的實況。

陳發現二里岡卜骨的鑽眼和二里岡出土的青銅鑽子相吻合，並親自在北京研究二里岡出土的三件有字甲骨。

透過以上陳夢家穿插書寫的事例，足見陳夢家研究甲骨之前所作出無數的辛勤奉獻，如果不是源自個人對研究材料的無比狂熱執著和崇敬，是絕對無法達到的。

二

陳夢家是一位極具溫情的愛國主義者，由他在 1944～1947 年搜集流散在歐美的商周青銅器，編成《美帝國主義劫掠的我國殷周青銅器集錄》一書的書名，便可想見其為人對國族的珍愛。他在《綜述》第一章第一節，開宗明義，就肯定地下出土的古物對於宏揚文化的重要意義：

> 十九世紀的後半紀，就中國考古學材料的出現而言，是一個重要而光輝的時代。許多前此不經見或不曾出現過的古物，在不同的地域內，次第地重現於人間；它們對於瞭解我們祖國古代的歷史社會，對於發揚我們偉大祖國燦爛的文化遺產，卻有著第一重要的意義。...後者（帝國主義國家）利用他們國家的武力，乘中國在政治經濟都落後而且混亂之際，掠取了我們先民所遺的寶貴文物，滿載而去，作為他們回國後的敲門磚，實在是我們研究古代文物的一個重大而慘痛的損失。

這種純真的愛國情懷，無疑是陳夢家當日堅定的擁抱祖國，並致力於甲骨以至古代文明研究背後的主要動能。

陳夢家《綜述》是一本落實「科學整理國故」的科學報告，事事求証，句句有看法。書的特色，首重推理。如：

1、16頁談到董作賓誤將「貞人」和刻卜辭的人相混，導引出錯誤的同一人「書法歧異」的說法，陳夢家從而推論「卜事分工」，由七版廩辛卜人狄字在同版卻不同的寫法及風格，印証出「卜者與刻辭者之不屬於一人」的論証。

2、35頁列述安陽發掘甲骨的劉家、朱家、張家、霍家等八個地區，進一步按圖歸納，推論有字甲骨只限於小屯村北東半和村南兩大區域，而水溝之西都沒有出過有字甲骨。

陳夢家不單掌握極廣泛復細微的甲骨知識，他復擅長系統的數據化和量化材料，作客觀的對比陳述。如：

1、20頁介紹小屯。陳夢家清晰的描繪出發掘小屯的地圖：

> 小屯在安陽縣城西北，書上所記是「西北五里」，若從城西北角到小屯村東南角作一直綫，長 2700 米。村北距洹水最遠 600 米，東距洹水約為 160 米。在村北東靠

洹水的區域，名之為「小屯北地」，即抗戰前發掘的 A，

B、C，D，E，G 等區。安陽區域內刻辭甲骨出土集中

之處有三：一是小屯北地，二是小屯村南，三是侯家莊

南地。

2、31 頁談到殷虛地理的文獻記錄，陳夢家在文末作出客觀

數據的交錯總和：

　　凡此晉以後至唐諸書所記的洹水上的殷墟，在鄴之南

　　三十里，朝歌之北百五十里，洹水南岸三里，當安陽城

　　西北，恰好就是今天的小屯。

3、63 頁陳夢家排列所見的各種甲骨字書：羅振玉、王襄、

商承祚、朱芳圃、孫海波、于省吾，並評論諸書優劣。最末，

透過各書材料異同作出一個估計的數字：

　　甲骨上的文字總數約有 3000—3500 字，前人已經審釋

　　的不超過 1000 字，現在還不曾認出的約有 2000 字。

這些數字，一直到現在，仍都是十分有根據和價值的看法。

　　陳夢家能全面掌握殷墟和甲骨的具體知識，加上親歷其境

的一手接觸，無疑是大大增加《綜述》一書的可讀性。如：

1、5 頁陳夢家曾親自就教於古生物專家楊鍾健,楊就實物判斷殷墟用作占卜的牛有兩種,即牛和聖水牛,「牛是在野田中生活,水牛則在池沼中生活」。按:近出殷墟花東甲骨中的牛字有分別作 ♈、作 ♈ 二形,似乎指的正是兩種不同的牛種,與《綜述》引用楊鍾健的意見似有相吻合的地方。

2、10～12 頁陳夢家根據小屯出土的實物觀察,客觀區分卜用甲骨從取材以至刻辭的流程:取材、鋸削、刮磨、鑽鑿、灼兆、刻辭、書辭和刻兆。並透過目驗,陳提出鑽和鑿都是「用鑿子挖出來的」的看法,「只有 1952 年鄭州二里岡所出的卜骨的「鑽」才真正是用鑽子鑽成的」。

3、41 頁陳夢家根據書本記錄、發掘記錄、傳聞和自己實地訪查,整理安陽盜掘的地方,包括:洹水南河亶甲冢、侯家莊、大司空村南地...等 17 個定點,並依具體地圖拉出一個殷墟盜墓範圍:

> 這個範圍,南北與東西各長 5000 米。在此之內,乃殷代銅器與甲骨出土最多之處,其四界大約已接近于殷代都邑的外緣了。這便是安陽殷都的輪廓。

《綜述》的另一特色,是行文兼具濃厚的批判。甲骨研究

自董作賓主持的十五次科學挖掘，開展出斷代分期的全新研究。陳夢家《綜述》的誕生，無疑是一本挑戰董作賓甲骨斷代權威的著作。陳對於中央研究院強勢主導十五次殷墟發掘工作一直存在質疑和不滿：

> 過去的發掘與研究工作在今天看來是需要改進的。第一是不夠注意全面的社會文化面貌，忽略了王室以外的人民生活的遺跡的追尋。第二是發掘材料的不能及時公布。第三是發掘工作與研究工作沒有良好的配合與清楚的分工，發掘與研究是應該分開而不必歸之於一人的。第四是實物與歷史文獻的印證的不足。(37頁)

《綜述》書中對於董作賓的研究更有許多單刀直入的指控，陳認為：1.董作賓認為卜辭「是先書後刻」，「這樣的說法，恐怕是不妥當的」(14頁)。2.董作賓斷代研究所說的武丁以前盤庚、小辛、小乙的卜辭和殷代最後一世帝辛(紂)的卜辭，「都是不確實的」(33頁)。3.董作賓在《殷曆譜》將「不是一甲或一骨的斷片，僅從干支、文例的相近而推定其關係」，「是危險的」(49頁)。4.董作賓「由推算月食而斷代，游移不定」，「是很不合理的」(33頁)。董將周祭和祼祭「兩類混而為一，又以為『充多』為『多后』的說書」，「都是錯

誤的」(119 頁)。5. 董作賓在《斷代例》中以甲文有點無點
來區隔『月』『夕』字的不同,「這個說法是有錯誤的」(201
頁),同樣的「我們不能單據『王』字的寫法斷代,是很顯然
的」(201 頁)。6. 董作賓將他「所謂第四期貞人自扶以下 17
名定為文武丁貞人」,「這是他和我們最大的差異」(203 頁)。
7. 董作賓「所作的《殷曆譜》是工程浩大的著作,但其基礎
很不堅強」,「他所作有關年代學的,大都不可靠;他所定日
月食的絕對年代,因無年代學的基礎,也不可靠;他所定的
絕對年代的朔日和節氣等等,和甲骨卜辭都不具有真正的聯
系」(223 頁)。8. 董作賓彙集征人方的卜辭來排列帝辛日譜,
「在排比上常常是削足適履,在材料的去取與解釋上不無錯
誤」(301 頁)。

由以上大量對董作賓嚴苛而直率的評論,陳夢家在《綜
述》諸章節中在在強調個人的意見與董相違。這除了純然的
理性討論問題,客觀的為真理而辯論之外,陳在情感上顯然
有強烈取代董作賓在 1949 年後大陸甲骨學領導位置的企圖。
相對於陳書中大幅歸納表揚羅振玉、王國維研究甲骨的成就
(51 頁),肯定郭沫若的「敏銳與膽識」,「對於一字一詞常有創
穫」(53 頁),支持唐蘭「批評許慎的六書說」(75 頁),贊成于省

吾對若干甲骨文字的釋讀 (317 頁)等溫和意見，陳夢家對於董
作賓的批判心態，無疑是奈人尋味的[3]。

有關陳夢家在《綜述》中有許多開創而值得後學思考的
研究成果，如：

1.甲骨文字結構的基本類型：80 頁提出象形、假借、形聲的
三書說。

2.甲骨文法強調語序研究：86 頁陳夢家認為「分析卜辭文法
應該從語序的基本上去研究，即是注意某一詞在某一句中的
環境」，「稱之為『詞位』研究」。

3.甲骨斷代提出分組的觀念：陳夢家「曾分析 YH127 坑所出
一萬多片甲骨為四組：賓組屬於武丁，㠯組子組屬於武丁晚
期，而午組很特別，現在我想它可能比賓組早一些」(33 頁)。

特別是「甲骨斷代分組」的提出，影響到後人廣泛的對甲骨
提出各種分組分類分系的說法，討論至今不斷。

陳夢家是一位極具科學特質的研究工作者，這可能是他

---

[3] 1947 年，陳夢家與董作賓同在芝加哥大學，二人關係友善，董一直
有將自己的文稿郵寄陳，而陳對董提出的貞人說有不同的看法，亦
只是客氣的「希望他將此基本工作重做一下」(語見陳《甲骨斷代學》
甲篇第一節)，仍沒有進行全面的檢核批判。

曾接受考古專業訓練的影響,事事要求實證。《綜述》一書還有一超越前修的撰寫特色,是陳擅用「擬測」取代「闕如」。在仍沒有充分證據落實行文的結語時,陳往往用「推測」、「假設」、「我們以為」的語言作結。「擬測」是積極的、進取的,「闕如」相對的就顯得消極被動。前者復看到撰稿人對於自己文字的勇於負責和信心。如:

1.83 頁陳綜合談到文字的發生時期:「我們以為武丁文字代表定型了的漢字的初期,而不是最古的文字。由於武丁文字中的三種基本類型還沒有發育到完全成熟,我們說他是漢字創始過程的末期。我們假設漢字是從武丁以前 500 年以前開始的(紀元前 1700~1238?年)。如此,可能在成湯或較前乃漢字發生的時期。除非商民族的文字是從黃土高原得來的,我們以為在遼東、山東、河南一帶最可能發現武丁以前的更古的文字。」

2.166 頁陳總結甲骨分組:「我們所論的四組,雖都是武丁的,然而也有早晚的不同,𠂤、子組兩組大約較晚。除了有早、晚葉之分外,賓組似乎是王室正統的卜辭;𠂤組卜人也常和時王並卜,所以也是王室的,而其內容稍異。…或限於發掘報告之簡略,或由於卜辭本身所可用作斷代的標準頗有限度,

因此我們以上所論只是一些推測，還需要修正補充或更改的。」

3.181 頁陳討論記事刻辭的內容，歸納的說：「若我們以上推測不誤的話，則此種記事刻辭的啟示的事實或當如此：在命龜以前有一些卜官整理卜事，大致分為三種。有經手進入甲骨的『入者』『乞者』，有整治甲骨的『示者』，有經管甲骨的『簽署者』。」

4.323 頁陳論到殷商都邑的設置：「我們假設卜辭有宗廟之邑為大邑，無曰邑，聚於大邑以外的若干小邑，在東者為東鄙，在西者為西鄙，而各有其田。」

這些虛心盡責的擬測看法，都是陳夢家經過漫長深思、廣泛接觸材料的結果，足以提供後人許多開拓的思維空間和研究始點。

　　綜合上述，陳夢家對於研究材料掌握的充份，兼備慎思明辨的絕頂才華，加上個人批判復開創的特質，遂成就了《綜述》這本既廣且專的鉅著，也提供後學進入甲骨學界第一種入門必讀的著作。

三

　　一本如此龐大的著作，我們如由負面的角度來看，也能有機會找到若干毛病。但這絕不影響這書的重要性和時代意義。正由於陳夢家《綜述》絕對會是一本經典的傳世之作，我們有責任將本書若干粗略或有商榷的地方提出，聊作為後人閱讀此書的叮嚀或參考。這些商榷，有大部分都只是一個時代的研究成果使然或對個別文字理解的出入，此與陳夢家撰寫的核心內容和書的價值並無影響。如：

1. 8 頁「這種鞋底形的改製背甲有一個不小的穿孔，可知連系若干背甲穿扎起來，可能就是『典冊』之『冊』的象形。」按：冊，象竹簡上下編列形，字與龜甲無涉。

2. 79 頁「甲骨文饗字從廾從食，假借為『廾人』(即集合人眾，參《天》51)。」按：字釋作饗，仍可商榷。字亦有從豆，可隸作登，有獻意。甲文習見『登人』例，有省作『収人』，『収』為登字的省略，並非假借。

3. 93 頁陳引〈粹 784〉和〈庫 713〉，認為句中「『亥』不是天干，不代表一天，恐怕指的時刻。」按：殷人一天的時間是用分段的形式來計算，且與地支無涉。

4. 97 頁陳引〈粹 1230〉的「伐印方，受屮又」，認為「知『屮」

指帝」，「『屮』的用法，有代替名詞的作用」。按：卜辭一般詢問句言「受屮又(佑)」，又可作「受又(有)又(佑)」，或省作「受又(佑)」，其中省略的『屮』字的功能是詞頭，讀如有，修飾其後的名詞『佑』。字與代名詞無涉。同樣的，323頁將用作為詞頭的「屮邑」、「屮族」、「屮𠂤」的『屮』字理解為地名、族名；均誤。

5. 128頁陳引〈粹425〉和〈掇450〉，認為「乎」「才」(陳：「似作哉」)是句末語氣詞。按：甲文「乎」字都讀如呼，卜辭中都用作『某呼某作某事』的兼語句例，〈粹425〉(即〈合集20098〉)一版的『乎』可理解為呼令意，並非語詞。〈掇450〉(即〈合集33020〉)為殘片，陳引的「沚或伐召方，受又才！」，應該讀作「☐沚或伐召方，受又(佑)？才(在)☐。」「才」字不能連上讀，也非讀作哉。相對於〈合集33058〉的「癸酉貞：王从沚或伐召方，受又(佑)？才(在)大乙宗☐。」一較完整辭例可證。目前所見，甲文用為句末語詞的，只有一「不」字。

此外，陳將『析』理解為東方之帝，即少皞之質(340頁)、將『王亥』定為殷始祖契(339頁)、將自然神『岳』看作殷先祖冥(342頁)、將隸作兒的人名判為少皞氏之重(334

頁）、將自然神河認為可轉化為帝嚳（344頁）等個別字例，都沒有充份證據，有解讀太過之嫌，恐未為的論。

四

陳夢家《殷墟卜辭綜述》是一部全面綜合論述殷墟甲骨的書，由上世紀 50 年代一直影響迄今，成為甲骨學的重要導讀著作。陳夢家博通甲金竹簡、考古、古文獻，學貫中西，對於甲骨的字形結構、斷代分組、周祭曆法等，都有創見。這份深沉專注，既博且深；科學復溫情的研究學養，更是直追王國維，實屬百年難得一見的奇才，在甲骨學界至今恐未見有出其右者。可惜「天不假年」，「時代」辜負了他，沒有機會讓他為中國學術文化留下更多的偉大成果，教人無限唏噓。

後　記

這是我 60 歲的自訂稿。

全書共十八章，二十萬字，是近兩三年雞群混迹從權完成的學術論稿。書前的引言和前十章，談的是花東甲骨、韓國石刻、說文、清華竹簡等古文字稿，主要力氣用在破解甲骨文字、通讀甲骨的詞句、檢討和推廣古文字，企圖建構客觀的思維模式，提供後學參考；後八章則是探究近代學人胡適、顧頡剛、陳寅恪、徐志摩、徐復觀、柯昌濟、毛遠明、陳夢家等的論稿，嘗試將攻治古文字的方法，轉用在勾畫近代學人心靈深處的個案，古為今用。二者面對材料今古不同，但駕馭的方法卻是一致的。所謂「亦古亦今之學」，主要是我這些年跳進跳出兩手治學的方式。本書稿的成果，希望能將古今學脈聯成一線，以理入情，滴水相生，肯定以多角度破一定點的研究方法。

方今教育崩壞，主事非人，學風媚俗趨新，沈深的人才難覓，學術文化傳承困頓。多年執著於撰寫無用之空文，無非祈能隔代傳承，遙接於寸心之間。古文字是漢民族文化信

念泉源之一，重在求真。然而，人事蒼茫，神魔不分，科學精神一天不落實，連研究材料亦難辨真偽，罔論求真？今後唯有「靜心」、「為己」，方為甲骨學以至中國學問治學精通之正途。地不愛寶，出土的甲金簡帛終有朽壞的一日，但解讀古文字古文明的業績，將會代代留存，成為中國文化的驕傲；「羅王」「章黃」之學、「新儒家」等的名號，轉眼煙雲，但他們求真理、愛國族文化的精神，亦將永恆的感動一代復一代的精靈，讓這種光華照耀下去。本書稿的完成，強調古文字的解碼工作和啟發前輩學人之潛德幽光二者的重要意義。學問本無今古，亦古亦今，無非是落實在點燃中國文化精神的傳承罷了。

書稿的排版造字，都是學生胡雲鳳的幫忙。她的細心，讓書稿避免了許多錯誤。我很感謝她。

文獻研究叢書・出土文獻譯注研析叢刊 0302007

亦古亦今之學——古文字與近代學術論稿

作　者	朱歧祥
責任編輯	翁承佑

發 行 人	陳滿銘
總 經 理	梁錦興
總 編 輯	陳滿銘
副總編輯	張晏瑞
編 輯 所	萬卷樓圖書股份有限公司
排　版	胡雲鳳
印　刷	百通科技股份有限公司
封面設計	斐類設計工作室

發　行　萬卷樓圖書股份有限公司
　　　　地址 臺北市羅斯福路二段 41 號 6
　　　　　　樓之 3
　　　　電話 (02)23216565
　　　　傳真 (02)23218698
　　　　電郵 SERVICE@WANJUAN.COM.TW
大陸經銷　廈門外圖臺灣書店有限公司
　　　　電郵 JKB188@188.COM
香港經銷　香港聯合書刊物流有限公司
　　　　電話 (852)21502100
　　　　傳真 (852)23560735

ISBN 978-986-478-122-5
2017 年 12 月初版一刷

定價：新臺幣 680 元

如何購買本書：
1. 劃撥購書，請透過以下郵政劃撥帳號：
　帳號：15624015
　戶名：萬卷樓圖書股份有限公司
2. 轉帳購書，請透過以下帳戶
　合作金庫銀行 古亭分行
　戶名：萬卷樓圖書股份有限公司
　帳號：0877717092596
3. 網路購書，請透過萬卷樓網站
　網址 WWW.WANJUAN.COM.TW
大量購書，請直接聯繫我們，將有專人為
您服務。客服：(02)23216565 分機 10

如有缺頁、破損或裝訂錯誤，請寄回更換

版權所有・翻印必究
Copyright©2017 by WanJuanLou Books CO., Ltd.
All Right Reserved　　　　Printed in Taiwan

國家圖書館出版品預行編目資料

亦古亦今之學 ── 古文字與近代學術論稿 /
朱歧祥著. -- 初版. -- 臺北市 ： 萬卷樓，
2017.12
　面；　公分
ISBN 978-986-478-122-5(平裝)

1.甲骨文 2.文集

792.207　　　　　　　　　　106022649